日韓ポピュラー音楽史
歌謡曲からK-POPの時代まで

金《キム》成《ソン》玫《ミン》

慶應義塾大学出版会

日韓ポピュラー音楽史　目次

第Ⅲ部　K-POPの時代

はじめに

世界は、境界を共有する数々の近隣国との関係のうえにできている。

モノ・コト・ヒトがつねに移動し、混ざりあい、普遍と特殊が激しくせめぎ合うダイナミズムは、遠く離れた国家との関係のなかでは決して経験できない。境界線を通して日々のナショナリズムを感じるときも、国境を越えたグローバリズムを語るときも、近隣国同士の地理的・歴史的経験はその想像力の源となる。

ポピュラー音楽の世界も例外ではない。戦後、多くの国々は、一九五〇年代にアメリカで生まれたロックンロールをともに欲望しながら、近隣国同士ならではの音楽産業と文化を築いてきた。アメリカとイギリス、メキシコとアメリカ、アイルランドとイギリスなど、両国間の移動と混淆で生まれた音楽は、そのままポピュラー音楽の主な「カテゴリー」となった。

日本と韓国も、境界を共有しながら互いにポピュラー音楽を形づくってきた隣国同士である。「日韓も」というどころか、これまで数十年にわたって活発な相互作用と融合によって生みだされた音楽産業と文化は、もはやグローバルな世界市場における一つの中核をなしている。その影響力は、音楽市場の指標にも表れている。

表0－1は、世界レコード協会（IFPI）が発表した、二〇二〇～二〇二二年の三年間にグローバル市場でもっとも売れたミュージシャンの総合チャートである。

表0－1　2020～2022年グローバル音楽市場でもっとも売れたミュージシャン(1)

	2020年	2021年	2022年
1	BTS	BTS	テイラー・スウィフト
2	テイラー・スウィフト	テイラー・スウィフト	BTS
3	ドレイク	アデル	ドレイク
4	ザ・ウィークエンド	ドレイク	バッド・バニー
5	ビリー・アイリッシュ	エド・シーラン	ザ・ウィークエンド
6	エミネム	ザ・ウィークエンド	SEVENTEEN
7	ポスト・マローン	ビリー・アイリッシュ	Stray Kids
8	アリアナ・グランデ	ジャスティン・ビーバー	ハリー・スタイルズ
9	ジュース・ワールド	SEVENTEEN	ジェイ・チョウ（周杰倫）
10	ジャスティン・ビーバー	オリヴィア・ロドリゴ	エド・シーラン

その前の二〇年間、グローバル音楽市場は激しいV字変動を経験していた。一九九九年に二二九億ドルの過去最高の総売上額を達成したのち低迷が始まり、二〇一四年には一三一億ドルにまで落ち込む。しかし二〇二〇年に、デジタル音楽市場の急成長とともに二一六億ドルを記録し、一八年ぶりに二〇〇億ドル台を取り戻した。その後、二〇二一年には一九九九年を超える二四〇億ドル、二〇二二年には二六二億ドルと、過去最高の記録を更新している(2)。新型コロナウイルスによる影響を考慮しても、ポピュラー音楽界が安定した市場を再確立したことだけはたしかであろう。

この数字から明らかなのは、まずK－POPの躍進である。この三年間グローバル音楽市場をリードしたともいえるBTSはもちろんのこと、SEVENTEEN、Stray Kids の存在は、K－POP業界全体がグローバルな影響力を拡大していることを物語っている。しかし別の数字に目をやると、日本の音楽市場の影響力も同時にみえてくる。アメリカに次ぐ世界第二位の規模をもつ日本の音楽市場は、K－POPの市場としても圧倒的一位を占めている。表0－2のレコード輸入の貿易統計の数字は、デジタル商品を除いたものではあるが、K－POPのグローバ

表０－２　K-POP レコード輸出額上位３位[3]

	2020年	2021年	2022年
日本	6,000万ドル	7,804万ドル	8,575万ドル
中国	1,600万ドル	4,247万ドル	5,133万ドル
アメリカ	1,700万ドル	3,789万ドル	3,888万ドル

ル化にとっての日本市場の重要性と、デジタル化による低迷を経験した日本の音楽市場にとってのＫ－ＰＯＰの重要性を示している。Ｋ－ＰＯＰと日本の音楽市場は、もはや互いに不可欠な存在となっているのである。

一方で「アルバム売上」に絞ると（表０－３）、日韓特有の「音楽文化」をうかがい知ることができる。この表では、総合チャートにはなかった日本のミュージシャンの名前が目に入ってくる。ごく限られた数字であるが、そこからもＪ－ＰＯＰの特徴がうっすらと浮き上がってくる。ポップ・シンガーソングライターの米津玄師、ロックバンドのKing Gnu、アイドルグループの嵐とSnow Man――ロックを中心とした多様なジャンルは、Ｋ－ＰＯＰとは区別されるＪ－ＰＯＰの特徴である。

一方で、上位にあるＫ－ＰＯＰミュージシャン――ＢＴＳ、BLACKPINK、SEVENTEEN、Stray Kids――と二組の日本のアイドルグループに注目してみよう。そこからみえてくるのは、日韓のアイドル文化と「ファンダム（ファン集団）」の存在である。じっさい、ストリーミングとダウンロードを合わせたデジタル商品を除く実物音盤市場において、日韓の影響力はきわめて大きく、世界一位と二位に並んでいる。この数字は、アルバムの購入を通じて自分のアイドルを応援する文化が定着した日韓のアイドル・ファンダム抜きでは説明できないであろう。

グローバル市場における日韓の大きな役割と密接な相互関係を示すこれらの数字は、さまざまな問いを投げかけてくる。Ｋ－ＰＯＰと日本の音楽市場の密接な関係は、いつどのようにして築かれたのか。Ｊ－ＰＯＰの多様なジャンルは、韓国では

表0－3　2020-2022年のグローバルアルバム売上[(4)]

	2020年	2021年	2022年
1	BTS『Map of the Soul:7』	アデル『30』	バッド・バニー『UN VERANO SIN TI』
2	BTS『BE（Deluxe Edition）』	ABBA『Voyage』	テイラー・スウィフト『MIDNIGHTS』
3	米津玄師『Stray Sheep』	SEVENTEEN『Attacca』	ハリー・スタイルズ『HARRY' S HOUSE』
4	テイラー・スウィフト『folklore』	BTS『BTS, THE BEST』	BTS『PROOF』
5	BLACKPINK『The Album』	エド・シーラン『≒』	ENCANTO CAST『ENCANTO OST』
6	AC/DC『POWER UP』	ジャスティン・ビーバー『Justice』	Stray Kids『MAXIDENT』
7	ジャスティン・ビーバー『Changes』	テイラー・スウィフト『Red（Taylor' s Version）』	SEVENTEEN『FACE THE SUN』
8	BTS『MAP OF THE SOUL : 7 ～ THE JOURNEY ～』	SEVENTEEN『Your Choice』	BLACKPINK『BORN PINK』
9	嵐『This is Arashi』	Snow Man『Snow Mania S1』	オリヴィア・ロドリゴ『SOUR』
10	King Gnu『CEREMONY』	テイラー・スウィフト『Fearless』（Taylor' s Version）	エド・シーラン『≒』

どのように受容・融合されてきたのか。日韓特有のアイドル文化は、どのようにつくられてきたのか。日韓のポピュラー音楽の類似性と差異は、どのように生まれたのか。ポピュラー音楽をめぐる「日韓関係」は、世界の文化秩序のなかでどのように変化してきたのか。

本書の目的は、こうしたグローバルな文脈のなかで浮かびあがる問いの答えを探りながら、これまで断片的に語られてきたポピュラー音楽をめぐる日韓関係を歴史化することである。そのため、一九六五年の日韓国交正常化から今日に至るまでの日韓の音楽市場、メディア、音楽批評、生産・消費主体に関わる資料や文献を渉猟し、一つの「ポピュラー音楽史」として描いていく。

全体の構成を簡単に紹介しておこう。

第Ⅰ部「歌謡曲の時代」では、日韓国交正常化がなされた一九六〇年代から日本が世界第二位の音楽大国になった七〇年代を経て、韓国が民主化、自由化、国際化に向かう八〇年代までを扱う。各章では、日韓の「ポストコロニアル」はポピュラー音楽を通じてどのように発現されたのか（第1章）、音楽大国として台頭した日本と、高度成長とともに形成した韓国歌謡はどのように出会ったのか（第2章）、韓国で日本の歌が禁止されるなか、韓国の歌は日本の音楽市場でどのように消費されたのか（第3章）という問いを、李美子《イ・ミジャ》、演歌とトロット、坂本九、日本語ロックと韓国語ロック、李成愛《イ・ソンエ》、吉屋潤、日本のニューミュージックとアイドル歌謡、チョー・ヨンピルなどの音楽（家）を中心に検討する。

第Ⅱ部「J－POPの時代」では、日本の音楽市場が「歌謡曲」から「J－POP」を中心としたシステムに転換した一九八〇年代末から、日韓の音楽的差異が顕著になっていった九〇年代を経て、「韓流」ブームとともにK－POPが誕生した二〇〇〇年代前半までを対象とする。「J－POP一極化」となった日本の音楽産業と新たに台頭した東アジアのポップは、ポスト冷戦の時代のなかでどのような関係を築いたのか（第4章）、J－POPをめぐる韓国の若者の欲望は、一九九八年の「日本大衆文化開放」にどのように作用したのか（第5章）、K－POPが生まれる過程で日本の音楽市場はどのような役割を果たしたのか（第6章）を、桂銀淑《ケイ・ウンスク》、ヤン・スギョン、ソテジワアイドゥル、カン・スジ、S.O.S、T－SQUARE、カシオペア、X JAPAN、坂本龍一、パク・ジョンウン、リーチェ（イ・サンウン）、李博士《イ・パクサ》、H.O.T.を含むK－POPアイドル第一世代、BoAなどの音楽（家）とともに探る。

第Ⅲ部「K－POPの時代」では、韓国において「J－POP解禁」がなされた二〇〇〇年代から、日本のK-POPブームがグローバルな文脈で加速した二〇一〇年代を経て、日韓の相互作用・融合がより活発化した二〇二〇年前後までをたどる。各章では、二〇〇四年の「J-POP解禁」が韓国の音楽産業・文化にどのような影響を及ぼしたのか(第7章)、K-POPのグローバル化を通じて音楽をめぐる日韓関係はどのように再構築されたのか(第8章)、アメリカにおける「BTS現象」は日韓のグローバル化の意味と方向性をどのように変えたのか(第9章)について、CHAGE and ASKA、TUBE、安室奈美恵、嵐、渋谷系、KARA、少女時代、TWICE、シティポップ、BTS、imase、XGなどの音楽(家)を通じて問うていく。

七〇年に近い歴史を辿るためには、いずれの時代にも適用可能で、全体の歴史的変容を俯瞰できる概念が必要であった。本書で用いられたのは、「カテゴリー」(範疇)という概念である。音楽市場において「カテゴリー」という言葉は、日頃「同じ種類のものの所属する部類・部門」[5]という意味で頻繁に使われる。消費者は、音楽チャートのリストやレコードショップのCD棚にあるカテゴリーを地図にして、自分の好きな音楽を探す。二〇世紀を通して生産された膨大な量の音楽を、カテゴリーなしで把握するのはそもそも不可能である。

しかし、「カテゴリー」を本書の基本概念とした理由はそれだけではない。この概念の興味深い点は、それが「自己と他者を区別する認識」とともにつねに変化することにある。これまで多くの音楽社会学者たちは、「ジャンルの創造と序列化」を通じていかに「音楽の区別」と「社会的関係の構築」がなされるのかに注目してきた。[6] ジャンル間の「境界」を強固にしたり侵食したりする営みは、「社会的境界」を整列したり転覆したりする、「自己を認識する文化的プロジェクト」である。[7] したがって、それらのジャンルを「同じ種類」、もしくは「異なる種類」として分類し、そのあいだの「境界」を(再)構築する「カテゴリー化」は、「自己的なもの（us-ness）と他者的なもの（other-ness）のあいだの交渉プロセス」でもある。[8]

日本のポピュラー音楽がそれをもっともわかりやすく経験したのは、「J-POP」というカテゴリーが生まれた九〇年代の頃であろう（その過程については本文で詳しく述べる）。それまで「歌謡曲」というカテゴリーを中心に構築されていた日本の音楽産業・文化において、「J-POP」の誕生は単に一つのカテゴリーが加わったことではなく、各種の音楽賞から音楽チャート、テレビの音楽番組、レコードショップの陳列台に至るまで、ポピュラー音楽をめぐる人びとの認識と習慣そのものを再構築させたのである。

二〇〇〇年代前半に「K-POP」というカテゴリーが生まれたときも類似の経験が共有された。K-POPは一つのジャンルなのか、あるいは韓国のポップなのか。韓国国内と海外向けの音楽文化・産業は一致するのか、それとも異なるのか。アイドル以外の音楽をK-POPと呼んでよいのか。「K-POP」というカテゴリーをどのように捉えるかは、自分らしさ（韓国音楽の真正性）と、他者との関係（海外の音楽市場）とのあいだで闘争と折衝をくり返す過程でもある。

その過程は、K-POPがグローバル化したことでよりダイナミックに展開していく。英語歌詞のK-POP、韓国人メンバーのいないK-POPアイドル、韓国市場を通さないK-POPグループなど、生産・消費主体が多様化することによって、「K-POP」というカテゴリーをめぐる自己・他者の認識のあり方も複雑になっていくのである。本文においては、混乱を避けるため、一般的な意味で使う場合は括弧なしのカテゴリーで、概念として使う場合は「認識=カテゴリー」で表記する。

本書では、この「認識=カテゴリー」を基本概念とし、一九六五年の国交正常化以降、日韓における相互の「認識＝カテゴリー」がどのように変容してきたのかを探ることで、先述した問いに答えを見出していく。「邦楽」と「洋楽」のように、まったく変化が起こらない不動・不変にみえるカテゴリーもじつは流動的であることを、本書は明らかにしていく。そういう意味で、本書はポピュラー音楽が媒介する日韓相互認識の歴史ともいえるであろう。

第Ｉ部　歌謡曲の時代

第1章　演歌／トロットの誕生と音楽なき「日韓国交正常化」

——李美子「トンベクアガシ」と倭色禁止

1　日韓国交正常化と「トンベクアガシ」

歓迎・禁止された歌

一九六六年七月一日、日本初のワイドショーとされるNETテレビ（現・テレビ朝日）の『木島則夫モーニングショー』に、韓国の伝統衣装を着たひとりの女性歌手が出演した。「韓国の美空ひばり」と紹介された彼女は、「恋の赤い灯」と「別れの悲歌」の二曲を日本語で披露した。彼女の名前は李美子《イ・ミジャ》（이미자）（図1－1）。彼女が日本語と韓国語で歌ったのは、日本デビューアルバムに収録された「トンベクアガシ（椿嬢さん）（동백아가씨）」と「ファンポドッテ（황포돛대）」であった。

当時昭和を代表する作曲家の古賀政男が「天からの妙音」と評したといわれる李美子は、韓国ではすでに「一時は韓国のレコード売り上げの七〇%を占めていた大物」[1]歌手であった。日本盤アルバムのライナーノーツには、タイトル曲「トンベクアガシ」が「未曾有の大ヒットとなり、韓国のレコード店二〇〇店で二十数万枚の異例の売り上げの記録を作った」[2]と書かれているが、じっさいは一〇〇万枚を超えていたともいわれている。[3]いずれにせよレコードの損益分岐点が二〇〇〇枚程度で、一万枚を超えれば大ヒットとされていた時代に、[4]数十万枚を売り上げた「トンベクアガシ」は、まぎれもなく一九六〇年代韓国歌謡を代表する歌であった。

それだけに、李美子の来日公演には韓国からも高い関心が寄せられていた。しかし彼女に注がれるまなざしは複雑なものであった。彼女が日本ビクター社のスタジオに入ったとき、在日韓国大使館公使が花束を贈ったという記事には、「戦後日本で公演した韓国人歌手第一号」[5]に対する期待が表れている。[6]しかし一方では、韓国のトップ歌手が日本語で歌を発表したということで、一九六五年の「日韓国交正常化」で高まっていた反日感情による「批判」が向けられた。また、彼女が自分の名前を日本語読みでは「リ・よしこ」であると紹介したことが問題視され、さっそく韓国政府が動き出す騒ぎに発展したのは、[7]李美子の「日本進出」をめぐるテンションを表していた。韓国の音楽評論家チェ・ギュソンによれば、こうした批判の大きさと関心の高さは、李美子が日本で発表したレコードの海賊版の流通を促したという。「何も書かれていない白いラベルの海賊版アルバム」を指す「ペクパン(백판)」という言葉が生まれたのもこの時であった。[8]

図１－１『木島則夫モーニングショー』の様子[9]

しかし当時の状況を何よりも象徴的に表していたのは、「トンベクアガシ」という歌そのものであった。李美子が日本で歌った一九六六年の時点で、この歌はすでに韓国で「放送禁止曲」となっていたからである。当時韓国で放送に関する検閲を担当していた放送審議委員会が発行した

『放送禁止歌謡曲目録一覧』によれば、「トンベクアガシ」は一九六五年一二月一五日付で放送禁止曲に指定されている。禁止の理由は、「倭色」であった。[10] 韓国を代表する歌手の大ヒット曲として日本のテレビに紹介された歌が、「倭色」、すなわち「日本のスタイル」であることを理由に、韓国のラジオやテレビではその放送が禁じられていたのである。しかも半年前の一九六五年六月二二日には、東京で「日韓基本関係条約」が調印されていた（発効は一二月一八日）[11]。「日韓国交正常化」と「倭色禁止」。この相反する現象はなぜ生じたのであろうか。

日韓のポピュラー音楽史を読み解く

「トンベクアガシ」の「日本進出」と「禁止」を、偶然起きた奇妙な出来事として捉えるか、音楽をめぐる日韓関係の構造的発現として捉えるかでは、議論の方向性は大きく異なるであろう。本書は、この出来事を後者として、すなわち植民地時代から続いた日韓関係の産物であり、一九六五年から新たに始まった日韓関係の出発点として捉える観点をもちたい。なぜなら、この出来事には、戦後日韓のポピュラー音楽史を読み解くうえできわめて重要な三つの次元が作用しているからである。

まずは、「音楽の融合」の次元から考えてみよう。「トンベクアガシ」は、ジャンルとしては「トロット」に属する。日本の「演歌」と類似する歴史的経緯と音楽的特徴をもつジャンルである。近代のポピュラー音楽が形成された植民地時代からの歴史が生んだこのような音楽的類似性は、一九六五年以降も韓国における日本の音楽に対する「禁止」と、日本における韓国歌謡の「消費」両方と関わりつづけていく。演歌とトロットといった「伝統的なジャンル」だけではない。本書で詳しくみていくが、この音楽的類似性は、戦後日韓のポピュラー音楽が「アメリカ的なもの」を欲望し、アメリカのロックとポップを積極的に受容・融合していくことでより複雑に作用していく。つまり、ポピュラー音楽をめぐる活発な相互作用によるさまざまな音楽的類似性は、J‐POPとK‐POPがグローバルな音楽市場のなかで相互作用・融合している今の時代に至るまで、「ポピュラー音楽の問題としての日韓」を可視化させる重要な要素としてありつづけていく。

次に、「文化ナショナリズム」の次元である。ナショナルな文化的境界においては、当然音楽的類似性ではなく、「音楽的差異」が強調される。ポピュラー音楽を通じていかにして「他者」と区別される「我々らしさ」をつくり出すか。そのために、いかにして「他者」との「境界」を構築するか。じっさい、李美子が日本で「トンベクアガシ」を歌った一九六〇年代後半は、日韓において「歌」をめぐるアイデンティティの構築作業が猛烈に進んでいた時期であった。現代のジャンル感覚でいう「演歌」と「トロット」がこの時期に「誕生」したのがその代表的な事例であろう。この時期日本においては演歌がもっとも「日本的なもの」として再発見されるわけであるが、それとは反対に韓国のトロットは、演歌との音楽的類似性が「日本的なもの」と捉えられ、「禁止」の対象となっていたのである。「日本的なもの」を構築しようとする日本と、「日本的なもの」から脱却しようとする韓国。こうした「文化ナショナリズム」の働きも、J‐POPの「J」とK‐POPの「K」が生まれるまでの過程で欠かせない要素である。

最後に、「音楽産業」の次元である。李美子が日本で「トンベクアガシ」を歌った一九六六年は、ビートルズが日本武道館でコンサートを開いた年でもある。アメリカで「ブリティッシュ・インベイジョン（イギリスの文化侵略）」現象を巻き起こしてからわずか二年後のことであった。当時ビートルズの最大のライバルといわれていたアメリカのバンド、ビーチ・ボーイズが初来日公演をおこなったのも同じ一九六六年。つまり、「日韓国交正常化」によりポピュラー音楽の交流が始まった六〇年代後半を「文化産業」の側面から眺めると、日韓のあいだには圧倒的な格差が存在していたのである。日韓のポピュラー音楽史を、「日韓関係」だけに回収されない東アジア的かつグローバルな視点から把握するためには、J－POPとK－POPが対等な立場で相互作用している今の時代には想像もできない当時の産業的条件と、それによる日韓のあいだのヒエラルキーを、日韓の音楽史の出発点として理解する必要がある。単なる力の優劣を語るためではない。それによって、ポピュラー音楽における最も重要な要素である生産・消費主体と資本、メディアの欲望のあり方と方向性がいかに変容してきたのかを、歴史的に探ることができるからである。

したがって、一九六五年の日韓国交正常化を前後にしてこうした三つの次元の背景を探るのは、現在に至るまでの「日韓ポピュラー音楽史」を読み解くための有効な方法となる。本章では、日韓国交正常化の成立にもかかわらず、いまだ共通の「音楽市場」といえるものが確立していなかった一九六〇年代後半から一九七〇年代前半の一〇年間を中心に、ポピュラー音楽をめぐる日韓関係がどのような条件から出発したのかについて考える。

2　演歌の誕生――「アメリカ的なもの」と「戦後」をめぐる格闘

「日本人の心」を歌う演歌

戦後の「日韓関係」が始まった一九六〇年代後半は、日本では演歌、韓国ではトロットが、ともに新たに誕生した時期である。いまや日韓それぞれの伝統的歌謡曲を意味するジャンル名や音楽産業、社会における位置付けは、この時期になって定着したのである。この二つのジャンルは、レコード産業が本格化した一九三〇年代から西洋のポピュラー音楽を受容・融合した異種混淆的な流行歌として形成されたという共通の経緯をもつ。もっとも大きな違いは、植民地時代を通じて日本の影響を強く受けたトロットに、「西洋的なもの」のうえに「日本的なもの」というもう一つの混淆性が加わったということであろう。この違いは、一九六〇年代後半以降の日韓のポピュラー音楽史においても大きく作用している。

一九六〇年代後半に演歌が誕生した、という文言は、一九六〇年代後半に演歌をめぐる劇的な大転換が起こったことを意味する。まず際立つのはその音楽ジャンルの位置付けである。音楽学者の細川周平によれば、もともと昭和初期において「ジャズ」と融合して中間層以上の階級と若者のモダンな文化として普及していた「レコード歌謡」（流行歌）とは対照的に、演歌は、明治～大正時代に流行した「書生節」のような古い歌を指す言葉であった。[12] それが一九六〇年代になると、今度は「レコード歌謡」が「演歌」と呼ばれ、「伝統的なもの」を意味するようになるジャンル的大転換が起こったのである。音楽学者の輪島裕介は、一九六〇年代後半からの演歌の誕生を、雑種的かつ異種混淆的につくられた流行歌の一部であった演歌が、「日本人の心」を歌う真正な音楽ジャンルとしての地位を獲得する過程として説明する。[13] 輪島によれば、演歌とは「過去のレコード歌謡」を一定の仕方で選択的に包摂するための言説装置、つまり「日本的・伝統的な大衆音楽」をつくり出すための「語り手」であり、「仕掛け」であった。[14]

その言説装置の作用は、いまや「戦後を代表する大歌手」である美空ひばりの事例で明確にみえてくる。一九四五年、八歳でデビューした彼女が、古賀政男作曲の「柔《やわら》」（一九六四年）と「悲しい酒」（一九六六年）の大ヒットにより「演歌の女王」と呼ばれるようになったのは一九六〇年代後半のことである。それまで「ジャズ的流行歌」から「民謡調」まで幅広いジャンルの「流行歌」を歌っていた美空ひばりに対しては、日本のエリート層からは「低俗」「退廃的」というレッテルや蔑《さげす》みのまなざしが向けられていた。そういった美空ひばりへの評価は演歌の「誕生」とともに一変する。日本の知識人が占領下を含む「戦後」を再認識していくなか、演歌歌手・美空ひばりは、「戦後庶民民衆のこころの歌を開花させ、アメリカの文化的侵略に対して民族の誇りを守った」存在として新たに位置付けられたのである。(15)

「アメリカ的なもの」への憧れと反動

なぜここで「アメリカの文化的侵略」という言葉が登場するのか。そこには、戦後日本のポピュラー音楽が受けた「アメリカ的なもの」(16)の圧倒的な影響力がある。日本のミュージシャンにとっては新たな学習の場でもあった進駐軍クラブをはじめとして、アメリカの軍事力とともに入ってきた音楽は、「敗戦後の日本」と対比される「アメリカ」の力の象徴でもあった。「アメリカから入ってきた大衆音楽全般」は総じて「ジャズ」と呼ばれ、「民主主義的な音楽」と認識された。(17)

日本国内の音楽トレンドも、「アメリカ的なもの」を受容・融合することで築かれていった。一九四八年に発表された笠置《かさぎ》シヅ子の「東京ブギウギ」から、一九五〇年代半ばのマンボーブーム、一九五八年に始まった「日劇ウエスタンカーニバル」によるロカビリーブーム、アメリカン・ポップスを日本語歌詞で歌う「カバーポップ」の流行まで、「アメリカ的なもの」は、「新しい日本」のサウンドとして人びとの感受性や日常生活に溶け込んでいった。(18)一九六三年、「上を向いて歩こう」（英語タイトルは「SUKIYAKI」）で『ビルボード』シングルチャート（Hot100）一位を獲得した坂本九も、「日劇ウエスタンカーニバル」が生んだスターであった。坂本九が歌うエルヴィス・プレスリーの「カバーポップ」は、当時の日本の音楽シーンがいかにアメリカの影響を強く受けていたのかを物語る。「上を向いて歩こう」を歌う坂本九特有の歌唱スタイルは、プレスリーの圧倒的な影響下で、つまり「アメリカ的なもの」を積極的に受容・融合することで生まれたものであった(19)。

こうしたなかで、「アメリカ的なもの」と「日本的なもの」のあいだには、明確な序列が存在していた。その序列化は、両者に対して「新しいスタイル／古いスタイル」「健全なもの／低俗なもの」のようなさまざまな優劣が付けられることでなされた。美空ひばりの歌を低俗・退廃的なものと捉える認識には、もちろんこうした序列化が反映されていた。したがって「演歌」をめぐる言説の変容過程には、「アメリカ的なもの」に圧倒された「戦後」への反動が作用していた。つまり、美空ひばりが「日本の心を歌う大歌手」として再評価されたように、演歌が「日本が誇る伝統的な音楽ジャンル」として再評価されていく「誕生」の過程は、「戦後」と「アメリカ的なもの」をめぐるさまざまな格闘が一九六〇年代の文化ナショナリズムと絡み合い、新たな「日本的なもの」のかたちを通じて表れる過程だったのである。

読者のなかには、自分の好きな「歌」にこのような政治的かつ社会的意味が与えられることに違和感を覚える人もいるかもしれない。それもそのはず、人びとの嗜好が強く反映される歌をどこまで共同体の問題として扱ってよいのかについては、古代哲学者のソクラテスが音楽検閲の妥当性を主張して以来、二五〇〇年以上続いている論争のテーマでもある。

本書をつらぬくのは、音楽、とくに「マスメディア」や「市場」を通じて多くの人が消費するポピュラー音楽は、それ自体が「アイデンティティをめぐる闘争の場」となるという観点である。ここでいうアイデンティティとは、個人の水準で「自分が誰なのか」を示すことでもあるが、共同体においては

「他者性」とは区別される「我々らしさ」を構築することでもある。特定の音楽（歌）に対する「検閲」（ここには社会的バッシングも含まれる）がおこなわれたり、ある曲やジャンルのカテゴリーが統合・分離されたり、「スタイル」の流行が入れ替わったり、「国民的ヒット曲」が生まれたりする過程は、その時代と空間を代表する文化が選別される過程でもある。人びとがそれぞれの時代の「ヒット曲」を通じて、個人の経験や記憶だけでなく、その「時代性」を読み取るのも、音楽がそういった過程を通じて生まれていることを意識的・無意識的に感じ取っているからであろう。

だからこそこうした観点では、同時に大衆の嗜好と主体性が重視される。ある歌がある時代性を獲得していくとき、そこにいくら国家や資本、知識人たちによる「仕掛け」があったとしても、その歌が「ポピュラー（大衆的）」なものになるかどうかを決めるのは、結局その時代を生きる大衆だからである。演歌の誕生過程においても同じことがいえるであろう。知識人による美空ひばりに対する評価が逆転する前から、大衆は、美空ひばりの歌を楽しみながらアメリカに対してはもちろん、彼女の歌を「低俗」「退廃的」と軽蔑する日本の知識人に対しても「抵抗の喜び」を感じつづけていたのである。[20] つまり、一九六〇年代後半における演歌の誕生は、「民衆のこころ」を得ていた流行歌に、「民族の誇り」という意味が新たに付与されることによってなされたといえる。

3　トロットと倭色歌謡――「従属」と「解放」のあいだ

区別されるトロット

二〇二一年、『オクスフォード英語辞典』は、「trot」を「一九〇〇年代初期に生まれた韓国の古い音楽ジャンル」という定義で新たに登録した。[21]いまや韓国の伝統歌謡を意味するトロットは、日本の演歌といろいろな面で類似する経路を通じて形成されたジャンルである。そもそも日韓の近代的音楽は、讃美歌や西洋の学校唱歌といった洋楽を受容・融合した「唱歌」を出発点としている。洋楽のメロディにのせてそれぞれのナショナリズムを歌っていた日韓の唱歌は、日本の帝国主義が韓国を呑み込んだ「日韓併合」(一九一〇年)を境に、日本の唱歌へと一本化された。とくに「ヨナ抜き音階」(明治以降日本で使われる五音音階の一つ)を基本とする唱歌教育は、一九三〇年代から花開いた韓国の流行歌、つまりのちのトロットの典型にも大きな影響を及ぼしている。[22]

「民族の誇り」と「民衆のこころ」という側面からみれば、誕生過程で日本の演歌と近い経路をもち、さらにその影響を強く受けた韓国のトロットは、「民族」と「民衆」のあいだのより複雑なギャップを保ちながら形成された。韓国の文化ナショナリズムの側面からみれば、トロットが受けた影響は、日本による「従属」を意味すると捉えられたのである。「流行歌」と呼ばれていた一九六〇年代前半以前も、「トロット」と呼ばれはじめた一九六〇年代後半以降も、このジャンルの歌には「倭色歌謡」という「民族の誇りを損なう」とされるもう一つのイメージが付随していた。聴衆に関していえば、一九三〇年代のトロット(的音楽)が都市の若者とエリートが享受する「新音楽」であったことに対し、一九六〇年代のトロットは「都市下層民と農村居住者、低学歴者が好む流行歌[23]」になっていた。

まず、「トロット」というジャンル名について考えてみよう。その語源は、一九一〇年代にアメリカで登場し、タンゴ、ワルツなどとともに世界的に流行したダンス・音楽様式「フォックス・トロット(foxtrot)」である。日本においては、大正期にダンスブームとともに伝わり、欧米の流行歌を翻訳した「アラビアの唄」のようなジャズソングの基調となり[24]、「スロー・フォックス・トロット張りの日本の流行歌」に融合された[25]。韓国においては、このアメリカ発の「フォックス・トロット」と、「スロー・フォックス・トロット張りの日本の流行歌」両方が同時に流入した。一九三〇年に『東亜日報』に連載された朴泰遠《パク・テウォン》の小説『寂滅』の主人公が「ジャズレコードのフォックス・トロット」[26]を聴いていたように、アメリカ発の「フォックス・トロット」は、日本の流行歌とは区別される「ジャズの一種」であった。

一九六〇年代後半から「トロット」という言葉が使われるようになっても、アメリカの音楽ジャンル「フォックス・トロット」と「トロット」は区別されていた。『京郷新聞』には、アメリカのジョンソン大統領が訪韓した一九六五年、朴正熙《パク・チョンヒ》（박정희）大統領の夫人「陸英修《ユク・ヨンス》（육영수）女史がジョンソン大統領とフォックス・トロットを踊った」[27]と書かれた記事と、トロットを「倭色論争にもかかわらず市場で売れている音楽ジャンル[28]」と定義した一九六七年の記事が残されている。

トロットの二重性

注目すべき点は、最初からトロットが「倭色」に近い音楽ジャンルとして認識されていたことである。先述したように、そもそもトロットというジャンルの音楽的形成過程は、植民地時代における日本の音楽の影響を除いては把握できない。近代化が進んだ一九〇〇年前後から西洋の音楽を受け入れていた朝鮮半島において、レコード音楽産業が興《おこ》りはじめたのは一九二〇年代後半であった。女流声楽家の尹心《ユン・シム》悳《ドク》（윤심덕）が韓国初の歌謡「死の賛美」（一九二六年）を発表したり、京城放送局が開局した頃である。その後一九三〇年代を通じて形成された「トロット」の音楽的典型は、アメリカのポップとジャズ、日本を経由しながら生まれた「ジャズ的流行歌」、日本の「レコード歌謡」などが、朝鮮半島の音楽（家）と融合して形成されたものであった。つまり、韓国のトロットは「フォックス・トロット」よりも、ヨ

ナ抜き音階が加えられた「スロー・フォックス・トロット張りの日本の流行歌」により近いところで生まれたジャンルなのである。

こうした歴史的文脈は、その名称が生まれた時から、倭色歌謡と伝統歌謡の相反する二重の意味をトロットに与えていた。しかし、戦後の脱植民地化の文化ナショナリズムが作用するなかで、「日本からの影響」だけが過剰に強調され、日本と西洋（とくにアメリカ）の音楽を受容・融合しながらも、それとは異なるサウンドと感性をつくり上げた「韓国音楽」の文脈と特徴は看過される傾向が強かった。歌の雰囲気や歌唱法だけで「倭色」というレッテルが貼られ、歌をめぐるあらゆる実践と認識、感情を呑み込んでしまった事例も少なくない。

当時のトロットの音楽的・社会的地位の低さを顕著に表す言葉が、「ポンチャック（뽕짝）」である。ポンチャックとは、一九六〇年代後半に生まれ、いまでも使われているトロットの別称である。作家の三橋一夫は、韓国で使われているこの言葉を「日本でいう演歌調のことで、ギターでリズムを、ポンチャッ、ポンチャッととるから、そう呼ぶ」[29]と説明している。つまり、当時の韓国の「倭色歌謡論」にとって、「ヨナ抜き音階」が演歌特有のメロディであったとするならば、「四拍子」が演歌特有のリズムであったわけで、ポンチャックはそれを言語化したものであった。したがってこの言葉は、トロットの「倭色調」「低俗」「退廃的」のイメージをより強める俗語として使われはじめた。じっさいトロット歌手が年末の音楽賞を独占したことを批判した一九六九年の『京郷新聞』の記事は、「トロット」というジャンル名の代わりに「ポンチャック」という言葉をそのまま使っている[30]。

一九三〇年代に音楽的典型が生まれ、一九六〇年代後半に新たに「誕生」するという類似の経路を歩む演歌とトロットの決定的な違いは、「日本的なもの」をめぐる認識と感情のズレによる、日韓それぞれの文化ナショナリズムにおける位置づけであった。「日韓国交正常化」後初めて国境を渡った「トンベクアガシ」は、それをもっとも象徴的に表す歌だったのである。

4 「倭色」とは何か

重層化する意味

ならば、そもそも「倭色」とは何か。「倭」という言葉がもつ否定的かつ重層的な意味の起源は、一三世紀にまでさかのぼる。一三世紀から一五世紀までのあいだ、朝鮮半島の人びとは、侵寇してくる倭人らのことを「倭寇」と呼んでいた。詩人・作家の森崎和江によれば、「倭寇」とは、中国、日本、琉球、朝鮮をめぐる東アジアの地政学的状況の変遷過程とともに固定化された概念である。(31) 高麗・朝鮮が「倭人」を「禁止」し、その扱いを日本国と交渉していたことからもわかるように、厳密にいえば「倭」は「日本」そのものを意味する言葉ではない。日本による侵略が繰り返された歴史的経験に、二〇世紀の植民地支配が加わったことで、日本のネガティブな側面、つまり「朝鮮半島を侵略し、韓国人のアイデンティティを害するモノ・コト・ヒト」を指す意味として使われるようになったのである。

しかし、日本の支配から解放された一九四五年からトロットという言葉が「誕生」した一九六〇年代後半の二〇年余りのあいだ、この「倭色」という言葉は明確に定義できない概念・感覚として複雑化した。その概念・感覚をまとめながら、「倭色」がもつ重層的な意味について把握してみよう。

解放直後から、「倭色」は「植民地時代の残滓」を幅広く示す意味をもち、「文化的解放」のキーワードとして使われはじめた。音楽においても、以下のようなジャンルもしくは音楽的要素が「倭色」として規定されていた。

植民地時代に発売された日本のレコード、日本人がつくったジャズ的流行歌、日本の軍歌の曲調をそのまま使った軍歌[32]、軍国主義あるいはいわゆるブルース調の退廃主義的な歌詞と曲調、もしくは日本語の歌詞を韓国語に翻訳して歌った歌[33]

こうした「倭色音楽」を聴く習慣を捨てることは、「国民構築」のための喫緊の課題として捉えられていた。一九五〇年六月二五日に勃発した朝鮮戦争の真最中の一九五一年二月に「日本の歌謡を慎め」という政府の談話が発表されるほどであった[34]。

「倭色論」の限界

政府樹立（一九四八年）と朝鮮戦争を経て、韓国の音楽市場が少しずつ形成されていくにつれ、「倭色」には「新たに侵入してくる日本の音楽」の意味が追加された。たとえば一九五六年の『朝鮮日報』記事は、「表には倭色禁止という紙を貼っておいて一日中倭色レコードをかける明洞《ミョンドン》と忠武路《チュンムロ》の数えきれない喫茶店」の存在を告発し、こうした風潮をなくすためには韓国の音楽家による音楽の提供が必要であると指摘している。解放空間において強調されていた「精神的解放」だけでなく、韓国の音楽産業の文脈のなかで「日本音楽の侵入」の問題が「倭色論」と絡み合っていったのである。「植民地時代の日韓」と「戦後日韓」とが交錯するこうした動きは、一九六五年の日韓国交正常化前後からより活発化する。①当時の韓国社会で危惧されていた日本の「経済的侵略」にともなう「文化的侵略」と、②ジャンルを問わず「日本のポピュラー音楽全般」を指す言葉にまで多様化した。

その事例の一つが、坂本九の「上を向いて歩こう」である。六〇年代前半に世界的ヒットを記録したこの歌は、米軍のラジオ放送といった従来とは異なるルートを通じて韓国にも流入していた。その人気が広がると、坂本九のアルバムをそのまま複製した海賊盤から、英語のタイトル「sukiyaki」のまま韓国の歌手が歌ったアルバムまで、八種類のバージョンが出回った。[35] 一九六四年には、タイトルと歌詞をほぼそのまま翻訳し、女性三人組リ・シスターズ（이씨스터즈）が歌った「위를 보며 걸어요（上を向いて歩こう）」がラジオから流れたという。[36] しかし、アメリカを経由したこうした「和製ポップス」を含む、一九六〇年代に越境してきたさまざまな日本の歌は、総じて「倭色」という「認識＝カテゴリー」に分類されていた。「倭色」の意味が、「植民地時代の残滓」という範囲を越え、「新たに侵入してくる日本の音楽」に拡大していくことによって、その言葉の複雑さと曖昧さが増していったのである。

一方で「倭色」は、韓国の歌に表れる「日本的な音楽的特徴」をも意味した。「植民地時代の残滓」と「新たな文化的侵略」という二つの意味が、主に「日本でつくられた音楽」を指すものであったとするならば、この三つ目の意味は、「韓国でつくられた音楽」を指していた。「ヨナ抜き音階」や「四拍子」などの音楽的特徴と、曲の「演歌」的な雰囲気を「倭色」と捉え、その要素を感じさせる韓国の流行歌を「倭色歌謡」と規定する動きが一九五〇年代後半から広まったのである。主に知識人やマスメディアによって生み出されたこの「倭色論」は、「倭色歌曲」「倭色歌謡」「倭色流行歌」などのさまざまな言葉とともに、「韓国歌謡論」のなかに入り込んだ。

しかし、西洋の音楽を受容・融合して形成された雑種的かつ異種混淆的な日本の歌と、西洋・日本の音楽を受容・融合しながら形成された雑種的かつ異種混淆的な韓国の歌のあいだの音楽的類似性を、

「倭色」として規定するのはそもそも不可能なことである。「ヨナ抜き音階」一つを見ても、植民地時代における日本の唱歌教育を通じて「ヨナ抜き音階」が朝鮮の音楽に及ぼした影響だけで、世界中のさまざまなジャンルで使われるペンタトニック・スケール（五音音階）を「倭色」として捉えるには無理がある。つまり、「倭色歌謡」といわれる歌から「倭色」だけを厳密に切り取ることの困難さには、「倭色論」の根本的な限界があった。

5　音楽検閲としての倭色歌謡論

「トンベクアガシ」の禁止

こうした重層的な意味を中心に構成された「倭色歌謡論」は、韓国の音楽・メディア産業が本格的に形成され、韓国の歌に対する「レッテル」と化していった。ある歌に「倭色」というレッテルが貼られることによって、その歌をめぐる言説とイメージが構築される現象が日常化した。そのレッテル化がもっとも強力に働いたのは、国家とメディアによる「検閲」であった。植民地時代の記憶と絡んだ文化ナショナリズムに基づいた「倭色」という根拠は、国家や社会による検閲そのものを正当化させる力を発揮した。

一九六五年の「トンベクアガシ」に対する禁止は、まさにそれを象徴する出来事であるといえよう。先述したとおり、「トンベクアガシ」の禁止理由は「倭色」であった。その禁止措置が解除されたのは、民主化後の一九八七年である。しかしその「禁止」にもかかわらず、その二二年間、具体的にどの要素が「倭色」なのかは解明されないまま、この「禁止曲」は「民衆」によって歌われつづけた。そのあいだ、かつて「韓国の美空ひばり」と呼ばれていた李美子は、「演歌の女王」美空ひばりのように、「トロットの女王」と呼ばれるようになる。同時に「トロット」という言葉も、『オクスフォード英語辞典』が定義したように、「韓国の伝統歌謡」を指すジャンル名として定着した。

一九六五年に「トンベクアガシ」が禁止された経緯、つまり、誰が、なぜ「倭色」を理由にこの歌を禁止したのかについても、さまざまな意見が存在する。ここで二〇〇〇年代後半に書かれた韓国の音楽学者二人の議論を比較してみよう。イ・ヨンミは、この禁止が政治的目的のために政権がおこなったイベントであったと主張する。

筆者は、当時の政権が大衆的なトロット歌謡の禁止処分という衝撃的な事件を、社会的世論集めの道具として利用したと考えている。すなわち、韓日国交正常化に対する世論の反対が激しくなるにつれ、政権側は、自分たちが国益のためにやむを得ず韓日国交正常化を進めたということを大衆的に説得力あるかたちで示す必要があった。そこで当時もっとも人気のあった大衆歌謡「トンベクアガシ」(このアルバムは一年で売上一〇〇万枚を突破していた)をこれ見よがしに「倭色歌謡」というレッテルを貼って禁止することで、自分たちが民族的であることを強調しようとしたのだと思う。(37)

これに対し、ジャン・ユジョンは、トロットを軽蔑していた放送局による自発的な歌謡浄化と音楽業界のパワーゲームによる産物としての可能性を強調する。

もちろん、当時の状況で政府当局が「トンベクアガシ」の禁止を知らなかったはずはないだろう。

また、「トンベクアガシ」禁止が結果的に当時の反日感情を鎮める効力を生んだのかもしれない。しかし、最初から政権のレベルで意図的に倭色歌謡の是非を助長し、「トンベクアガシ」を禁止させたわけではない。当時の史料を総合してみれば、「トンベクアガシ」の倭色歌謡の是非は、まず当時の歌謡界の風土からその原因を探すのが妥当だろう。李美子自身も、「トンベクアガシ」の禁止が当時の政策的な問題と何の関係もないとし、他のレコード会社が「トンベクアガシ」の人気を嫉妬し、「トンベクアガシ」を死蔵させようとした結果だとみていた。[38]

相反しているようにみえるこの二つの主張は、じつは完全に対立しているわけではない。むしろ、「倭色」が「トンベクアガシ」に対する政治的・社会的検閲の根拠になっていたという認識を共有しているといえる。

まず、国家について考えてみよう。当時の朴正熙政権が、植民地時代に満洲国軍少尉に任官していたという「親日的イメージ」や、一九六一年の軍事クーデターを通じて政権を握った軍事政権の「強権的イメージ」を払拭するために、「反日」や「大衆文化」を政治的に利用したことについては、すでにさまざまな研究を通じて示されている。「倭色」に関していえば、たとえば、日韓国交正常化後も日本の大衆文化を禁止しつづけたこと、朴正熙をはじめとする政府機関や国会の水準で「日本大衆文化流入」の防止をしばしば強調していたこと、先述したように李美子の訪日のさい名前の日本語読み騒動に政府が介入したこと、「トンベクアガシ」以外にも多数の歌が「倭色」を理由に禁止されていたこと。これらを考えるだけでも、解放後最大のヒット曲であった「トンベクアガシ」を日韓基本関係条約の発効三日前に禁止曲とした「歌謡界最大のスキャンダル」から、国家の役割を無視することはできない。[39]

しかし一方で、この問題を「国家による文化弾圧」という枠組みだけで捉えることでは「倭色検閲」を把握しきれない。「トンベクアガシ」の禁止は、ポピュラー音楽を「高級文化／大衆文化」の図式で捉えていた知識人と、トロットを「倭色歌謡」と規定するメディア・音楽業界による言説が、日韓国交正常化に対して不満を抱いていた社会的雰囲気と合致して作用した「社会的検閲」の産物でもあったからである。さらに、トロットに「倭色歌謡」「低俗歌謡」といったレッテルを貼っていた韓国の知識人たちの認識は、一九五〇年代まで演歌を「低俗」「退廃的」と見下していた日本の知識人たちの認識と共鳴する。つまり、日本からの脱植民地化を掲げた「倭色歌謡論」には、じつは「知識人レベル」のもう一つの「日韓」に基づいたポピュラー音楽に対する認識が作用していたのではないかという疑問を投げかけることができるのである。

したがって、「トンベクアガシ」の禁止は、一九四五年の解放からの「倭色禁止」の文脈と、「日韓国交正常化」で揺れていた「朴正熙政権の政治的正当性」の文脈、「トロット」というジャンルに対する知識人とマスメディア、「音楽業界の認識と戦略」の文脈がさまざまな利害で絡みあい、文化ナショナリズムのかたちで表れた出来事であった。日韓のポピュラー音楽史からすれば、音楽的融合が検閲の対象となることが、音楽をめぐる戦後の日韓関係の出発点だったのである。

その意味についてはさまざまな側面から考察することができる。二二年間の禁止、すなわち「トンベクアガシ」に対する国家と知識人、マスメディアの「仕掛け」にもかかわらずこの歌が「民衆のこころ」を代弁する歌として生き残ったことに焦点を当てれば、音楽をめぐる戦後の日韓関係における重要なアクターとして「大衆」の存在を浮き彫りにすることができるであろう。この「大衆」の存在は、日韓の音楽市場が巨大化しはじめる一九七〇年代後半から現在に至るまで、その影響力を拡大していくことなる。

植民地時代の負の遺産

もう一つ注目しなければならないのは、「検閲」の効果である。「倭色歌謡」をめぐる制度、実践、言説は、韓国社会がどのように植民地時代からの「文化的解放」を試み、「日本的なもの」と格闘しつづけたのかを示すものである。しかし一方で、その文化ナショナリズムの「正当性」は、逆説的にも、音楽に対する検閲を日常的に内在化させ、結果的に植民地時代に経験した権威主義的な検閲メカニズムと文化的抑圧を再生産しつづけた。

日本の歴史的経験に照らし合わせれば、「トンベクアガシ」の禁止が記載されている韓国の『放送禁止歌謡曲目録一覧』は、戦時下であった一九四三年の日本で、「国民の士気の高揚と、健全娯楽の発展を促進する」ために一〇六七枚のレコードに対して発表された『演奏禁止米英音盤一覧表』を想起させる。当時、この一覧表に掲載された音楽は、カフェ、バー、飲食店で演奏が禁止され、該当レコードは小売店から引き上げられた。敵国の文化に心酔することを防ぎ、敵国に対する敵愾心を高める施策の一環であった。しかし細川周平が指摘するように、こうした「音楽プロパガンダ」によってむしろ「禁止されれば値がつく闇市場」が活性化し、音楽検閲によってアメリカ音楽が日本の国民生活から消えることはなかった[40]。

日本より一年早く音楽検閲が始まった植民地朝鮮においては、「治安妨害」「風俗壊乱」などの理由で、出版、演劇、音盤、映画などを対象にした三三五六冊の発禁刊行物を収めた『朝鮮総督府禁止単行本目録』が存在した[41]。一九三三年に公布された「蓄音機レコード取締規則」による検閲は、一九四三年まで韓国語レコード約六八枚を含む約二八〇種の音楽を禁止した。[42]「アリラン」「鍾路ネゴリ」など、植民地朝鮮の大衆に親しまれていた歌が、「治安妨害」と「風俗壊乱」を理由に禁止されたのである。音楽学者の山内文登によれば、日本において「風俗壊乱」が主な理由であったのに対し、朝鮮では「民族意識の煽動」を含む「治安妨害」が主な根拠として挙げられていた。[43]また、「文字で表れた分には何ともないが、口で歌われ流れ出ずる節には、あまりに懐古的で哀傷的な点」[44]が禁止の理由であったことは、明確な根拠と理由を示せないこの「曖昧さ」にこそ、検閲の動機と効果が刻まれていることを物語る。つまり、歌詞から歌唱法、雰囲気に至るまで、歌をめぐるさまざまな要素に対する検閲が、「植民地権力」の政治的権威を文化的に作動させる装置として機能していたのである。[45]

つまり、「脱日本化」という文化ナショナリズムの正当性を獲得していた「倭色禁止」は、結果的に朝鮮半島の音楽や社会に対して実施されていた「検閲」という植民地時代の負の遺産が、解放後の韓国で制度的かつ社会的に受け継がれるという、きわめて逆説的な状況を生み出した。じっさい、『放送禁止歌謡曲目録一覧』によれば、一九六五年から朴正熙政権が終わる一九七九年まで、「倭色」を理由に禁止曲となった韓国の歌は、「トンベクアガシ」を含め二五三曲にのぼる。[46]

植民地時代の産物でもあり、「六五年体制」の出発点でもあったこうした逆説は、七〇〜八〇年代を通して本格化していくポピュラー音楽の日韓関係史においても、重要な要素として作用していく。この逆説こそが、本書全体を貫通する一つの問いを投げかけているからである。日本の音楽だけでなく、日本との音楽的類似性そのものを検閲の対象としていた韓国の音楽や社会が、いかにその抑圧から解放され、いかにそれを再生産していくのか、次章から詳しくみていこう。

第2章　音楽大国日本への欲望
——日韓のロックと「ヤマハ世界歌謡祭」

1　音楽大国化していく日本

韓国への無関心と巨大化する音楽産業

李美子が日本で「トンベクアガシ」を歌ってから一〇年間、日韓のあいだの音楽市場は成長の兆しもなく止まっていた。「倭色禁止」がなされていた韓国において日本の音楽を流通・消費する市場の形成が不可能であったのはいうまでもない。一方で、日本においても韓国音楽の本格的な市場が生まれることはなかったのである。

そこには、韓国という国に対する日本の根本的な「無関心」があった。国際政治学者の木宮正史によると、この時期韓国社会からの日本に対する関心が「支配への恨み」であったとするならば、日本社会からは韓国に対し「無関心」なのが一般的であったという。李承晩《イ・スンマン》（이승만）政権（一九四八〜六〇年）の反日姿勢などが重なり、日本にとっては「反共の防波堤」である韓国よりも、北朝鮮の印象の方が良

好なくらいであった。[1]

一方で、韓国に対する関心を表す場合でも、一九六九年の『思想の科学』「われわれにとっての朝鮮」特集が指摘しているように、韓国のうちに日本を見出す「内鮮一体」的認識を隠さない人びとが少なくなかった。[2] つまり、植民地時代からの支配の記憶・習慣と、分断した朝鮮半島に対する複雑なまなざしが混在するなかで、「現代韓国」そのものに対して日本社会の関心が芽生えることはなかったのである。同様に、急速に成長し、世界の中心的な役割を担いはじめた日本の音楽産業・文化において、周辺のなかでも片隅にあった韓国音楽に向けられるまなざしは存在しなかった。

当時、日本の音楽産業の飛躍的な成長はさまざまな分野で表れていた。一九六〇年に二四〇〇万枚であった日本のレコード生産枚数は、一九六九年には一億三三五七万枚にまで増加、すでにこの時点でイギリスを抜いて世界第二位の規模になっていた。[3] 楽器産業においても、圧倒的な生産・消費量を誇っていた。ギターの場合、一九六〇年に三〇万本程度であった生産量が、一九六九年には二二〇万本まで急増し、ギター消費総量が年間一五七万本であったアメリカに年間一〇〇万本を輸出していた。ピアノに関しても、アメリカで二〇万～二二万台、ヨーロッパ全体を合わせて五万台程度が生産されていた一九六九年、日本では二五万台強を生産し、五〇万台強といわれていた世界総生産量の半分を占めていた。[4]

こうした成長ぶりをみせる日本の音楽産業に国内外の資本が集まってきたのは当然のことであった。とくに世界的にも急成長中であったレコード業界や放送産業の動きは著しく、CBS・ソニー（一九六八年創業）、東芝EMI（一九六九年創業、当時の社名は東芝音楽工業、一九七三年に改称）、ワーナーブラザーズ・パイオニア（一九七〇年創業）、日本フォノグラム（一九七〇年創業）など、日本と英米の企業による合併と共同設立が相次いだ（表2－1）。

表2－1　日本のレコード会社創業時の資本の割合[5]

年度	企業名	資本の割合
1968年	CBS・ソニー	ソニー50%、CBS 50%
1969年	東芝音楽工業（1973年から東芝EMI）	東京芝浦電気50%、E.M.I 25%、キャピトル25%
1970年	ワーナーブラザーズ・パイオニア	ワーナーブラザーズ50%、パイオニア・ステレオ25%、渡辺プロダクション25%
	日本フォノグラム	フォノグラム・インターナショナル40% 松下電器／日本ビクター60%

日本の豊かな音楽文化

日本の音楽文化に大きな影響を及ぼした音楽番組や音楽雑誌が次つぎと登場したのもこの時期であった。日本最大の音楽チャートである「オリコンチャート」は、一九六七年に創業したオリジナルコンフィデンス社発行の『総合芸能市場調査』が「シングルランキング」を発表した一九六八年に生まれた。[6] 一九六〇年代を通して急成長したテレビにおいても「音楽番組ブーム」が巻き起こった。『夜のヒットスタジオ』（一九六八～一九九〇年、フジテレビ）、『スター誕生！』（一九七一～一九八三年、日本テレビ）、『歌え！ヤンヤン！』（一九七二～一九七五年、東京12チャンネル）などの音楽番組が爆発的な人気を集め、「歌謡曲」を「テレビ文化」として定着させた。一九六九年にTBSが『日本レコード大賞』を全国放送し、高い視聴率を記録すると、翌年にはTBS以外の放送局八局がそれに対抗する『日本歌謡大賞』を制定するほどに、ポピュラー音楽をめぐるメディアの競争は激しさを増した。

出版界においても、『FM Fan』（一九六六～二〇〇一年）、『Young Mates Music』（一九六八～二〇二三年）『YOUNG GUITAR』（一九六八年～）、『guts』（一九六九～一九八三年）、『rockin' on』（一九七二年～）

などの音楽雑誌が乱立し、ブームが巻き起こった。現在も広く読まれている『ミュージック・マガジン』が創刊されたのは一九六九年（創刊時の名称は『ニューミュージック・マガジン』、一九八〇年一月号から現在の名前に改称）であった。こうした日本の音楽メディアは、世界の音楽産業とリアルタイムで連動しながら、日本の音楽トレンドを見つめていた。たとえば、一九七〇年に創刊した『ミュージック・ラボ』は、すでに一九七一年に『ビルボード』誌との全面連携をおこない、「週刊ビルボード／ミュージック・ラボ」という名称を掲げると同時に、イギリスの『レコード・リテイラー』と『レコード・ミラー』、イタリアの『ディスコグラフィア・インテルナッツィオナーレ』とも姉妹誌提携を結んだ。(7) 同誌の「ヒット・ランキング」は、音楽市場の活気とともに、当時の音楽業界が「ヒット曲」をどのように扱っていたのかを顕著に表している。ヒット曲のカテゴリーを、「有線／歌謡曲」「有線／ポピュラー」「ジュークボックス」「カートリッジ・ベスト20」「カセット・ベスト20」「歌番組の視聴率ベスト」「歌手別歌番組出演回数」「放送局別ラジオ・リクエスト」に分類したうえで、歌唱者・演奏者と作詞・作曲、編曲、ディレクター、出版社、所属プロダクションまでを詳細に明記し、「歌」をつくる多様な主体の役割と権利を公表するシステムを整えていったのである。(8)

世界中のトップミュージシャンが、世界第二位の規模に拡大した巨大な市場である日本に次つぎと訪れはじめたのもこの時期である。昭和四〇年代だけでも、ビートルズ（一九六六年）、ザ・モンキーズ（一九六六年）、シカゴ、レッド・ツェッペリン（以上一九七一年）、カーペンターズ、ディープ・パープル（以上一九七二年）、エリック・クラプトン（一九七四年）、クイーン（一九七五年）など、時代を代表するアーティストが日本武道館の舞台に立った。その様子は、一九六四年の東京オリンピックを通じて敗戦後再び国際社会に復帰した日本の国際的地位を示していた。

同時に日本は貪欲に世界の音楽を消費した。たとえば、ラテン・アメリカ音楽のガイドブックが世界に存在しなかった時代に、日本では『ラテン音楽入門』（一九六二年）という音楽批評書がいち早く出版されるほどであった。(9) ところが、その日本の音楽産業のなかに、韓国音楽の場所はなかった。この「韓国音楽の不在」については、先述した現代韓国に対する無関心以外に、日本の評論家や大衆の関心を引くような韓国の歌が存在しなかったか、もしくは目立つ個々の音楽（家）はあったとしても、それを市場のレベルで受容する構造的な動きが起こらなかったか、いずれかの理由が考えられるであろう。

つまりこうした韓国音楽への日本の無関心は、植民地時代からの歴史的文脈と、戦後の国際関係における相互へのまなざし、音楽産業の格差などが複雑に作用して生み出された一つの「現象」であった。先述した「倭色禁止」が韓国社会から「日韓ポピュラー音楽史」の方向性を指し示す現象であるとすると、この「無関心」は、韓国のポピュラー音楽への日本のまなざしがいかに変容していったのか、その変容が日本の市場でどのように表れていったのかという、日本からの問いの方向性を示している。

2　日本語ロックと韓国語ロックの誕生とズレ

はっぴいえんどとYMOの時代

終戦・解放後に生まれた世代が二十代半ばとなり、それぞれの「ポスト戦後」に突入した一九七〇年代の日本と韓国は、新しいサウンドで溢れていた。それは、アメリカの音楽を受容・融合しつづけた結果でもあり、巨大化した音楽企業およびマスメディアとともにグローバル化していく「ロック・ポップ」との同時代的連動でもあった。その動きは、日本においては「日本語ロック」として、韓国においては「韓国語ロック」として表れた（ここで括弧付きの「日本語ロック」「韓国語ロック」は、ロックとフォークジャンルを厳密に区別しない意味として使う）。

「日本語ロック」は、日本における「戦後」と「ポスト戦後」を区分する文化的発現であった。その代表的な存在は、一九四七年生まれの細野晴臣が率いるロックバンドはっぴいえんどである。幼年期からアメリカの音楽を憧憬した彼らは、バッファロー・スプリングフィールドをはじめとするアメリカ西海岸のロックサウンドを、日本的風景と都会的感受性を語る「日本語」の歌詞に落とし込み、「それまでの日本の音楽とは全く違う、新しい日本のポップ・ソングのあり方」を生み出した。「ロック＝アメリカ＝英語」という認識が根強かった当時の日本において、「日本語でロックを歌うこと」は、「アメリカ的なもの」と「日本的なもの」のあいだの「境界」への想像力そのものを転覆させる行為でもあった。

依然としてアメリカの音楽的影響を強く受けながらも、はっぴいえんどの「日本語ロック」は、それ以前に流行《はや》っていた「カバーポップ」とはまったく異なる「新しいアメリカの日本的発現」であり、「新しい日本のアメリカ的発現」であった。その「新しさ」は、一九七〇年代を通して次つぎと登場したシンガーソングライターがつくり出した「ニューミュージック」によって拡張していった。はっぴいえんどのメンバーである細野晴臣、大瀧詠一、鈴木茂、松本隆がそれぞれ及ぼした影響も大きかった。とくに、「シティポップ」の誕生過程におけるその役割は絶大なもので、南佳孝の『摩天楼のヒロイン』（一九七三年）、シュガー・ベイブの『SONGS』（一九七五年）、センチメンタル・シティ・ロマンスの『センチメンタル・シティ・ロマンス』（一九七五年）、小坂忠の『ほうろう』、吉田美奈子の『Flapper』（以上、一九七六年）、山下達郎の『Spacy』（一九七七年）など、シティポップの幕開けを告げた数々の作品に、彼らはプロデューサー、作曲家、作詞家、演奏家、制作者として参加している。それと同時に、大瀧詠一の『A LONG VACATION』（一九八一年）のように、彼ら自身もシティポップの名盤を世に送り出していった（「シティポップ」については第9章で詳述する）。

細野晴臣が坂本龍一、高橋幸宏と結成したＹＭＯ（イエロー・マジック・オーケストラ）がアメリカ活動を本格化したのは、はっぴいえんどのデビューから一〇年後となる一九七九年であった。ＹＭＯの音楽は、アメリカのロックを受容・融合して生まれた「日本語ロック」をさらに電子楽器と融合させた「テクノ・ポップ」を特徴としていた。彼らのサウンドと感覚は、同じく一九七九年に誕生したソニーの「ウォークマン」のように、新しい「日本らしさ」を象徴するものとして世界に認識された。「日本語ロック」の誕生過程は、Ｊ－ＰＯＰの原点でもある「現代日本」のサウンドとスタイルの構築過程ともいえる。

図2－1　Add 4のアルバム「雨の中の女人」（1964年）

韓国ロックの父、シン・ジュンヒョン

韓国においても、ほぼ同時期に「韓国語ロック」が誕生していた。その代表的人物は、「韓国ロックのゴッドファーザー」と呼ばれるギタリスト・作曲家シン・ジュンヒョン（신중현）である。日本の坂本九（一九四一年生まれ）と同世代といえる一九三八年生まれのシン・ジュンヒョンは、五〇年代に米軍基地舞台で学んだアメリカのロックを受容・融合したさまざまなグループ・サウンズを通じて、「韓国的なロック」をつくり出した。彼が率いるロックバンドAdd4が発表した一九六四年の曲「雨の中の女人」は、「韓国語ロック」

表２－２　「韓国大衆音楽名盤100」で10位以内に選ばれた1970年代のアルバム

2007年	2018年
3位：『キム・ミンギ１集』（1971年） 5位：『サヌリム１集』（1977年） 6位：『サヌリム２集』（1978年） 7位：『シン・ジュンヒョン&ユップ・ジュンス』（1974年） 8位：『ハン・デス１集』（1974年）	3位：『シン・ジュンヒョン&ユップ・ジュンス』（1974年） 4位：『キム・ミンギ１集』（1971年） 5位：『サヌリム１集』（1977年） 7位：『サヌリム２集』（1978年） 8位：『ハン・デス１集』（1974年）

の原点となる名曲としていまも評価されている（図２－１）。

一九七〇年代は、シン・ジュンヒョンに続いて登場したシンガーソングライターが「韓国語ロック」を確立させた時代であった。音楽学者の申鉉準《シン・ヒョンジュン》らによれば、「韓国語ロック」の成立過程は、一九六〇年代までにＧＩ文化として米軍によって朝鮮半島に移植されたポップ音楽が、翻訳と再創作を経て、若者自身によってつくり出されるまでの過程でもあった。ハン・デス（한대수）、イ・ジャンヒ（이장희）、チョ・ドンジン（조동진）、ヤン・ヒウン（양희은）らの歌に表れる当時の若者文化の自意識は、軍事独裁政権下で政治的抑圧を経験することでより深くなっていった。「フォークギター・ブーム」に乗って広がったそれらの歌は、若者たちにとっては「封建的で前近代的な因習に対する拒否反応であり、愛に対する伝統的観念との決別」であったという[12][13]。

フォーク、ポップ、サイケデリック・ロック、ゴーゴー、ファンクなど次つぎとブームを起こし、明洞《ミョンドン》、鍾路《チョンノ》、新村《シンチョン》といった都市空間に若者たちの欲望を集めた七〇年代の「韓国語ロック」が、韓国のポピュラー音楽史に残した遺産はきわめて大きい。ヤン・ヒウンの歌「朝露（아침이슬）」がさまざまな民主主義闘争の場で歌われてきたことからもわかるように、民主化以前の韓国社会における「若者文化」の原点はこの時代にあった。二〇〇七年と二〇一八年に実施された「韓国大衆音楽名盤１００」の選定では、七〇年代のアルバム五作品が一〇位以内に選ばれるほど、いまもなお高

い支持を得ている(表2－2)。

3　日韓の若者たちはなぜ出会えなかったのか

政治的隔たり

「日韓」の歴史的文脈からみれば、この「韓国語ロック」の立役者たちは、「日本語ロック」の主役たちと世代的に重なっている。たとえば、アンダーグラウンドのフォーク・シーンを中心に韓国のニューミュージックを主導したチョ・ドンジンは、細野晴臣と同じく一九四七年生まれ、「韓国のポブ・ディラン」と呼ばれたハン・デスは、大瀧詠一と同じく一九四八年生まれである。一九七七年にデビューし、もっとも独創的な韓国語ロックを世に出しつづけた三人組ロックバンド、サヌリム(산울림)のリーダーであるキム・チャンワン(김창완、一九五四年生まれ)が、坂本龍一(一九五二年)と同世代であることを考えれば、「日本語ロック」と「韓国語ロック」は、同じ世代によって生まれた「同時代的音楽」といってもよい。

しかしながら、この「日本語ロック」と「韓国語ロック」が同時代的に出会うことはなかった。もちろん先述したように、日本の音楽に対する「禁止」と、韓国の音楽に対する「無関心」により、相互の音楽を消費する市場とメディアが存在していなかったことが背景にあろう。「日韓関係」の水準においても、地政学的かつ経済的には密接な協力関係を築きながらも、「金大中《キム・デジュン》(김대중)拉致事件」(一九七三年)、「陸英修(朴正熙大統領夫人)射殺事件」(一九七四年)などによって外交的には冷え込んだ状態が続いていた。

一方で、そもそも当時日韓の若者たちが、日韓を超えた世界的な水準での「若者」として認識と感情を共有する空間自体が存在していなかったことが、ポピュラー音楽による出会いの不在として表れていたという見方も可能であろう。そこには、日本と韓国のあいだにある政治的・経済的時間差が作用していた。社会学者の吉見俊哉は、戦後日本と、日本の旧植民地であった韓国（や台湾）のあいだには、約二五年の時間の差があったという。韓国に限って言えば、朴正煕軍事独裁体制が終わる一九七九年と「光州民主化運動」が起きた一九八〇年が、八〇年代を通して民主化への道を辿っていく出発点であった。経済的にも、戦後日本が経済発展に向かった一九六〇年代と似た状況が八〇年代の韓国に生じていることで、その時間差を読み取ることができる。つまり、日本の「終戦」は一九四五年、韓国の「終戦」は一九八〇年前後であるという吉見の議論を敷衍《ふえん》すれば、[14]七〇年代を生きていた日本と韓国の若者たちがもっていた時代をめぐる感性と意識の違いがみえてくる。音楽においても、日韓はともにアメリカのロックやフォークの影響を受けているものの、そこに「政治」という言葉一つを投げかけるだけで、「日本語ロック」と「韓国語ロック」にはまったく異なる位相が浮かんでくるのである。

日本の音楽からみれば、全学共闘会議による学生運動や「ベ平連（ベトナムに平和を！市民連合）」による反戦運動などが盛んだった六〇年代後半に、新宿西口地下フォークゲリラや関西フォークなどがつくっていた「プロテスト・フォーク」の風景は、「ポスト戦後社会」への政治的・経済的・社会的転換とともに消え去り、ロックとフォークは急速に商業化していった。「四畳半フォーク」とも呼ばれていた、井上陽水の「傘がない」やかぐや姫の「神田川」などの「プロテスト色皆無の極私的傾向の楽曲のヒット」[15]は、その時代性を音楽によって表していた。

一見、その転換はアメリカの動きとも重なっていたようにみえる。アメリカにおいても、「プロテスト・フォーク」がボブ・ディランとともに全盛期を迎え、「ウッドストック・フェスティバル」（一九六九年）を最後に姿を消したからである。録音技術の発展と市場の国際化が進むなか、六〇年代の対抗文化を率いたアメリカのミュージシャンたちは、スタジオのレコーディング・ミュージシャンとして商業的な成功を収め、対抗文化は一つの販売戦略となり、若者たちもフォークやロックに政治的要求を投げかけるのをやめ、それらを「芸術」として消費していった。これが一九七〇年代に起こった大きな転換であった[16]。

しかし、「政治」という言葉を広義に捉えると、日本とアメリカの動向は明確に異なっていた。まずアメリカにおいては、一九七〇年代後半からじつは再び政治が音楽に戻っていた。労働者階級の若者たちが「パンク・ロック」を通じて政治的要求を訴えたり、「ラップ／ヒップホップ」が人種問題に対する黒人の声として主流の音楽市場に参入したり、より多様な政治が若者／音楽文化に深く関わっていったのである。それに対し、日本の若者／音楽文化の政治への回帰は、少なくとも社会的な影響力をもつ程度の規模では、現在までほとんど見当たらない。一九七〇年代を通して定着したこの「政治の不在」は、アメリカとは異なる日本の特徴としてＪ－ＰＯＰに受け継がれたともいえよう。

禁止を強化する朴正熙政権

一方で、「四月革命」（一九六〇年四月に李承晩大統領の不正選挙に反発した学生や市民のデモにより李承晩を辞任に追いこんだ民主化運動）と「日韓国交正常化反対運動」など、一九六〇年代に起きた主な政治的出来事を主導した韓国の若者たちは、七〇年代においても依然「政治の主役」としてありつづけた。若者文化のもつ政治的影響力が増大するにつれ、「韓国語ロック」に対する韓国政府の目は厳しくなっていった。

一九六一年の軍事クーデターで政権を握った朴正熙政権は、一九七二年にさらなる長期執権のために非常戒厳令を宣布し、「維新憲法」による「維新体制」を確立した。一九七〇年代は、政治的抑圧と文化的抑圧が同時かつ日常的におこなわれていた時代であった。[17] 若者たちが熱狂していた「韓国語ロック」がその主なターゲットであったのはいうまでもない。彼らが「維新体制」に猛烈に反対すると、朴正熙政権は、一九七四年に「緊急措置九号」（憲法に反対したり改正・廃止を煽動する行為の禁止）を発令し、一九七五年には「公演活動浄化対策」を発表、ヤン・ヒウンの「朝露」やシン・ジュンヒョンの「美人」をはじめとする、当時若者の人気を集めていたロックとフォークジャンルの歌のほとんどを禁止した。

その結果、一九七五年一年間だけで、国内の二二四曲、ボブ・ディランの歌一二曲を含む海外の二四〇曲が新たに禁止曲となった（表2－3、表2－4）。この膨大な数だけでも、当時の政治的緊張と、若者の政治的エネルギーに対する維新政権の警戒と恐怖心をうかがい知ることができる。音楽のあらゆる要素、すなわちサウンドと歌詞、服装や仕草が、その意図を問わず「政治的なもの」として解釈されていた。つまり、「韓国語ロック」の形成過程は、「政治」を除いては把握できないのである。

こうした状況は日本にも「民衆歌謡」のかたちで部分的には知られていた。その代表的なミュージシャンが、「朝露」を作詞・作曲したキム・ミンギである。軍事政権に抵抗した詩人・金芝河《キム・ジハ》（김지하）の詩を歌にし、韓国で発禁になった金のアルバム『金冠のイエス』は、「韓国民主回復統一促進国民会議日本本部（韓民統）」と在日韓国青年同盟の協力によって日本でレコード化された（図2－2）。『ニューミュージック・マガジン』は、キム・ミンギの音楽と韓国の政治的状況を次のように紹介している。

「小さい池」「朝露」「ソウルへの道」（金芝河の同名詩にモチーフを得ている）等のミンギの詞にもその言葉のなかに秘められた抑圧への強い抵抗の意志を見ることができる。韓国の民衆に「朝露」等が

表２－３　1975年に放送禁止曲となった国内のロック／フォーク曲（一部）[18]

曲名／歌手	禁止の理由
거짓말이야（コジンマリヤ～嘘よ）／김추자（キム・チュジャ）	歌詞の内容、不信感助長、歌唱法低俗
고래사냥（くじら狩り）／송창식（ソン・チャンシク）	放送不適
아침이슬（朝露）／양희은（ヤン・ヒウン）	放送不適
그건 너（それは君）／이장희（イ・ジャンヒ）	歌詞が退廃・低俗
미인（美人）／신중현과 엽전들（シン・ジュンヒョン&ユップ・ジュンス）	歌詞低俗、曲退廃

表２－４　1975年に放送禁止曲となった海外のロック／フォーク曲（一部）[19]

曲名／歌手	禁止の理由
Blowin' in the Wind（風にふかれて）／ボブ・ディラン	反戦
The Times They Are A-Changin'（時代は変る）／ボブ・ディラン	社会抵抗
Revolution／ビートルズ	放送不適
Chidren of Grave／ブラック・サバス	反戦
Dailogue（Part 1, 2）／シカゴ	不穏
Hot Pants Part. I／ジェームズ・ブラウン	不健全
I Shot the Sherriff／エリック・クラプトン	暴力
If You Talk in Your Sleep／エルヴィス・プレスリー	不倫、退廃
Laydown Staydown／ディープ・パープル	淫乱、退廃
Paint it Black／ローリング・ストーンズ	幻覚剤
Two Shots／ジョン・デンヴァー	不健全
Wood Stock／ジョニ・ミッチェル	退廃

よく歌われるというのもうなずける。しかし、ヤン・ヒウンも今はミンギの歌を歌わなくなったという。歌えなくなっているというのが理由のようだ[20]。

図2−2　キム・ミンギ『金冠のイエス』

しかし、韓国の動きに同時代的に向き合う「若者文化」は、「ポスト戦後社会」の日本には存在していなかった。アメリカで『ジャパン・アズ・ナンバーワン』（一九七九年）という本が出版された当時、先進国の地位を確立した「ジャパン」を生きていた若者たちが、隣国の軍事独裁政権による暴圧的な統治を想像するのは容易ではなかった。つまり七〇年代の日韓の若者は、同じ「サウンド」（ロック）は共有していたものの、同じ「政治」を共有することはなかったのである。

それは、J－POPとK－POPの誕生過程においても同じことがいえる。後に詳しく述べるが、八〇年代後半にその名称が生まれたJ－POPが、はっぴいえんどによる「日本語ロック」の登場以降の連続した音楽的分脈のうえで成り立っていることに対し、K－POPの場合、八〇年代後半の民主化以前の音楽と民主化以降の音楽のあいだには大きな断絶が生じていたのである。それゆえ、「音楽と政治」という観点からすれば、七〇年代における日韓の違いは、現在のJ－POPとK－POPの違いにも受け継がれているといえよう。J－POPと比べると、K－POPの方でより多様な「政治」が若者の現実的な問題として顕在化しているからである。

4 「韓国歌謡」の確立と日本の音楽的影響

音楽史の裏側にある韓国語ロック

韓国のポピュラー音楽史において、七〇年代は、「若者の時代」として記憶されている。フォークギターとジーンズを身につけた若者たちが歌った「韓国語ロック」は、政治的にも、音楽的にも、民主化後の「現代」につながる大きな意味をもつ歴史的産物であった。軍事独裁政権に抵抗するその世界観は、「若者文化」の力を韓国の音楽文化に深く刻むものであったし、その破格的かつ洗練されたサウンドとスタイルは、アメリカのポップスとの「同時代的つながり」を実感させるものだったのである。当時もっとも影響力のある音楽評論家・作曲家の一人であったファン・ムンピョン（황문평）は、「ソウルとゴーゴーの旋風」「ハードロックの流行」「青年文化という新しい言葉の登場」とともに「フォークギターとジーンズの時代」が到来した一九六七年以降の動きについて、「ヒッピーの世界的影響とアメリカのアンダーグラウンド音楽であるサイケデリック音楽の影響を受け、グループ・サウンズの数が急激に増加した[21]」と述べている。

日韓のポピュラー音楽史の観点からすれば、七〇年代は、韓国のポピュラー音楽が日本の影響から本格的に脱却しはじめた時期でもあった。当時若者たちが歌っていたロックとフォークは、軍事政権によってその多くが禁止されながらも、「倭色」という枠組みからは自由であった。当時の若者たちは、「日本的なもの」を経由せずに直接「アメリカ的なもの」を欲望し、韓国社会の文脈のうえで「韓国的なもの」と「現代」を想像・創造していた。つまり、「日韓」の文脈では、「倭色から解放された韓国語ロックが誕生した」というもう一つの時代性を、七〇年代に与えることができるであろう。

しかし、七〇年代の韓国のポピュラー音楽をこの「韓国語ロック」だけで語るのは、その半分を語るにすぎない。言い換えれば、民主化後に始まったポピュラー音楽の「歴史化」が、七〇年代に禁止されていた韓国ロック・フォークの「名曲」を中心になされることによって、当時「裏側」であった「韓国語ロック」だけが注目され、「若者の時代」という意味だけが過剰に語られてきたのではないか、ということである。

主流となる「韓国歌謡」

「韓国語ロック」を裏側だとするならば、当時の表側は何か。それは、「韓国歌謡《ガヨ》」である。ここでいう「韓国歌謡」とは、当時の日本の「歌謡曲」とほぼ同じ意味をもつ。ジャンル的にも、伝統歌謡に分類される「トロット」から、若い世代向けの「ポップ」と大人向けの「アダルト・コンテンポラリー・ミュージック」まで、「韓国語ロック」を除いたほぼすべての商業的流行歌がここに含まれる。その違いはメディアにも明確に表れていた。「韓国語ロック」が主に海賊盤を含むレコードや若者たちの盛り場を通じて消費されていたのに対し、「韓国歌謡」は、既存のラジオに加え、七〇年代に急成長したテレビを主な媒体としていた。前者の多くが「放送禁止」されるなか、「韓国歌謡」はマスメディアの文化、とりわけ「テレビ文化」として定着していった。

この「韓国歌謡」から七〇年代を眺めると、「韓国語ロック」とはまったく異なる風景がみえてくる。その一つは、日本からの強い影響である。ただし、ここでいう日本の影響は、単なる「倭色」の枠組みで捉えられるものではない。七〇年代にも依然、六〇年代後半の「演歌とトロット」の関係からの影響が連続的に作用していたが、もう一方では、七〇年代の時点で流行していた日本の「歌謡曲」の影響が広範囲に及んでいたからである。

その影響が興味深く表れていたのは、「剽窃」の問題であった。先述したように、六〇年代のポピュラー音楽論において、日本の影響は「倭色」の観点から「トロット」という「ジャンル」の問題として語られていた。しかしその観点を、植民地時代から受容・融合された単なる音楽スタイルではなく、音楽産業で生じている「剽窃」の問題に広げると、当時の「現代韓国」のミュージシャンたちがいかに貪欲に日本の歌謡曲を取り込んでいたのかがわかる。じっさい一九六五年から一九七九年のあいだ、韓国放送審議委員会は、「倭色」のカテゴリーに入る二五〇曲の禁止曲以外にも、三九曲を日本の歌謡曲剽窃の疑いで禁止していた。

表2－5からわかるように、剽窃の出所として提示されたのは、フランク永井や石原裕次郎、伊東ゆかりによる、演歌の枠を越えた日本の幅広い歌謡曲であった。剽窃と認定された韓国の楽曲をみても、李美子と南珍《ナム・ジン》（남진）のようなトロットの大物歌手以外に、パティ・キム（패티김）とチェ・ヒジュン（최희준）など、「アダルト・コンテンポラリー・ミュージック」ジャンルで韓国歌謡を代表していた歌手に提供された曲も多数含まれていた。

いまや法律の対象でもある「剽窃」の判定は、当時も現在もアメリカをはじめとする全世界の音楽産業でつねに起こっている問題である。これらの曲がすべて「剽窃」にあたるのかについては、さらなる音楽的検討が必要となるであろう。また、「倭色」と「剽窃」という判定を区分する基準とその正当性についても、より厳密な議論が求められる。ただ、ここで確認しておきたいのは、これだけの幅広い日本の歌謡曲が、韓国歌謡をつくる側からも、それを検閲する側からも、強く意識されていたことである。

表２－５　1965～1969年の放送禁止曲（日本の歌謡曲剽窃）[22]

年度	禁止曲	原曲	剽窃対象
1966	태양이 뜨거울 때（太陽が熱い時）／패티김（パティ・キム）	すずかけの道／ザ・ピーナッツ	曲
1967	밤 깊은 육교에서（夜中の高架橋で）／남성민（ナム・ソンミン）	おさげと花と地蔵さんと／三橋美智也	曲
	섬아가씨（島のお嬢さん）／송춘희（ソン・チュニ）	未練ごころ／こまどり姉妹	曲
	송죽부인（松竹夫人）／송춘희（ソン・チュニ）	おしどり道中／美空ひばり	曲
1968	가슴에 상처만이（胸に傷だけが）／신성현（シン・ソンヒョン）	湯町江エレジー／近江俊郎	曲
	김포가도（金浦街道）／남일해（ナム・イレ）	雨の国道７号線／フランク永井	曲
	구겨진 러브레타（しわくちゃのラブレター）／남일해（ナム・イレ）	ラブ・レター／フランク永井	曲
	꿀밤 삼백석（デコピン三百石）／박지연（パク・ジヨン）	おふくろさん／森進一	曲
	너구리 아저씨（たぬきおじさん）／최희준（チェ・ヒジュン）	ブルー・シャトウ／ジャッキー吉川とブルー・コメッツ	曲
	눈물이 강이 되면（涙が川になれば）／진송남（チン・ソンナム）	君恋し／石原裕次郎	曲
	두 사람（ふたり）／현미（ヒョンミ）	小指の想い出／伊東ゆかり	曲
	대서울（大ソウル）／부르벨즈（ブルーベルズ）	惚れたって駄目よ／和田弘とマヒナスターズ	曲
	방랑시인 김삿갓（放浪詩人キム・サッカ）／명국환（ミョン・クッカン）	浅太郎月夜／宇都美清	曲
	별아 내가슴에（星よ、私の胸に）／남진（南珍）	星のフラメンコ／西郷輝彦	曲
	바람（風）／현미（ヒョンミ）	風雪三代／美空ひばり	曲
	사랑의 열쇠（愛の鍵）／정훈희（鄭薫姫）	小指の想い出／伊東ゆかり	曲

（次頁に続く）

年度	禁止曲	原曲	剽窃対象
	섬마을선생님（島の先生）／이미자（李美子）	俵星玄蕃／三波春夫	曲
	유달산아 말해다오（儒達山よ、言ってくれ）／이미자（李美子）	未練の波止場／松山恵子	曲
	잊어버린 꿈（忘れた夢）／강소희（カン・ソヒ）	逢いたいなァあの人に／島倉千代子	曲
	젊음의 찬가（青春讃歌）／김풍년	バラ色の二人／橋幸夫	曲
	천리타향（千里他郷）／이상열（イ・サンヨル）	島育ち／田畑義夫	歌詞
	폭풍의 사나이（嵐の男）／최희준（チェ・ヒジュン）	嵐を呼ぶ男／石原裕次郎	曲
	회상의 종소리（思い出の鐘）／최필（チェ・ピル）	藤山一郎／影を慕いて	曲
1969	바다그림자（海影）／문주란（ムン・ジュラン）	新妻鏡／島倉千代子	曲

じっさい、一九六八年の『週刊平凡』の記事からもうかがえるように、六〇年代後半の韓国では、日本の歌謡曲に対する関心が高まっていた。

このほど韓国の首都ソウルでひらかれた『アジア歌謡祭』に、日本の歌手を代表して登場したフランク永井が、「もうずっと韓国にいて！」といわれるほど大モテにモテた。戦後日本人歌手が韓国でうたったのはフランクがはじめて。それもあってか、検閲の厳しいソウルの飛行機でも税関はフリー・パス。歌謡祭では、アジア各国から集まった人気歌手数十人のなかで、彼だけが韓国人歌手以上の人気。地元ファンからは、「韓国レコード界のため、ぜひ残ってほしい」と泣きつかれるしまつで、これにはフランクも、とまどいがちに、「ボクだけが、なぜ、こうもモテるんだろうか」と、首をひねっていたとか。(23)

一九七〇年代に入ると、表2−6にもあるように、沢田研二、桜田淳子、森昌子といった「アイドル歌謡」の音楽やスタイルが、「テレビ文化」と化していく韓国歌謡に波及していった。ファン・ムンピョンによると、「七〇年代にも日本歌謡調の歌が人気を集めたため、アメリカ的なポップソング・スタイルで活躍する歌手でも、ヒット曲は日本歌謡調の歌で出す伝統のようなものが生まれ」、日本の歌謡曲に対する「中毒性」が、若者の音楽ではない「倭色歌謡の氾濫」を生んでいたという。[24]

日本の音楽を学習し、脱却する

しかし、「韓国歌謡」を単なる日本の「歌謡曲」の亜流として捉えることはできない。それだけでは、七〇年代に誕生し、「現代」においても日本的なものとは明確に区別される「韓国歌謡」を説明することが困難になるからである。したがって、より妥当なのは、剽窃を含むさまざまな経験を、「日本音楽の学習過程」と「日本音楽からの脱却過程」両方の側面から把握することであろう。この二つの過程は、必ずしも対立しているわけではない。当時日本の音楽市場の規模と音楽的影響力を考えれば、その影響を受けながら独自のスタイルを築いていくのは、文化産業においては矛盾しない。日本の「歌謡曲」の市場・音楽・文化に向けられる欲望と、「日本的なものとは区別される韓国的なものをつくり出したい」欲望が共存し、せめぎ合うのは、新しい「スタイル」が生まれる普遍的な過程であるからである。

この説明を裏付けるのが、七〇年代の「韓国歌謡」を代表する作曲家の一人、李鳳祚《イ・ボンジョ》(이봉조)のケースである。李鳳祚は、一九六七年の新聞インタビューで、「トロット調の日本色を止揚し、タンゴ調の歌を作曲した」[25]と述べたように、その方向性をアメリカ的なポップスに置いていた、「現代」の作曲家であった。ここで注目したいのは、その「過程」である。『放送禁止歌謡曲目録一覧』によれば、一

表2－6　1970～1979年の放送禁止曲（日本の歌謡曲剽窃）(26)

年度	禁止曲	原曲	剽窃対象
1970	바다건너 가는 마음（海を渡る心）／박재란（パク・ジェラン）	りんご追分／美空ひばり	曲
	임없는 조각배（あなたのいない小舟）／이미자（李美子）	荒城の月	曲
	초원에서 맺은 사랑（草原で結ばれた愛）／최희준（チェ・ヒジュン）	アカシアの雨がやむとき／西田佐知子	曲
	행복을 빌어주마（幸せを祈るよ）／송대관（ソン・デグァン）	花と蝶／森進一	曲
1971	사라진 무지개（消えた虹）／이용복（イ・ヨンボク）	夢は夜ひらく／園まり	曲
	추억（思い出）／쉐그린（シャグリーン）	いいじゃないの幸せならば／佐良直	曲
1972	거리（街）／배성（ペ・ソン）	影を慕いて／藤山一郎	曲
1973	사랑했던 날들（愛した日々）／김하정（キム・ハジョン）	荒城の月	曲
	사랑의 듀엣（愛のデュエット）／이미자（李美子）	世界は二人のために／佐良直美	曲
1975	내일 다시 만나요（明日また会いましょう）／4월과5월（4月と5月）	恋は邪魔もの／沢田研二	曲
	추억（思い出）／이영식（イ・ヨンシク）	想い出のセレナーデ／天地真理	曲
	믿어볼래요（信じてみます）／김인순（キム・インスン）	初めての出来事／桜田淳子	曲
1978	겨울역（冬の駅）／문영일（ムン・ヨンイル）	望郷／森進一	曲
	난 정말 몰랐었네（ぼくは本当に知らなかった）／최병걸（チェ・ビョンゴル）	旅笠道中／東海林太郎	前／間奏
	사랑이야기（恋物語）／한경애（ハン・ギョンエ）	四季の歌／森昌子	曲

九六八年、彼がヒョンミ、チョン・フニ、チェ・ヒジュン、ブルーベルズに提供した計六曲が「剽窃」と認定されている。(27)そのうち、四曲の元ネタが伊東ゆかりの「小指の想い出」とジャッキー吉川とブルー・コメッツの「ブルー・シャトウ」などの日本の曲、残りの一曲がモーリス・ルクレールの「太陽のかけら」であった(一曲は言及なし)。一方で、現在も「韓国歌謡」を代表する傑作として歌い継がれている「霧」(日本では「霧の街」というタイトルで発表)や、「終点」「愛の終末」などのヒット曲は、他の韓国作曲家によって剽窃されていた。(28)つまり、「日本音楽の学習過程」と「日本音楽からの脱却過程」が「韓国歌謡」のなかでいかに複雑に交差し、またせめぎ合っていたのかが、李鳳祚の歌を通じて表れているのである。

さらにこうした事例は、「日本からの影響」が、それ自体で「従属」か「解放」かを意味するのではなく、「アメリカからの影響」とともに「韓国歌謡」の確立過程を構成する「歴史的経験」であることを浮き彫りにする。日本とアメリカ、どちらとも一致しない「韓国的なもの」は、「従属/解放」を「判定」する人びとではなく、そのあいだにある緊張を意識しながら音楽を創造し、享受した人びとによって生まれたからである。

5 日本の「世界歌謡祭」と「韓国歌謡」の国際化

日本の音楽を世界に発信する

「韓国歌謡」における「日本音楽の学習」と「日本音楽からの脱却」は、「国際化」の過程でも同時に進行していた。産業的かつ音楽的に確立しはじめた「韓国歌謡」を国際的に位置付ける動きのなかで、日本のシステムに編入していくことと、音楽的に日本から脱却したものをつくること、二つの方法が同時に求められていたのである。その国際化の場となったのが、「国際歌謡祭」であった。

「国際歌謡祭」とは、テレビの普及が始まった一九五〇年代から八〇年代にかけて世界中で流行した音楽イベントの形式である。多くの国・地域において移動の自由が限られていた冷戦体制のなかで、ポピュラー音楽の国際化とともに、「ソフトパワー」を用いた「公共外交（文化外交）」である国際歌謡祭は、各国の大都市を中心におこなわれた「音楽イベントの場」であり、「テレビ番組のフォーマット」であった。たとえば、一九五六年に開始し、いまも続いている「ユーロビジョン・ソング・コンテスト」は、多数の人気歌手を輩出したヨーロッパでもっとも人気のあるテレビ番組でありながら、冷戦体制下で、「西ヨーロッパ」の政治的・経済的・文化的価値を世界中に伝播する役割を担っていた。

一九七〇年の時点で、世界上位の五〇銀行のうち、一一の銀行をもつほどの「経済大国[29]」と化した日本は、アジアでは「国際歌謡祭」という形式をもっとも積極的に活用した国であった。一九七〇年代にヤマハ音楽振興会が「世界歌謡祭」（一九七〇～一九八九年、第一回目の名称は「東京国際歌謡音楽祭」）を、一九七二年にＴＢＳテレビが「東京音楽祭」（一九七二～一九九二年）を開催したのである。この二つの国際歌謡祭は、世界の音楽家とメディア産業を「東京」に引きつける求心力をもつ場であると同時に、世界中のミュージシャンが競争を繰り広げる「東京」そのものを世界に発信する場として機能した。

ヤマハの「世界歌謡祭」には、日本の音楽トレンドはもちろん、日本を代表する音楽企業として急成長したヤマハの世界観が表れていた（図２－３）。すでに「エレクトーンコンクール」（一九六四～一九九七年）、「合歓《ねむ》ポピュラーフェスティバル」（一九六九～一九七二年）、「ポピュラーソングコンテスト」（一九六九～一九八六年、「作曲コンクール」から一九七二年に改称）といった音楽イベントを展開し、はやくも

図2－3 『ヤマハ音楽通信』（1971年11月15日号）に掲載された世界歌謡祭の広告

一九七六年に「グローバル戦略」を掲げていたヤマハにとって[30]、「世界歌謡祭」は、「オリジナリティを求める音楽の場を、世界領域まで広げる[31]」こと、つまり、世界音楽における一つの「スタンダード」をつくることをめざすものであった。後援（外務省、文化庁など）と協賛（トヨタ自動車、ソニー、資生堂など）のリストからもわかるように、そこには先進国に加わった日本のソフトパワーを発信し、国際的な影響力を拡大するという文化外交的な意味も含まれていた。

韓国人歌手の「ジャパニーズ・スタンダード」への参入

一九六〇年代、ハン・ミョンスク（한명숙）の「黄色いシャツ（노란샤쓰의 사나이）」が東南アジアでヒットしたことで「海外進出」を経験した韓国の音楽界にとって、ヤマハの「世界歌謡祭」は、国際化への主要な「ハブ」であった。第一回「世界歌謡祭」に韓国から出場し、本選で入賞を果たしたのは、先述した李鳳祚のような「ポップス系」にとって、こうした国際的競演は音楽活動の幅と市場を広げる重要な場であった。それは出場した歌手のジャンルからもみてとれる。第一回の鄭薫姫に続き、「世界歌謡祭」に参

表2－7　「世界歌謡祭」に出場した韓国歌手[35]

開催年度	出場曲／出場者	出場／受賞
第1回（1970年）	Foggy（霧）／鄭薫姫	本選／入賞
第2回（1971年）	Lesson of love（愛の教室）／ザ・パールシスターズ	予選
第3回（1972年）	One I love（孤独は重く）／鄭薫姫	本選／入賞及び歌唱賞
第5回（1974年）	Brilliant Light In That Flower／朴京姫	予選・歌唱賞
第6回（1975年）	Bul Kot（Flame）（恋の芽生え）／鄭美朝	予選
第8回（1977年）	You Alone Can Be My Love（あなただけを愛して）／恵銀姫（ヘウニ）	本選
第9回（1978年）	Oh! My Love（愛につつまれて）／鄭美朝	予選／歌唱賞
第11回（1980年）	I Think Our Love's Something Like That,Too／チェウニ（정재은）	予選
第14回（1983年）	Mother told me／ジン・ボラ（진보라）	予選

加したパールシスターズ、朴京姫《パク・キョンヒ》（박경희）、鄭美朝《チョン・ミジョ》（정미조）などは、いずれもトロットとは明確に異なるアメリカ的な音楽と歌唱法、ルックスで人気を誇ったボーカリストたちである。李鳳祚は、日本以外にもアルゼンチン、ギリシャ、スペインなどで開かれた国際歌謡祭に参加し、一九七五年の「チリ国際歌謡祭」でも鄭薫姫とともに三位に入賞している（表2－7）。

　こうした国際歌謡祭での入賞は、韓国国内においてオリンピックのメダルのような「国威宣揚」として受け止められていた。韓国政府は、第一回大会入賞者の李鳳祚と鄭薫姫に文化広報部長官による感謝状を贈り[32]、当時映画館での上映が義務化されていた『大韓ニュース』（一九五三～九四年まで韓国政府の施策を広報するために上映されていたニュース映画）を通じて二人を次のように讃えた。

> 第一回東京国際歌謡祭に参加した歌手鄭薫姫さんが、李鳳祚作曲の「霧」を歌い、ベスト10に選ばれたことで、わが歌謡の世界進出が頻繁になるとみられます[33]。

表 2－8　「東京音楽祭」に出場した韓国歌手[36]

開催年度	出場曲／出場者	受賞
第 2 回（1973 年）	All Alone I Sit On The Bank（ひとり川辺で）／ Chung Mi-Jo（鄭美朝）	
第 3 回（1974 年）	「愛は永遠に」パティ・キム	銅賞
第 5 回（1976 年）	Joyful Arirang（ジョイフル・アリラン）／ Kim Sang Hee キム・サンヒ／金相姫（김상희）	TBS 賞
第 6 回（1977 年）	夜明けよ、翔べ／イ・ソンエ（李成愛）曲名：夜明けよ、翔べ	
第 7 回（1978 年）	I'm Going My Way（雨のめぐり逢い）／ Pak Kyong-hui ／朴京姫 君は知らず／ソヌ・ヘギョン（선우혜경）	銅賞
第 8 回（1979 年）	Papa's Cradle Song（父に捧げる歌）／ Park Kyeong	
第 9 回（1980 年）	Ae（朴敬愛）	
第 10 回（1981 年）	You, Only You（雨は幻）／ Yeon-Si Nae（ユン・シネ）	
第 11 回（1982 年）	遠い星／ Moon-Ju Ran 文珠蘭（문주란）	最優秀歌唱賞
第 12 回（1983 年）	Love Story（ラブ・ストーリー）／ Song Gol Mae ソンゴルメ（송골매）	音楽祭協力賞、TBS 賞
第 13 回（1984 年）	Stay By Me ステイ・バイ・ミー／ Min Hae Kyung ミン・ヘイギョン（민혜경）	
第 14 回（1985 年）	My Dream 夢時代／ Bang Mi バン・ミー（방미）	銀賞
第 15 回（1986 年）	You Know I'm A Lady 私は女ですもの／ Seo Irene	

大衆の関心も高かった。チェ・ギュソンは、「韓国人は国際歌謡祭に熱狂し」、「東京国際歌謡祭（世界歌謡祭の旧名称）、サンレモ歌謡祭、ユーロビジョンなど、もっとも注目された歌謡祭の受賞曲を中心に、ペクパン（海賊盤）が制作されたりもした[34]」と述べている。

韓国のミュージシャンたちは、TBSの主催で始まった「東京音楽祭」にも積極的に参加した（表2－8）。「東京音楽祭」は、ナタリー・コール（一九七六年）、アル・グリーン（一九七八年）、ライオネル・リッチー（一九八三年）、クール&ザ・ギャング（一九八五年）など、世界的に有名な大物のアーティストを参加させることで（もちろん彼らにグランプリを捧げていた）、大会の知名度と権威を上げる戦略をとっていた。

七〇年代後半になると、韓国の音楽・メディア業界は、国際歌謡祭という形式そのものを積極的に取り入れはじめた。MBC放送と京郷新聞が一九七八年から「ソウル国際歌謡祭」を、TBC放送と中央日報が一九七九年から「TBC世界歌謡祭」を開催したのである。「ソウル国際歌謡祭」の場合、それ自体が国際歌謡祭の形式を取りながらも、ヤマハ「世界歌謡祭」の地域予選としての役割を同時に担っていた。じっさい第一回大会に参加した一一名の大会審査委員のうち、三名は日本の作曲家・音楽評論家であった。[37]「TBC世界歌謡祭」においても、第一回大会で大賞を受賞したのは、「ビューティフル・ミー」を歌った日本の大橋純子であった。これは英語歌詞の歌ではあったものの、当時日本語の歌の販売と歌唱が禁止され、日本人による作詞・作曲が発禁処分とされていた状況で、[38]「国際歌謡祭」は日韓の数少ない音楽交流の場として機能していたのである。

しかし、日本の国際歌謡祭を通じて「国際化」を図った韓国歌謡が、日本国内の市場で需要を呼び起こすことはなかった。本章で述べてきたように、日本社会のなかで韓国という国の「現代性」への関心さえも芽生えていないなか、「現代韓国の歌」が国際歌謡祭で受賞したとしても、そこに関心が向けられることはなかったのである。また、図2－3の広告に掲げられた「東京で生まれた歌が世界に広がる」というキャッチフレーズからもわかるように、国際歌謡祭の重心は「受容」ではなく、「発信」のほうに置かれていた。経済大国日本の国際的位置を世界に示すと同時に、ポピュラー音楽における「ジャパニーズ・スタンダード」[39]を世界に発信することが、もっとも重要な目的だったのである。

「日韓」の文脈からすれば、日本で開催された国際歌謡祭への韓国人歌手の参加は、形式的には「韓国からの発信」、つまり「韓国音楽の国際化」を目的としていたが、結果的には国際歌謡祭を通じて日本のシステムとスタイルを韓国に流入させることにつながったといえる。韓国の音楽・メディア界が、このように「ジャパニーズ・スタンダード」を学習することによって、「韓国歌謡」の国際的位置を見出していく過程は、七〇～八〇年代における日韓のポピュラー音楽史が「歌謡曲」を中心に築かれていたことを意味していた。

第3章　「韓国演歌」の誕生と民主化前夜——李成愛、吉屋潤、チョー・ヨンピルの日本進出

1　李成愛の「カスマプゲ」と「韓国歌謡ブーム」

日韓の「歌謡曲」のはじまり

本書の第Ⅰ部のタイトル「歌謡曲の時代」は、一九六〇年代後半から一九八〇年代後半までの時期を指す。音楽大国に成長した日本の音楽産業と市場、メディアが、日韓を含む東アジアの音楽産業において強力な文化ヘゲモニーを握っていたという意味が、そこには含まれている。

そもそも「歌謡曲」を特定の音楽的特徴で定義するのは難しい。一九七〇年代から日本の「歌謡曲論」を主導してきたミュージシャンの近田春夫が述べているように、歌謡曲は、「和製ポップス」と「グループ・サウンズ」などの新たに登場するサウンドとリズムを受容・融合する一方で、ロックとフォーク、ニューミュージックといった新しいムーブメントをつねに意識しながら、そのスタイルとテクノロジーの幅を広げつづけた音楽である。(1)したがって、東アジア諸国に影響を与えたのは、個々の歌謡

曲だけでなく、「演歌」から「アイドル歌謡」に至るまでの多様なジャンルを幅広く扱いながら拡張しつづけた歌謡曲の「体質」そのものでもあった。したがって、一九七〇～八〇年代に起こったさまざまな現象を考えることは、「歌謡曲の時代」における日韓関係の構造がどのように変化していったのかを歴史的に問うことでもある。

「歌謡曲の時代」における日韓の相互作用が、音楽市場とマスメディアを通じて可視化されたのは、李美子が日本で「トンベクアガシ」を歌ってからさらに一〇年が過ぎてからであった。一九七六年、日韓合作で制作された李成愛《イ・ソンエ》（이성애）のアルバム『熱唱／李成愛――演歌の源流を探る』（東芝EMI）が、日本で異例のヒットを記録したのである（図3－1左）。韓国歌手としては初、アジア人歌手としては、香港出身のアグネス・チャン（一九七二年）と台湾出身のテレサ・テン（鄧麗君）（一九七四年）に続く成功であった。

このアルバムは、A面には「北の宿から」「アカシアの雨の止む時」といった日本の歌、B面には「カスマプゲ」「釜山港へ帰れ」といった韓国の歌のカバー曲を収録し、「韓国トップ・シンガー李成愛による演歌の心！　その源流をここに見た!!」と宣伝帯をつけていた。「演歌」というジャンルをめぐる日韓のつながりを前面に押し出していたのである。音楽コーディネーターとしてこの企画を仕掛けた『ミュージック・ラボ』社長の岡野弁は、アルバムのライナーノーツで次のように述べている。

> 正直なところ、現在の日本のレコード業界は、太平洋を越えたアメリカの音楽に大きな影響を受けている。（……）しかし、日本の大衆が決定的な影響をアメリカから受けているわけではない。（……）今、日本でのロング・セラーは演歌であり、カタログ・ナンバーもまた演歌が強力である。

図3－1　李成愛の日本デビューアルバム（左）と「韓日親善特別公演　翔べ！李成愛」のパンフレット（右）

（……）日本に大きな影響をあたえた韓国の歌を、韓国の歌手が歌う、その歌、その歌手に対する評価がはじまる、そして日本の演歌を韓国の歌手が歌うことにも評価がはじまることであろう[2]。

李成愛は、一九六七年に南珍が発表した曲「カスマプゲ」のカバーをヒットさせ、一九七七年の「日本レコード大賞」企画賞を受賞し、一九七八年に引退するまでのわずか二年で七枚ものレコードを発表した。いずれも数万枚以上の売上を記録し、「韓国人歌手は日本では売れない」というジンクス[3]を破った初の韓国人歌手となった。一九七八年には、当時日本で「歌手の夢」ともいわれていた「日本劇場」をはじめとする日本の一〇都市でコンサート「韓日親善特別公演　翔べ！李成愛」を開催した（図3－1右）。日本のメディアは、彼女の成功を「韓国芸能ブームの始まり」と記録した[4]。一九六九年に創刊された『ニューミュージック・マガジン』（現『ミュージック・マガジン』）が韓国音楽を扱ったのもこの時が初めてであった。音楽評論家の平岡正明は一九七八年三月号の記事で、「自国の民謡や古典芸術や、韓国歌謡曲シーンにあらわれた日本的なもの及びジャズ的なものをきまじめに集約した新世代歌手」(5)と李成愛を紹介している。

「演歌源流論」論争

李成愛の成功は、日本における韓国歌謡の市場を切り開くと同時に、「演歌」をめぐる日韓の音楽的つながりへの関心を高めていった。李成愛のデビュー直後、日本の音楽業界やメディアが示していた「韓国メロディーと日本の演歌の大きな共通点」に対する関心は、(6)「カスマプゲ」がヒットし、韓国歌手のレコードが次つぎと発売されるにつれ、(7)「日本の演歌は韓国の影響を受けて生まれた」という、いわゆる「演歌源流論」にまで発展した。作家の森彰英《あきひで》は、『演歌の海峡』(一九八一年)で次のように述べている。

「演歌の源流」という言葉を耳にするようになったのは、一九七八年頃。日本の大衆文化というよりも精神文化の領域にまで浸透している大衆歌謡すなわち演歌は、わが国で発生し、レコードやラジオ、テレビなどの視聴覚メディアによって広がったと考えられているが、その根源を尋ねれば外国文化の影響を受けている。最も影響を与えたのは、韓国の音楽ではないか。およそ、こんなふうな趣旨で、演歌の源流考は展開されていった。その根拠の一つは古賀政男。(8)

作家の三橋一夫も、「韓国音楽の魅力は尽きない。戦前どこかで韓国人が唄った〈アリラン〉を直接聞いた日本人の心に刺さらなかったはずがない。それは変じて〈スーチャン節〉となり、〈練鑑ブルー

ス〉となった可能性は十分にある」と、「演歌源流論」を展開した。(9)

しかし韓国側では、韓国人として初の李成愛の成功に大きな関心が示されてはいたものの、李成愛の音楽そのものに対する反響はほとんどなく、むしろ複雑なまなざしがその成功に向けられていた。また、日本で展開された「演歌源流論」に対しては、韓国の音楽専門家などは不快感と警戒心さえ表していた。

まず韓国では、李成愛自身の音楽スタイルの極端な変化に拒否反応が起こった。じつは、韓国の歌謡界では李成愛の全盛期は「MBC10大歌手」の新人賞を受賞した一九七三年から一九七四年頃のあいだであり、当時世界的に人気だったポップ・デュオのカーペンターズの曲をカバーするなど、「アメリカン・ポップス」に近いスタイルで人気を集めていた。六〇年代からの韓国歌謡界が、李美子に代表される「トロット」と、パティ・キムに代表される「ポップス」によって二分されていた状況を考えれば、韓国で「第二のパティ・キム」と呼ばれていた李成愛が、わずか三年で「演歌歌手」になって日本から帰ってきたことは、韓国の歌謡界やファンにとっては容易には受け入れられない「転向」だったのである。

次に、「演歌源流論」に対する反発が起こった。第1章でも述べたように、六〇年代にすでに演歌とトロットをめぐる「倭色論」を経験していた韓国において、「演歌の源流は朝鮮半島にある」という議論が、演歌とトロットの「親和性」に対する認識に影響を及ぼすことはなかった。むしろ、「演歌源流論」を受けて再度火がついた論争は、「トロットが日本の演歌の影響を受けて形成したジャンル」であることを前提に、「トロットを韓国の音楽ジャンルとして受け入れるべきかどうか」という問いを中心におこなわれた。

たとえば、「カスマプゲ」を作曲した朴《パク》・椿石《チュンソク》は、「トロットはわが国と日本にしかない固有のもので、

すでに体質化〔内在化〕している」と述べ、ファン・ムンピョンも「良くも悪くもポンチャックはすでにわれわれの一部になった」と評価した。一方で、七〇年代に現れたパン・ギナム（방기남）のような若手の作曲家は、「ポンチャックを日本で歌ったとき、それをわれわれの歌であるとは主張できない」と反論している。[10] そのなかで、「演歌源流論」に対しては、冷ややかな視線が向けられた。韓国の音楽専門家たちは、「演歌源流論」が韓国人歌手を利用して演歌ブームを巻き起こそうとする「商業性に基づいた奇妙な主張」であるとし、むしろ日本が「韓国市場の開拓」を目論《もくろ》んでいるのではないかと疑念の声を上げた。[11]

こうして日韓の音楽業界は、李成愛が巻き起こした「韓国歌謡ブーム」を機に、本格的に「関係」を結んでいくことになる。「演歌源流論」論争が浮き彫りにしたように、演歌とトロットに代表される音楽的類似性をめぐる日韓のまなざしは依然すれ違っていたものの、そのような論争が「市場」の動きとリアルタイムで連動するようになったのは、以前にはなかった新たな変化であった。彼女の成功は、「韓国歌手は成功しない」というそれまでの日本の音楽界の「常識」を大きく変化させたが、同時に「韓国歌手は演歌」という「認識」を、「韓国演歌」という新たな「カテゴリー」とともに植え付けた。その「認識＝カテゴリー」は、李成愛の後を継いで次つぎと「日本進出」を図った韓国歌手によって、またそれを「選別」する日本の市場によって、さらに強まっていくことになる。

2　「よしや・じゅん」と「キル・オギュン」のあいだ

吉屋潤がつくった「韓国ポップス」

李美子が日本で「トンベクアガシ」を歌い、李成愛が「カスマプゲ」をヒットさせた一九六〇～七〇年代、日本の音楽界ともっとも深い関わりをもっていた韓国の音楽家は、皮肉にも演歌・トロットとは無関係の人であった。吉屋潤、本名は崔致禎《チェ・チジョン》（최치정）。吉屋潤という名前を、日本では「吉屋潤（よしや・じゅん）」と、韓国では「吉屋潤（キル・オギュン）」と読む。

吉屋潤は現在の北朝鮮に位置する寧辺《ヨンビョン》で一九二七年に生まれた。彼の音楽人生は、まるで「戦後日韓」を凝縮したかのようであった。一九四三年に京城歯科医学専門学校に入学し、解放直後の一九四六年に米軍基地の将校クラブでサックス奏者としてデビューしたのち、一九五〇年に日本へ密航する。日本のジャズ界で活躍した彼は、「日韓国交正常化」直後の一九六六年に韓国に帰国し、「韓国歌謡」を代表する作曲家の一人となる。宋安鍾《ソン・アンジョン》の『在日音楽の100年』によると、韓国から占領期日本への超法規的入国には、GII（連合国軍最高司令官総司令部第二部）諜報機関のネットワークが関与し、日本での活動と韓国への永久帰国には、日韓音楽界の「満洲人脈」の助けがあったという[12]。

植民地時代と終戦／解放、米軍による占領（日本）と軍政（韓国）、朝鮮半島の分断と戦争、日韓の国交正常化といった歴史的背景とともに吉屋潤の音楽人生を追いかけていくと、まず前面にみえてくるのは「アメリカ」の存在である。吉屋潤が米軍基地つまりアメリカ領土内で直接学んだ本場仕込みの音楽は、いわゆる「ジャズ風」ではなく、本物のアメリカを欲望し、受容・融合しようとした日韓の音楽界両方で通用する「ジャズ」であった。日本への密航が可能であったのも、「ジャズマン」であるという特別待遇があったからであろう。じっさい、連合国占領期を通じてはやくも「ジャズの黄金期」を迎えていた日本で、彼はジャズバンド「吉屋潤とザ・クルー・キャッツ」を率いながら「日本ジャズ界の人気者」として成功を収めた。[13] そして韓国に渡ってからも、日本で付けられた活動名「吉屋潤」をそのまま使いつづける。韓国に永久帰国して以降は、米軍基地と日本での経験をもとに、「トロット」とは区別される「韓国ポップス」のスタンダードを築いていった。

「伝説的ディーバ」パティ・キム

吉屋潤とともに「韓国ポップス」の立役者となったのは、「韓国ポップスの伝説的ディーバ」ともいわれるパティ・キムである。一九五八年に一九歳で韓国の米第八軍舞台（朝鮮戦争以降駐留するアメリカ陸軍「第八軍」で催されたショーやコンサート）にデビューした彼女は、すぐさま注目を集め、日本や東南アジア、ヨーロッパとアメリカの舞台に引っ張りだことなった。日本においては、一九六〇年に「韓国人歌手としては戦後初めて日本政府から公式に招待を受け、NHKの舞台に立った」[14] のが初来日として記録されている。『韓国歌謡史』を書いた朴燦鎬《パク・チャンホ》によれば、一九六一年に渡辺弘の招きで再び来日した彼女は、渡辺主宰のビッグバンド「スターダスト」の専属歌手として、日劇（日本劇場）、コパカバーナ、ニューラテンクォーターなどで活躍し、専門家の絶賛を浴びたという。[15]

吉屋潤が韓国に帰国した一九六六年、「世紀の結婚」で世間を驚かせた二人は、その後、作曲家と歌手のコンビで「サラハヌ・マリア」「ソウルの讃歌」「離別《イビョル》」など次つぎとヒットを飛ばす。テレビ放送界の競争が激化するなか、二つの放送局がそれぞれパティ・キムの冠番組（一九七〇年のKBSの「パティ・キム・ショー」とTBSの「パティ・キム・サロン」）を放送したことからも、その人気の高さがうかがえる。また、トロット中心であった韓国の音楽市場に「スタンダード・ポップス」のカテゴリーが定着したことで、「李美子のトロットvsパティ・キムのポップス」というライバル構図が生まれた。李美子が「トロットの女王（エレジーの女王）」ならば、パティ・キムは「ポップスの女王」であった。

スタンダード・ポップスを韓国歌謡に定着させた吉屋潤の音楽活動のあり方は、「日韓」の文脈においてより明確にみえてくる。一九七四年に日本語によるヒット曲集『海程』を発表したように、吉屋潤は、日本でも活発な活動を続ける。日本で「日韓を近づける地下水脈の役割を果たした」と評されるプロデューサー佐藤邦夫との連携などを通じて、吉屋は日本の音楽産業システムと市場に韓国歌謡を積極的に送り込もうとした。第2章で紹介した国際歌謡祭にも果敢に挑んだ。一九七四年の第三回「東京音楽祭世界大会」で銅賞曲を受賞した「愛は永遠に（Forever My Love）」は、吉屋潤が作詞・作曲し、パティ・キムが歌った曲である。

しかし、李成愛の成功によって日本で築かれた「韓国＝演歌」という「認識＝カテゴリー」の壁を、吉屋潤とパティ・キムの「韓国ポップス」が乗り越えることはできなかった。それをもっとも直感的に感じさせるのは、一九七七年に日本で発売されたパティ・キムのアルバム『アリラン／ベスト・オブ・パティ・キム Vol.1』である。

ベスト盤を掲げながらも、韓国民謡をアレンジした「トラジ」と一九三五年に発表されたトロット曲「木浦の涙」のカバーを両面の一曲目に載せているこのアルバムは、「ポップスの女王」と呼ばれていたパティ・キムのそれまでの業績と音楽的アイデンティティをほぼ完全に排除している（表3－1）。吉屋潤作曲の「星に聞いてね」「光と影」は、それぞれB面の三曲目と六曲目に収録されていた。この二曲

表3－1　アルバム『アリラン／ベスト・オブ・パティ・キム Vol.1』の収録曲

A面	B面
トラジ　도라지타령	木浦の涙　목포의 눈물
黄色いシャツ　노란샤쓰	アリラン　아리랑
呼んでいるのに　무정한 밤배	星に聞いてね　별들에게 물어봐
カスバの女　카스바의 여인	古城にて　황성옛터
鳳仙花　봉선화	ノドル河辺　노들강변
連絡船の唄　연락선의 눈물	光と影　빛과 그림자

図3－2　アルバム『アリラン／ベスト・オブ・パティ・キム Vol.1』の裏面

を取り囲むトロットと民謡曲のカバー曲に投影されていたのは、韓国歌謡のステレオタイプにほかならない。それをさらに強化させているのは、裏面のパティ・キムの写真である（図3－2）。「ポップス」のボーカルとしてのトレードマークであった西洋風の長いドレスを封印し、韓服を身にまとっている姿から、「韓国の演歌」を演出しようとする意図を読み取るのはそう難しくないであろう。

ヘウニの「アイドル歌謡」

パティ・キムが、一九六〇年代後半から一九七〇年代前半にかけての吉屋潤のディーバであったならば、一九七〇年代後半以降に彼とともに新たなスタイルの「韓国ポップス」をつくり出したのは、ヘウニ（혜은이）であった。吉屋潤とヘウニは、一九七五年のデビュー曲「あなたは知らないの」をはじめとして、数々の国民的ヒット曲を生み出し、一九七〇年代後半の韓国歌謡界を席巻した。同じ吉屋潤作曲ではあるが、ヘウニの「韓国ポップス」は、パティ・キムの「韓国ポップス」とは大きく異なっていた。

パティ・キムが徹底してアメリカ的かつ伝統的なスタイルの「スタンダード・ポップス」を歌っていたことに対し、ヘウニのスタイルは、ほぼ同時代に活動した山口百恵のような日本の「アイドル歌謡」の影響を感じさせる。韓国の音楽業界の文脈のなかでは、ヘウニの登場は、それまで韓国には存在しなかった「アイドル歌謡」の誕生であったともいえよう。

ヘウニは、日本の音楽界にも知られていた。一九七七年、吉屋潤の曲「あなただけを愛して」で第八回「世界歌謡祭」の本選に進出したのである。この曲は、すぐさま日本語盤EPで制作されるが、彼女が、同時期に活動した李成愛のように、日本で成功を収めることはなかった。「韓国＝演歌」という

図３－３「韓日親善特別公演　翔べ！李成愛」のパンフレット。
右から李成愛、ヘウニ、キム・ヨンジャ。

「認識＝カテゴリー」が定着しつつあった当時の日本に、日本の「アイドル歌謡」と類似性をもつ彼女のためのカテゴリーは存在しなかったのである。台湾の国民的スターでありながら、日本ではアイドル路線から演歌路線に変更した後に成功を収めたテレサ・テンの前例からもわかるように、日本の巨大な音楽市場における「認識＝カテゴリー」は、簡単には崩すことのできない壁であった。

一九八九年、『NHK紅白歌合戦』の舞台に立ったパティ・キムは、吉屋潤が一九七三年に作詞・作曲した「離別」を歌った。ちょうどその前年に、フジテレビのドラマ「艶歌・旅の終りに」のなかで閔海景《ミン・ヘギョン》（민해경）によって歌われたのがきっかけで、日本でリバイバルした。それ以前にこの歌が日本に知ら

図３－４　1974年に発売された吉屋潤『1990年』。伊東ゆかりや菅原洋一などさまざまな日本人歌手がカバーした。

れたのも、パティ・キムのオリジナル・バージョンではなく、李成愛による日本語カバー曲であった。結局、日本の音楽界でもっとも著名な韓国人の音楽家である吉屋潤が、自らつくった「韓国ポップス」を通じて同時代の日本で成功することはなかったのである。

彼の名前と音楽が忘れられたという意味ではない。彼が死去した一九九五年の第三七回「日本レコード大賞」で「日本作曲家協会特別功労賞」を贈られた吉屋潤は、パティ・キムとのあいだに生まれた長女に捧げた「１９９０年」のような歌とともに「吉屋潤」としてありつづけた（図３－４）。ただ、そこで許されていた場所は、「よしや・じゅん」のものであり、「キル・オギュン」のものではなかった。「キル・オギュン」には乗り越えられなかった壁は、一九七〇年代に存在した「日本の歌謡曲」と「韓国歌謡」のあいだの産業的・音楽的ヒエラルキーそのものであり、日本における「韓国＝演歌」という強固な「認識＝カテゴリー」であった。

3　チョー・ヨンピルの「韓国演歌」

「歌王」の誕生

李成愛が成功を収めた一九七〇年代後半以降、「韓国演歌」という認識は、そのまま音楽市場のカテゴリーとして定着した。一九八〇年代に入ると、この「認識＝カテゴリー」は「韓国演歌」という言葉ともにさらに強固になり、「韓国＝演歌」が一つの「常識」として共有されていた。[16] 李成愛が歌った「カスマプゲ」は、「韓国の歌を日本に印象付ける上で、大きな役割を果たした」だけではなく、「もう日本歌謡の一部になっている」とまでいわれた。[17] 在日韓国人三世作家の姜《きょう》信《のぶ》子《こ》は、「一九八九年から二年間韓国で暮らすまで、韓国の音楽といえば演歌、というイメージの条件反射が身についていた」[18] と述べているが、この認識を、当時日本に住んでいた人びとのほとんどがもっていた。

「韓国最大のスーパースター」チョー・ヨンピル（조용필）の「日本進出」は、こうした「認識＝カテゴリー」の強固さをもっとも象徴的に示す事例である。結論からいうと、チョー・ヨンピルは日本で大きな成功を収めることになるが、徹底して「韓国演歌」という「認識＝カテゴリー」の内側で活動した。

韓国においてチョー・ヨンピルがアルバム『チョー・ヨンピル第一集』で事実上のメジャー・デビューを果たしたのは、一九八〇年のことである（一九七二年と一九七六年にもソロアルバムを発表している）。彼は一九六八年頃から米軍基地のクラブで音楽をはじめた最後の「米軍基地世代」であり、七〇年代にバンド活動を通じて音楽界に足を踏み入れた「韓国語ロック世代」であり、一九八〇年に始まったカラーテレビを中心に韓国初の「ファンダム」を獲得した最初の「カラーテレビ歌手世代」でもあった。

その多様な経験からなる音楽的振り幅は、デビューアルバムで惜しみなく発揮され、韓国の音楽市場に衝撃を与えた。「釜山港へ帰れ」（トロット）、「窓の外の女」（ブルースとトロットが混ざったバラード）、「おかっぱ頭」（ディスコ）、「恨五百年」（民謡）などが次つぎとヒットし、韓国初の公認ミリオンセラーを記録したのである。このアルバムで大衆と音楽界からの絶大な人気と支持を得た彼は、「歌王」というニックネームとともに前代未聞の存在となっていった。その人気は、一九八〇年から一九八六年まで各放送局主催の音楽賞大賞を一二回にわたって受賞したのち、自ら音楽賞候補を辞退するほどであった。

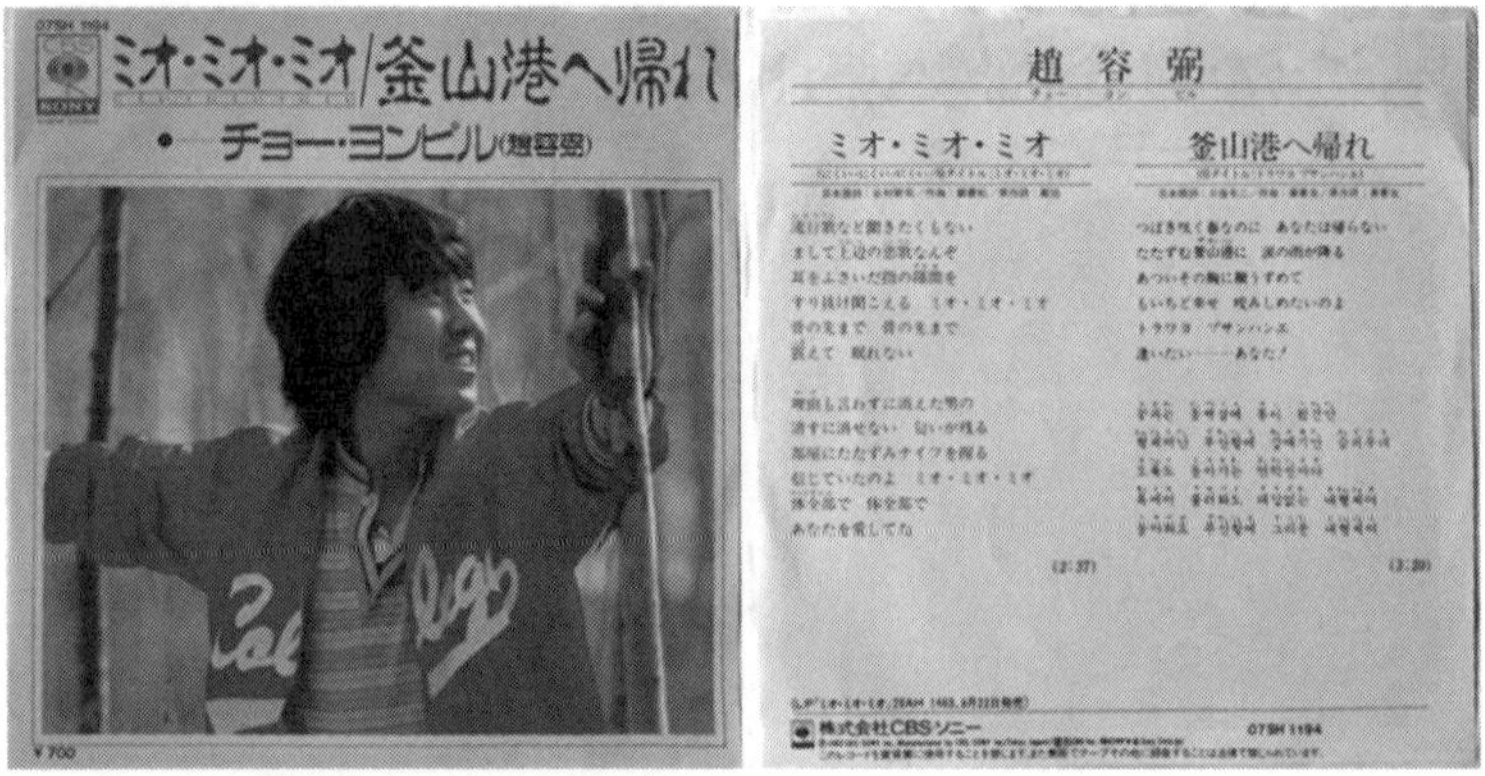

図3－5　1982年に発売されたチョー・ヨンピルの日本デビュー・シングル

封印された「韓国のチョー・ヨンピル」

日本においても、チョー・ヨンピルは二〇世紀全体を通してもっとも成功した韓国のミュージシャンとして記憶されている。一九八二年の日本デビューを経て（図3－5）、一九八七年に韓国人として初の『NHK紅白歌合戦』出場を果たすと、日本では「日本の韓国ブームに火をつけた」といわれ、その模様が放映された韓国では「初めて日本語の歌をテレビに流した」と話題を呼んだ[19]。彼の『NHK紅白歌合戦』出場記録は、四年連続に達した。アグネス・チャンの記録（一九七三年から三年連続）を抜いて、当時としては外国人初となる記録であった。ソウル・オリンピックを前後にして日本で「韓国ブーム[20]」と呼ばれていたさまざまな文化現象のなかでも、チョー・ヨンピルはもっとも象徴的な存在であった。

しかし、例に漏れず、「日本のチョー・ヨンピル」も、韓国とは異なるカテゴリーに分類されていた。「韓国のスーパースター」チョー・ヨンピルが特定のカテゴリーでは括《くく》れない、ジャンル横断的なシンガーソングライターであった一方で、日本ではデビュー前から「韓国の森進一[21]」と紹介され、徹底して「演歌歌手」として位置付けられた。一九八三年だけで日韓合わせて九人の歌手がカバー曲を競作した「釜山港へ帰れ」の大きな成功が、(22)李成愛の一九七七年のヒット曲「カスマプゲ」を受け継ぐ「第二次韓国演歌ブーム」として認識されることで、チョー・ヨンピルの活動範囲は「韓国演歌」というカテゴリーに限定されたのである。

日本の音楽業界は、「釜山港へ帰れ」ヒット後の一九八四年に発表された二枚のアルバムにおいても、チョー・ヨンピルを徹底して「韓国演歌歌手」として位置付けようとした。一つ目のアルバムは、李成愛、李美子、羅勲児《ナ・フナ》(나훈아)、文珠蘭《ムン・ジュラン》(문주란)などと共演した『韓国ヒット曲決定盤』であり、もう一方は、森進一の「冬のリヴィエラ」を含む一〇曲の演歌を収録した『チョー・ヨンピル　日本を歌う』(表3－2)であった。前者では「韓国演歌」つまり「トロット」が、後者では「日本の演歌」が強調されていた。「窓の外の女」「おかっぱ頭」「赤とんぼ」などを作曲した彼のシンガーソングライターとしての才能や、彼が率いるバンド「偉大な誕生」のグループ・サウンズ、ジャンルを横断する数々のヒット曲が封印された日本での「演歌路線」は、次の記事からもわかるように、明確な「戦略」として進められたものであった。

音楽生活一八年、三六歳になった超〔チョー・ヨンピル〕は、ロックから演歌まで実に幅広い分野を歌う。(……)だが、日本では「釜山港へ帰れ」「窓の外の女」のイメージが強く、演歌系と見られがち。こ

表3－2　『チョー・ヨンピル　日本を歌う』(CBS・ソニー、1984年)の収録曲

A面	B面
矢切の渡し	さざんかの宿
大阪しぐれ	冬のリヴィエラ
酒場にて	細雪
二人酒	夢追い
舟歌	氷雨

のため、今回も「安定したイメージを一挙に変えるのはまずい」というプロデューサー役の荒木〔「思い出迷子」の作詞家・荒木とよひさ〕の判断で、ソフト演歌＝歌謡曲路線で落ち着いた。[23]

八〇年代を通して、この演歌路線の戦略が修正されることはなかった。初めて選出された一九八七年の『NHK紅白歌合戦』でも、彼は神野美伽、瀬川瑛子、尾形大作などとともに「演歌枠」に含まれていた。[24]日本活動を締めくくった一九九〇年の『紅白』で歌った曲も、「釜山港へ帰れ」であった。

このチョー・ヨンピルの演歌路線の戦略には、一九七〇年代のテレサ・テンや李成愛の成功からもうかがえるように、アジアの歌手が歌う演歌に「日本の歌手にはない激しさ、しなやかさ」[25]を求める音楽市場の需要も背景にあった。たとえば、アジア各国の人びとを対象にしたCBS・ソニー主催の演歌オーディション「アジア・インターナショナル歌手オーディション」を開催したときも、チョー・ヨンピルとテレサ・テンのような、日本の歌手にはない「激しさとしなやかさ」が求められた。

チョー・ヨンピルが韓国では多様な音楽ジャンルを歌っていたことに、日本の音楽界が無知であったわけではない。ただ、音楽評論家や音楽ファンを問わず日本の音楽市場がチョー・ヨンピルの歌に求めていたのは、「女性黒人歌手の歌や沖縄のトバルマなどを聞くときの体にふるえが走るような」[26]感覚であり、「ニューミュージック系の音楽より演歌調」の音楽でしか表現できない「奥行きの深さ」であった。[27]その異質感は、韓国人の集団的意識と感情を表す言葉として使われる「恨《ハン》」のように、日本人には表現できない感覚と感性として消費されつづけた。

4 「朝鮮的なもの」の破壊

チョー・ヨンピルの到達点

チョー・ヨンピルの成功は、テレサ・テン以降の「アジア演歌」、そして李成愛以降の「韓国演歌」の系譜を完成させた。八〇年代の日本の「韓国演歌」市場は活況を呈し、新しい韓国歌手のデビューが相次ぐなか、「トンベクアガシ」の李美子と「カスマプゲ」の南珍が共演するアルバムが日韓共同で新たに制作されるほどであった。その意味では、「韓国演歌」という「認識＝カテゴリー」は、チョー・ヨンピルが活動していた八〇年代にもっとも強く作用していたともいえよう。

しかし同時に、チョー・ヨンピルの歌は、「韓国演歌」の「認識＝カテゴリー」そのものに大きな亀裂を与えてもいた。そもそも、六〇年代に韓国の「トロット」が再度位置付けられる過程や、七〇年代から「韓国演歌」が日本で消費される過程で共有されていたのは、「朝鮮的なもの」に対するまなざしであった。韓国で「トロット」を「倭色歌謡」として規定するまなざしには、その音楽的特徴を「植民地の残滓」として捉える「朝鮮的なもの」への記憶と感情がせめぎあっていた。日本で「韓国演歌」の市場と言説を拡大させた「演歌源流論」も、植民地朝鮮で暮らした古賀政男の経験を根拠としているように、結局は植民地時代に両国が共有した「朝鮮的なもの」を指向していた。

日本で一般的に使われていた「韓国演歌」という言葉自体、ジャンルとしての「トロット」を単なる「演歌の韓国版」として単純化する表現である。それは演歌とトロットだけではなく、日本の歌謡曲と韓国の歌謡全般にもいえることで、日本側からは韓国の歌謡は徹頭徹尾日本の歌謡曲を基準にして評価

されていた。『ミュージック・マガジン』のような音楽雑誌においても、「韓国艶歌[28]」という言葉が頻繁に使われていたのはもちろん、「山口百恵をもっとふくよかに、女の子ぽくしたらこうなりそうな風情」「日本の歌謡曲とそんなに変わらないが、エレキ・ギターの使用は控えめで、そのぶんベースの音が目立つ」（ポップス系歌手の李銀河《イ・ウナ》（이은하）のアルバム・レビュー[29]）など、韓国歌謡に関する知識と理解の空白は、日本の歌謡曲から持ち出した言葉と想像力で埋められていた。つまり、「韓国演歌」には、「トロット＝演歌」と「韓国＝演歌」といった日韓両方からの「ポストコロニアルなまなざし」が絶妙に投影されていたのである。

チョー・ヨンピルの歌のそれまでの「韓国演歌」との相違点は、「トロット」と「韓国演歌」に向けられたまなざしに含まれていた「朝鮮的なもの」をめぐる認識と記憶を壊したことにあったといえよう。彼の歌から発現されていたのは、それまでの「韓国演歌」を通じて表現・消費されていた「朝鮮的なもの」の感覚とは明確に異なっていたからである。チョー・ヨンピルが歌うトロット／韓国演歌は「朝鮮的なもの」で、もう一方のロック・ポップスは現代の「韓国的なもの」であるといいたいのではない。むしろその新しい感覚は、トロット調や民謡調の歌からこそわきあがってくる。彼の歌から感じられる「伝統的なもの」は、日本はもちろん韓国においても、それまで経験したことのない「新しさ」だったのである。

チョー・ヨンピルが日本にデビューした年、音楽評論家の朝倉喬司はその「新しさ」を次のように感じ取っていた。

韓国からやってきたチョー・ヨンピルの「うらみの５００《ママ》年」は、メロディ・ラインは確かに日本の追分節（おいわけぶし）風だが、日本人の私を、およそ今まで経験したことのないような音の空間に誘いこんだ。なぜこのような歌が可能なのか私にはよく解らない。とりあえず、日本のあれこれのミュージシャンの「伝統的な旋律」への向き合い方と、彼我を比較してみよう。（……）彼らの「日本回帰」は、寄る年波に「自然に」流されることが、歌の聞かせどころの蓄積となることを目ざとくも知ったうえでの擬態でしかない。つまり、聴かせどころの宝庫としての「伝統的なるもの」へのよりかかり。チョー・ヨンピルは（舞台上で自ら言ったのだが）自分の声の殻を破り、音域を拡げるための修行を自分の国の伝統的唱法に求めた（彼は現在三オクターブを自由に出す）。このシタタカな歌手は、伝統というものを己れを一たん解体するための手段として使っているのだ。[30]

「伝統というものを己れを一たん解体するための手段」という朝倉の表現は、チョー・ヨンピル自身の表現に置き換えると「己れを総合する手段」ということになろう。チョー・ヨンピルは、『ミュージック・マガジン』の一九八三年のインタビューで、「自分の歌い方」について次のように語っている。

ぼくは、あくまで、自分の中で歌う歌い方をしてきた。黒人音楽やロックや演歌を歌ってきた基本の上に、一つのものに総合しようと。〈恨みの五百年〉は、ぼくなりの総合なのです。[31]

「民族」を代表する歌の一つとされる民謡を歌うことを、単に「伝統を受け継ぐ」のではなく、「自分を総合する」ことであるという彼の姿勢と観点は、当時、全斗煥《チョン・ドゥファン》政権によって活発化していた「官制ナショナリズム」が安易に規定していた「伝統」とは明らかに異なっていた。日本の「演歌」に対しても同じであった。チョー・ヨンピルは、多くの日本の演歌を歌っていた一九八九年の時点で、「僕はポップスで育った。小節が下手だから日本的な艶歌は出来ない」[32]と述べている。これは、「恨みの五百年」に関するインタビューとも通じるもので、演歌を歌うときも「日本的なもの」を模倣するのではなく、そこに「自分の歌い方」を貫いていたのである。

産業的な側面からみれば、チョー・ヨンピルの「演歌路線」は、たしかに「歌謡曲」のなかで「朝鮮的なもの」の消費構造を拡大再生産するものであった。しかし音楽的な側面からみれば、彼の歌は、それまで日韓で意識的・無意識的に共有されていた「朝鮮的なもの」を壊してつくった、新たな「現代性」の発露であった。彼の「トロット」がいわゆる「倭色論争」に巻き込まれなかったのも、自国のスーパースターが「日本演歌」を歌うことに韓国の大衆が不満を抱かなかったのも、その歌が「朝鮮的なもの」という感覚に還元されない「現代性」を獲得したことを感じ取っていたからではないか。

日韓関係への波及

チョー・ヨンピルの日本活動の効果は、日韓関係にも波及した。日本社会は、チョー・ヨンピルを通じて「現代韓国」との新しい関係を想像しはじめた。たとえば、のちに総理大臣になる宇野宗佑外相は、一九八八年にソウルでおこなわれたチョー・ヨンピルとの（『朝日新聞』記事の表現をそのまま借りれば）「会談」を通じて、「日韓交流のすそ野を広げたい」というメッセージを日韓両国に伝えようとした[33]。この場でチョー・ヨンピルは、日韓を往来しながら実感したという在日韓国人・朝鮮人の指紋押捺問題について言及する[34]。政府間でこの問題を扱うことになる一九九〇年より二年も前であった。大衆の関心とポピュラー音楽の影響力を意識したこうした動きは、政府・財界の権力者や一部エリート層の「コネクション」を中心に動いてきた「六五年体制」的日韓関係の転換が始まっていることを感じさせた。いうまでもなく、それは韓国の経済成長と民主化が与えた影響によるものであった[35]。

こうしてチョー・ヨンピルという音楽家が国家間の関係に影響を及ぼすほどの存在となる過程は、一方ではポピュラー音楽に対する韓国社会の態度とまなざしが大きく変化する過程でもあった。チョー・ヨンピルが成功するまで、韓国社会にはポピュラー音楽を軽視する風潮が根強く残っていた。「歌謡」は、国家にとっては検閲を通じていつでも統制・動員できる対象であり、文化エリート層にとっては低学歴・労働者階級のための下品な大衆娯楽であり、大衆にとっては親しみと蔑視が共存する「タンタラ（딴따라、芸能人を卑下する言葉）」の世界であった。

それが一九八〇年代に入り、音楽産業の成長とともにポピュラー音楽の生産・消費主体が変わると、そのような認識も急速に薄れていった。「歌謡」が学術研究の対象として少しずつ扱われはじめたのもこの時期である[36]。ソウル・オリンピック開催による国際化ブームが外側から吹いた変化の風であったとするならば、チョー・ヨンピルは、内側から「歌謡」への偏見を打ち壊した存在であった。韓国のある音楽ジャーナリストは、一九八三年の『ミュージック・マガジン』のインタビューで、「公認」という言葉を用いてチョー・ヨンピル前後の韓国社会の変化について説明している。

韓国では、演歌とかロックとか、大衆音楽の「社会的地位」が、日本なんかよりずっと低かった。チョー・ヨンピルが出てきてはじめて、そうした歌手が、公認されたみたいなところがある[37]。

これは日韓の水準でもいえることであろう。チョー・ヨンピルの登場で、それまで圧倒的な格差が存在していた日韓の音楽界における「韓国歌謡」に対する「公認」がなされたからである。八〇年代後半になると、日本ではそれまで無関心の対象、もしくは「朝鮮的なもの」を消費する対象であった韓国という国への認識も変わっていった。急速に発展する首都ソウルを中心とした韓国のイメージと、それを見つめる日本の主体も入れ替わっていった。七〇年代から日韓を往来していた歌手の水野浩二が肌で感じ取っていたように、「韓国は普通の国であるという大衆の認識」[38]が生まれたのである。その変化は、観光の事例でいえば、七〇年代から八〇年代半ばまで盛んだった、いわゆる「妓生《キーセン》観光」(買春ツアー)でソウルの夜を楽しんでいた中年男性の姿と、一九八六年から出版された『地球の歩き方－韓国編』を片手に市内の盛り場を訪れる若い旅行者の姿ほどの大きな違いがあった。

5 「倭色」という「認識＝カテゴリー」——平岡正明がみた韓国

民主化前夜

ここまで李成愛、吉屋潤、パティ・キム、チョー・ヨンピルといった個々の歌手・音楽家を通して韓国のポピュラー音楽の変遷と日本での受容の変化をみてきた。それでは、民主化前後の韓国において、検閲の対象であった「倭色」、つまり日本の「歌謡曲」の認識は、この時代にどのように変化した(あるいは変化しなかった)のであろうか。最後に取り上げたいのは、音楽評論家の平岡正明の文章である。

一九八〇年五月一八日の「光州事件」の直後、「ソウル国際歌謡祭」に参加するためにソウルを訪れた平岡は、「韓国歌謡」の特集記事を『ミュージック・マガジン』に寄せている。

（1）戒厳令は秩序の最高形態である。秩序という語が持つ本来的な抑圧の響きが物質化されるまでに、それが最高かつ瀕死の秩序正しさである。
（2）軍隊に守られた鉄桶（てっとう）のようなソウルの町で、俺は反対のものを確信した。朝鮮人の時代がくる、ということである。
（3）日本に朝鮮人の時代がくる。かれらが日本社会の先頭に立つ。かれらは戦後過程でゆるめになった日本人よりも鍛えられている。
（4）鍵は韓国の民主化である。情勢が厳しいだけに、民主化をかちとったときに韓国民衆が全世界から受ける賞讃が目に見える。韓国と北朝鮮の対話がはじまったときに、日本人の、この半島の人々に対する軽蔑は蒸発する。韓国の民主化が日本社会に与えるインパクトは甚大なものであり欧米文化や中国文化のインパクトを上回る可能性がある。[39]

さらに平岡は、次のように綴っている。

文化の交流において、衝突的な、きしみあうような接近戦を演じる相手国は、唯一、韓国である。中国、台湾、香港からは急激に、東南アジア諸国においては漸進的に反日感情が退潮しているが、韓国はそうではない。しかるがゆえに日本に甚大な文化ショックをもたらす国は韓国である。戦前戦中のみならず、日本の戦後過程が、北朝鮮ではなく韓国にくいこみ、韓国を経済的勢力圏におさめようとしてきたからである。したがって韓国の民主化が日本に甚大な文化ショックをもたらし、ひきつづき日本に朝鮮人の時代が到来する。俺はこの一点を、戒厳令の鉄桶下で見切った。[40]

一方で、平岡はソウルで日本の歌が禁止されている現実を目撃した。その年、「ソウル歌謡祭」に日本代表として参加したのは宮本典子であったが、主催側から求められていた条件は、①声量のあること、そして②英語歌詞を難なく歌えることであったという。

二番目の理由は、韓国では日本語の歌詞を歌ってはならないからである！
どの言葉でもいい。ただし日本語だけはいけない。だから日本のレコードは韓国には一枚も売っていない。すなわち韓国には日本の歌謡曲はないのである。理由は、日韓歌謡曲の近似性ということ以外に考えられない[41]。

その後、韓国社会は、平岡が「鍵」といった「民主化」の方向に向かっていった。それがはっきりと可視化されたのは、大統領の直接選挙制を含む民主化を勝ち取った一九八七年の「六月民主抗争」であったが、「民主化」は、軍の弾圧によって多くの犠牲者を出した「光州事件」を発端にして、八〇年代全体を通して徐々に進んでいた。そして、民主化がもたらした変化は、これもまた平岡が「見切った」ように、アジアの文化地図を再編しながら日本に大きな「文化ショック」をもたらすことになる。

しかし、急速な構造的再編が進むなかでも、日本の歌が解禁されることはなかった。平岡は「韓国には日本の歌謡曲はない」と述べたが、正確にいえばそれは、「日本の歌謡曲はないとする状態」であった。じっさい八〇年代の韓国は、日本の歌謡曲で溢れていたからである。

「禁止」のもとで消費する若者たち

禁止と消費が矛盾・葛藤するそのアンビバレントな「状態」は、七〇年代の高度経済成長と国土の再編を経て人口一〇〇〇万人の「メガシティ」に拡張したソウルにおいては、「都市文化」の一部となっていた。光化門《クァンファムン》・鍾路《チョンノ》から明洞《ミョンドン》・忠武路《チュンムロ》までの旧都心から、新村《シンチョン》を中心とする大学街、米軍基地の周辺で発展した梨泰院《イテウォン》の繁華街、『読売新聞』に「ソウルっ子が「東京と変わらない」と自負する幸福な都市生活の光景」[42]と紹介された新都心・江南《カンナム》に至るまでのさまざまな都市空間で、日本のポピュラー音楽は活発に消費された。

消費する主体も、媒介するメディアも、七〇年代とは比べ物にならないほど多様化していた。とくに中産階級を中心に急速に普及したビデオとウォークマンは、新たな生産・消費主体として浮上した若者たちが、社会の空気を気にせず自由に日本の歌を楽しむ重要な媒体となった。一九八〇年から一九八五年のあいだに約二・二倍の一三六万人に急増した大学生と、のちにいわゆる「Ｘ世代」になる中高生たちは、清渓川《チョンゲチョン》や大学街、街のレコードショップで「海賊盤」のカセットテープを購入して、松田聖子、中森明菜、近藤真彦、少年隊、光ＧＥＮＪＩ、少女隊、安全地帯、西城秀樹の歌を聴いた。また、大学街や繁華街で「日本の歌」が聴ける音楽喫茶を探すのも、さほど難しくはなかった。

「大人世代」による消費も活発であった。一九八九年にパラボラ・アンテナの輸入が許可されるまで、複製ビデオテープとカセットテープは、日本の映画や音楽を楽しむ主な媒体であった。一九八五年のある記事によれば、忠武路一帯で販売されている複製ビデオの八〇%は、目録一番の「芸能生活三〇周年記念　美空ひばりリサイタル」をはじめとする日本の音楽や映画であったという[43]。新たに導入された

「カラオケ」で日本の歌を歌う姿も、夜の繁華街の新たな風景になった。(44)

単なる音楽の消費だけではない。「歌謡曲」の産業と文化は、マイケル・ジャクソンに代表されるアメリカのポップとともに、韓国の音楽産業にとってもっとも重要な参照対象であった。とくに、韓国の音楽界が憧れ、模倣したのは、日本のテクノロジーであった。レコーディングのためのハードウェアとノウハウ、編曲と演奏のテクニックは、八〇年代の韓国歌謡に多大な影響を及ぼした。日本のレコーディングエンジニアや編曲者がソウルのスタジオに招聘されることも珍しくなかった。(45)

軍事独裁政権による「検閲」が強く敷かれるなか、日本の音楽から感じられる「表現の自由」も、洗練さと新しさを求める若い音楽家と大衆を熱狂させた。とくに、十〜二十代のファンダムの熱狂的な活動が日本音楽界の既成秩序を崩壊させ、(46)「黄金時代」とも呼ばれる人気を誇っていた日本のアイドル・ポップの影響は大きかった。日本のアイドル・ポップが表現するメロディと歌詞、ファッションとパフォーマンスは、一九八一年に開局したアメリカのMTVとともに、韓国歌謡が「観る音楽」に転換していく過程で、模範となるイメージとアイデアを提供した。

ソウル・オリンピックと同時に国際化が進み、日本の音楽産業にみられる国際性も大いに注目された。一九七九年にピンク・レディーが「Kiss In The Dark」で全米ビルボードHot100の三七位にまで登りつめ、一九八七年に坂本龍一が「ラストエンペラー」で米アカデミー賞作曲賞を受賞するなど、世界、とりわけアメリカとリアルタイムで連動していた日本の音楽界が、世界の音楽シーンと相互作用・融合しながら自分たちの「認識=カテゴリー」を築いていく様子は、韓国の若い音楽家たちに大きな刺激と想像力を与えていた。

「禁止」を維持するための「禁止」

しかし、結局のところ、韓国で日本の歌に対する「公認」がなされることはなかった。音楽文化であり、都市文化でもあったさまざまな「経験」が、社会的「言説」と「制度」の変化まで導くまでは至らなかったのである。むしろ、「禁止」の状態が続くことで、日本の歌を消費・模倣する現実は、「否認」[47]されつづけた。

七〇年代まで、主に「植民地時代の残滓」としての日本の歌謡曲と韓国歌謡の「日本的な要素」を指していた「倭色」という言葉は、八〇年代の新しい現象に対しても依然使われつづけた。美空ひばりの演歌と松田聖子のアイドル・ポップは、「倭色」という「認識=カテゴリー」においては、区別される必要のないものであった。「植民地時代の残滓」とは異なる「現代日本」が生産するポピュラー音楽の「テクノロジー」と「表現の自由」「国際性」に憧れ、それを受容・融合する人びとの認識と経験も、「否認」されつづけた。「日本の歌謡曲はないとする状態」は、七〇年代と変わらず維持されたのである。

前に紹介した記事で、平岡は、「禁止」の理由について次のように考えていた。

> 大学の第二外国語に日本語が復活した。日本の歌謡曲はダメだ。理由の一つは官僚機構の差動だ。第二の理由は、日本の歌謡曲と韓国の歌謡曲があまりにもに過ぎているからではないか。経済活動の上で日本語は実用的に必要だが、情緒面での彼我の歌謡曲の、近親憎悪でも起こしかねない状況は、まだ韓国サイドでは危険だ、と思っているのではなかろうか。音楽の何が危険なのか。一九七七年、李成愛を先頭にした韓国勢の日本歌謡曲シーンへの登場は、よき影響のみをのこした。韓国では事情がちがうのか。それは日韓の音楽産業の資本力のちがいによって、韓国の音楽市場が食わ

れるという懸念か？[48]

平岡のいう「韓国の音楽市場が食われるという懸念」、つまり日本の歌謡曲を解禁したことによる「国内音楽産業への影響」は、たしかに「ナショナル・アイデンティティ構築」「国民感情」「青少年保護」などとともに、長年「禁止」を正当化する根拠の一つとしていわれていた。[49] しかし、一九四五年の解放以降、一九六五年の「日韓国交正常化」を経ながらも維持された「禁止」の歴史を探ると、「禁止」を維持させたのは、そういった正当性だけでなく、「禁止」そのもの、つまり「日本の歌謡曲はないという状態」を維持することの必要性それ自体であったことがみえてくる。六〇～八〇年代の開発独裁期において、日本の歌謡曲に対する禁止は、単なる産業的な理由ではなく、きわめて政治的な理由によるものだったからである。

その意味では、この「状態」が変わる「鍵」もまた、「民主化」であった。民主化直後の一九八七年八月に、第1章からみてきた数々の禁止曲に対する解禁がなされたのである。そこには李美子の「トンベクアガシ」のような、「倭色」が理由で禁止された歌も含まれていた。その後、民主化にともなうさまざまな変化は、グローバル化の波にのみこまれながら、「韓国的なもの」の再編を導いていくことになる。「倭色」という「認識＝カテゴリー」の変化も、その一つであった。

第Ⅱ部　J - POP の時代

第4章　J－POP一極化と「アジアン・ポップス」
――ソテジワアイドゥル以降の韓国ポップ

1　J－POPの誕生と韓国演歌の衰退

バブル崩壊後の「選択と集中」

Ｊ－ＰＯＰとＫ－ＰＯＰが誕生した九〇年代は、日韓それぞれのポピュラー音楽史においても、ポピュラー音楽の日韓関係史においても、きわめて大きな転換点となった時代である。その転換には、日韓それぞれの政治的・経済的・社会的再構造化と、冷戦崩壊とともに加速した東アジア地域およびグローバルな音楽市場の再編が交錯していた。日韓は、「歌謡曲の時代」とはまったく異なる自己を発現しながら、新たな他者として出会っていく。

その過程を探るための重要なキーワードが、「Ｊ－ＰＯＰ」である。バブル経済の絶頂期であった一九八八年前後に生まれた「Ｊ－ＰＯＰ」という言葉が定着していく過程は、ポピュラー音楽の秩序――産業システム、メディア、市場、社会的利用と認識など――が根本的に転換していく過程であった。

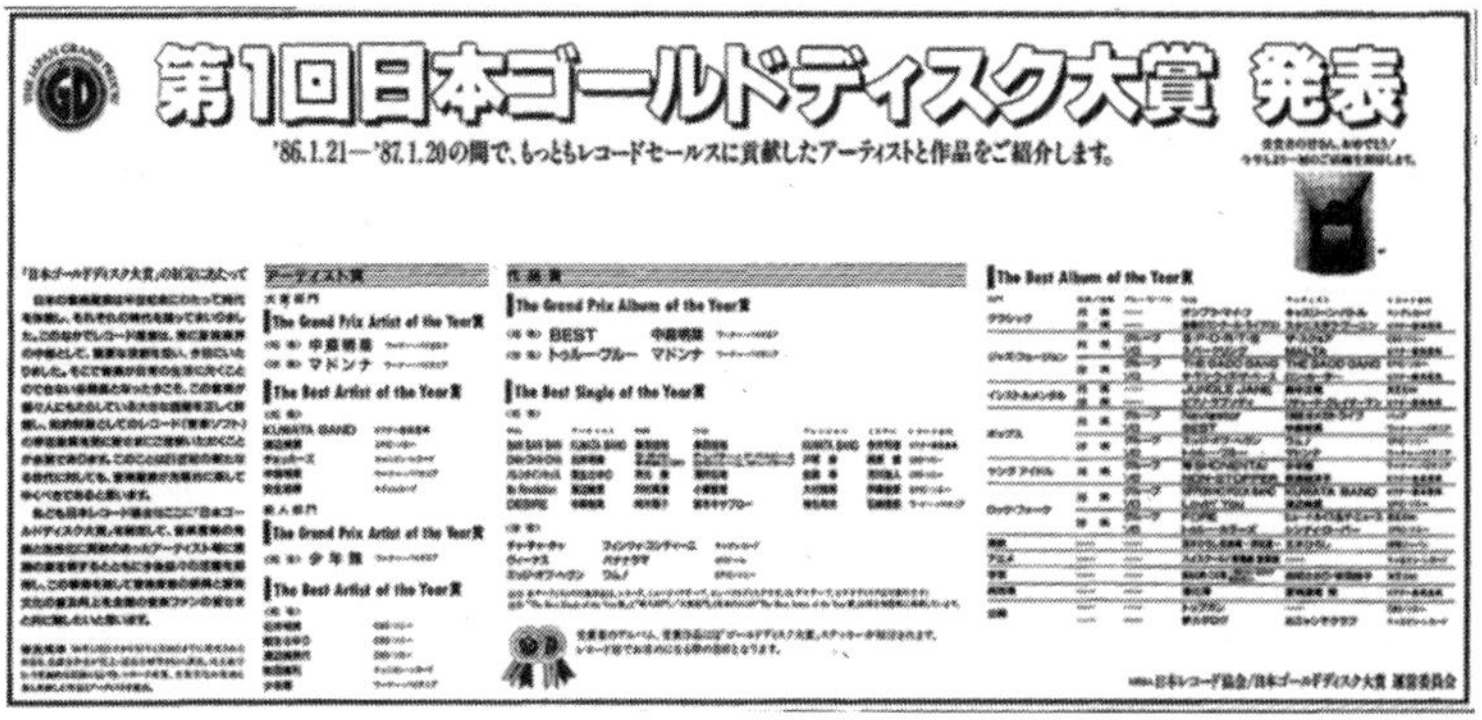

図４－１　第１回日本ゴールドディスク大賞発表の新聞広告(3)

「J－POPの時代」は、「J－POP」という名称が社会的に使われるようになる前からすでに到来していた。それは、音楽賞や音楽放送、レコードショップなど、さまざまな音楽空間におけるカテゴリーの変化からも感じ取ることができる。その一つが、一九八七年に制定された日本レコード協会主催の「日本ゴールドディスク大賞」である(1)（図４－１）。それまでなかった「売り上げの実数をあげて表彰する音楽賞(2)」を掲げ、従来の音楽賞との差別化を図るものであった。

売上の実績という評価基準は、受賞作の全体バランスに変化をもたらした。「レコードセールスに貢献したアーティストと作品(4)」を表彰対象にすることで、第一回から、中森明菜と少年隊をはじめとする「ポップス」「ロック・フォーク」「ヤングアイドル」のミュージシャンと歌が主要部門の賞を独占したのである。

こうした市場の動きを反映し、賞のカテゴリーも急速に再編されていった。一九八七年に「クラシック」「ジャズ・フュージョン」「インストゥルメンタル」「ポップス」「ヤングアイドル」「ロック・フォーク」「演歌」「アニメ」「学芸」「純邦楽」「企画」に区分されていた〈ベストアルバム〉部門は、一〇年後の一九九八年には〈ベストロックアルバム〉と〈ベストポップ〉の二つに絞られる。じっさい、日本の音楽市場は、音楽ジャンルであり、他ジャンルを吸収したカテゴリーでもある「ロック」と「ポップ」を中心に成長をつづけた。一九八七年に二億二一三八万枚であったレコードの売上は、音楽ソフト種類別生産数量が史上最高を記録する一九九八年には、四億八〇一七万枚・巻に達した。(5)

こうした成長は、多様性と拡張性を原動力としていた日本の音楽市場の構造を解体し、九〇年代から始まった音楽市場のグローバル化やその潮流に鈍感な体質を築いていくことにつながった。この記録的成長が、「長引く景気低迷により、消費者の買い控えが音楽業界にも大きな影響を与え、「売れるもの」と「売れないもの」の二極分化がさらに進んだ(6)」結果であるにもかかわらず、膨らんだ市場の規模が、その根底にある問題を覆い隠していたのである。

そもそも「J-POP」という造語は、一九八八年に開局したFM局J-WAVEが「洋楽と肩を並べられる邦楽」の意味で「J-POP CLASSIC」という邦楽コーナーで使ったのがその始まりであるという。九〇年代に入ると、レコード店の店頭から「和製ポップス」「和製ロック」というカテゴリーが姿を消し、J-POPは、一九九三年に開始された「Jリーグ」とともに市場とメディア、日常生活の言葉として定着した。(7) レコード市場はもちろん、街の風景やメディアの表象、社会的な認識もが、「J-POP」とともに急速に変わっていった。

音楽的にいえば、J-POPを通じて発現されていたのは、七〇年代のニューミュージックの出現以降、歌謡曲に蓄積された「日本的なもの」のなかから選別された「現代性」であった。それは、世界の文化産業が再編されていったこの時代に、日本の生産・消費主体が「新しさ」よりは「親しさ」を、「冒険」よりは「洗練」を選んだということを意味した。バブルと冷戦体制の終わり、グローバル化と長期不況の始まりが複雑に絡み合うなかで、七〇〜八〇年代に築き上げた日本の巨大市場の内側からの「選択と集中」がなされたのである。

音楽市場をほぼ独占するようになったＪ－ＰＯＰは、ジャンル的には新たな若者世代の趣向にあう「ロック」と「ポップ」に絞られていたが、その中身は、七〇〜八〇年代の音楽的成果からつくられたサウンドとテクノロジー、ファッションと感性、人とノウハウの総体でもあった。音楽業界はもちろん、マスメディアと広告代理店が主なアクターとなるその総体は、世界第二位の「巨大市場」を基盤に、英米の音楽トレンドの影響から比較的自由な、「特有／独自の音楽文化」としての「Ｊ－ＰＯＰ」を築き上げた。

「韓国歌謡」市場の空洞化——桂銀淑、金蓮子、周炫美、羅勲児

こうした「Ｊ－ＰＯＰ体制」への転換は、「日韓」の文脈にも大きな影響を及ぼした。「演歌市場」の低迷および周縁化が、必然的に「韓国演歌」の衰退にもつながったからである。九〇年代の前半までは、「韓国演歌」の市場もある程度の存在感を発揮していた。それを牽引したのは桂銀淑《ケイ・ウンスク》（계은숙）である。日本デビュー翌年の一九八六年に「すずめの涙」で第一九回全日本有線放送大賞新人賞を受賞した彼女は、一九八八年に「夢おんな」で第二一回日本有線大賞グランプリを受賞、同年から七年連続で『ＮＨＫ紅白歌合戦』出場を果たした。その活躍は、七〇年代の李成愛、八〇年代のチョー・ヨンピルを受け継ぐ「韓国演歌」だけでなく、低迷中の日本の演歌そのものを活気づけた。「日本ゴールドディスク大賞」においても、一九九二年（第六回）にアルバム『桂銀淑全曲集』で「日本ゴールドディスク大賞」の「歌謡曲・演歌（女性ソロ）」部門の〈アルバム賞〉を受賞している。

「第二の桂銀淑」も待ち望まれた。たとえば金蓮子《キム・ヨンジャ》（김연자）は、一九八八年に「韓国演歌の女王」[8]と呼ばれながら日本に渡り、一九九〇年に『紅白』出場を果たす。周炫美《チュ・ヒョンミ》（주현미）は八〇年代後半に韓国の「トロット・ブーム」を巻き起こし、「名実とも韓国ナンバー1の女性歌手」[9]と称され、一九九三年にシングル「悲しみがあるうちに／雨ふる永東橋」を発表した。羅勲児は一九八四年の日本デビュー以来、「韓国No.1艶歌歌手」として日本の音楽評論家と演歌ファンに支持されたのち、一九九四年から本格的な日本活動を展開した。[10]しかし、彼女らが活躍するには、「演歌」のための空間はあまりにも縮小していた。むしろ「韓国演歌」は、当時の日本のメディアが指摘していた「レコード会社やプロダクションのポップス偏重と演歌の冷遇ぶり」[11]が深まるなか、日本の演歌とともに低迷していった。

こうした日本の演歌と「韓国演歌」の同時停滞は、日本の韓国音楽市場においても大きな転換をもたらした。「日本の演歌との類似性と差異をともにもつ韓国演歌」の空間が縮小することで、「韓国＝演歌」という「認識＝カテゴリー」を中心に確立していた「韓国歌謡」の市場が空洞化していったのである。

「韓国歌謡」市場の空洞化は、そのまま日本の音楽市場における韓国音楽の「不在」につながった。九〇年代の日本に、「韓国演歌」以外に韓国のポピュラー音楽を受け入れるための「認識＝カテゴリー」は存在していなかったからである。しかし逆説的にもその「認識」の不在は、三〇年間固定していた韓国音楽に対するまなざしを再構築する機会を与えた。「韓国演歌」にこだわらない新たな消費主体による「韓国音楽探し」が、「J-POP」のカテゴリー、すなわち「ロック」と「ポップ」を中心に展開したからである。

2 「アジアン・ポップス」をめぐる欲望

「東京」が主導するブーム

七〇～八〇年代にアジアの流行歌を「歌謡曲」のカテゴリーのなかで消費していた日本において、九〇年代における「歌謡曲体制」から「J-POP体制」への移行は、アジアの音楽に対して新しいカテゴリーを要請した。チョー・ヨンピル、テレサ・テンの音楽から「ポップ」を排除し、「演歌歌手」として消費していた歌謡曲時代とは対照的に、今度はJ-POP市場に親和的な「ポップ・ミュージシャン」が求められるようになったのである。

ちょうど一九九〇年代は、高度経済成長を経て大衆消費社会に突入し、民主化と市場開放が加速した東アジア諸国において、若者を中心とした新たな「ポップス」が台頭した時期でもあった。日本の音楽業界は、それらの音楽を「アジアン・ポップス」と呼び[12]、J-POPとの連携と日本における市場開拓に挑んだ。一九九一年、西武セゾン系列の「ピサ」がもつレーベルWAVEとCBS・ソニーが、日本とアジア系のポップス・アルバムの共同制作のために連携を発表したのはその試みの一つであった[13]。『アジアンポップス事典』(TOKYO FM出版、一九九五年)を編集した前田祥丈も述べているように、日本とアジア諸国両方に訪れた「変化」が、トレンドに敏感なポピュラー音楽を通じて表れていたのである。

九〇年代に入って、アジア各国は大きな変化を遂げつつあります。その中で、アジア各国のポップ・ミュージックがさまざまな変化を見せています。その中から私たちの感覚にフィットする音楽が生まれてきた、ということもあるかもしれません。でも、それ以上に、私たちの意識がやっとアジアに届きはじめたという方が正しいのだと思います。[14]

経済的状況も追い風となっていた。バブル崩壊期に入った一九九一年に始まった円高は、一九九五年には一ドル＝七九円七五銭まで進み、輸入盤市場に好機を与えたのである。輸入盤は、国内メーカーに適用されていた「再販制度」による定価販売の影響を受けないため、為替相場をにらんで自由に価格を引き下げられる。タワーレコードやＨＭＶなどの外資系のレコードショップには、大量に輸入したアジアン・ポップスＣＤのコーナーが増えていった。

一九六〇年代以降、海外のロック・ポップを網羅し、満遍なく消費する伝統をもつ日本の音楽界も、アジアン・ポップスの受容に積極的に取り組んだ。たとえば『ミュージック・マガジン』の「輸入盤紹介」は、一九九二年だけで一三人のアーティストを立てつづけに紹介している。

羅文（ローマン）『一生一世懐念妳』（一九九二年一月号）香港
小虎隊（シャォフードゥイ）『再見』（一九九二年三月号）台湾
劉美君（Prudence Liew）『不再娃娃』（一九九二年四月号）香港
サンディ・ラム（林憶蓮）『ワイルドフラワー（野花）』（一九九二年五月号）香港
スナリー・ラーチャシーマー（Suaree Ratchasima）『KHUN ME YANG SAO 1』（一九九二年六月号）タイ
潘迪華（Rebecca Pan）『旧情新意：KOWLOON, HONG KONG』（一九九二年六月号）香港

Heidy Diana『LUPIS LUNAK』（一九九二年七月号）インドネシア
張學友（Jacky Cheung）『張學友真情流露』（一九九二年七月号）香港
ヘティ・クース・エンダン（Hetty Koes Endang）『Nostalgia Pilihan』（一九九二年八月号）インドネシア
王新蓮（Wang Sin Lian）『安全界線』（一九九二年八月号）台湾
葉蒨文（Sally Yeh）『葉蒨文影視金曲』（一九九二年八月号）、『真心真意過一生』（一九九二年一二月号）
台湾
李明德（Lee Ming De）『堅持』（一九九二年九月号）台湾
杜德偉（Alex To）『狂風』（一九九二年一一月号）香港

アジアン・ポップスへの関心は、音楽カテゴリーにおいてもさまざまなかたちで変化をもたらした。東アジアの音楽が「日本の音楽」から分離しはじめたのがその一つである。『ミュージック・マガジン』が一年間に発売されたポピュラー音楽のレコード全リストを分類し、発表する「レコード索引」によれば、それまで韓国と台湾の音楽は、「日本・韓国の音楽」（一九八九年）、「日本・韓国・台湾の音楽」（一九九〇年）、「日本・韓国の音楽」（一九九一年）、「日本・韓国・台湾の音楽」（一九九二年）といったように、「日本の音楽」と同じカテゴリーで分類されていた。[15] その分類法が変わったのは一九九三年以降で、韓国と台湾の音楽が「日本の音楽」から切り離され、「インターナショナル・ポップ」に分類されはじめる。[16]

国内外に向けたメディアの動きも活発であった。一九九三年には、フジテレビがアジアのポップスを紹介する『アジアＮビート』の放送を開始し、一九九四年には、日本のポップスをアジアに発信する

「MUSIC UPDATE TOKYO（東京最新音楽情報）」が、香港の衛星放送「STAR TV」を通じてアジア・中東地区三八ヶ国、約一二〇〇万世帯に放送された[17]。アジアン・ポップスの日本市場開拓と、J－POPのアジア市場開拓が同時進行したのである。

こうしたアジアン・ポップスをめぐる動きの背景には、世界のポピュラー音楽の再編があった。一九九〇年代は、伝統的な『ロック』が衰退・細分化し、ブラックミュージックがメインストリームを席巻するなど、世界の音楽産業が劇的に変化した時期であった。英米の音楽業界は、新しいメディア・プラットフォームの普及によるグローバル化の可能性に対する期待と、既存の音楽市場の限界に対する不安を同時に抱えており、一九八九年頃から「ワールド・ミュージック」のカテゴリーを通じて、「英米以外の国・地域」のポップ・ミュージックの市場開拓を推し進めた。その動きは、日本にも影響を及ぼし、二〇年間偏っていた英米以外のポップスにも視野を広げさせたのである[18]。

しかし、アジアン・ポップスを浮上させたもっとも大きな原動力は、日本と東アジア諸国の相互への欲望であった。ソニー・ミュージックの稲垣博司が、「今や、アジアの多彩な国同士の垣根を飛び越えて、エイジアン・ミックスチャート、そういうことをどんどんやっていくべき時が来た[19]」と述べたように、日本の音楽業界は、アジアの音楽を日本で消費することを超えて、「東京」を中心としたアジアン・ポップスの空間を構築しようと試みた。

東京に対するアジアン・ポップスの欲望も増大した。武道館から東京ドームに受け継がれた象徴的な音楽空間、英米と肩を並べられるメディア・プラットフォームとテクノロジー、圧倒的な購買力をもつ音楽市場など、「歌謡曲」から「J－POP」に移行した九〇年代においても、東京は、依然として音楽的かつ産業的中心性を保っていた。東アジア諸国の音楽（家）は、その東京から表れる「日本的なもの」を受容・融合すると同時に、東京への進出を図りつづけた。「日本進出」という言葉は、ときには「世界進出」と等しい意味で使われた。

しかし、一九九〇年代全体を振りかえると、日本と東アジアの相互への欲望が、東京を中心としたアジアン・ポップスを通じて、ワールドポップの空間をさらに拡張させるには至らなかった。何より、東京でアジアン・ポップスのブームを起こすほどの必要十分な市場の活性化は起こらなかった。一九九〇年代後半になると、「J－POP一極化」が極端にまで進んだ日本の音楽市場では、アジアン・ポップスの空間が広がるどころか、英米ポップスの市場までも縮小してしまっていた。その状況は、『ミュージック・マガジン』が「もはや外来文化は必要ない！のか？」というサブタイトルの特集「洋楽vs邦楽」を組み、次のように問題提起するほどであった。

本誌は六九年、海外のニュー・ロック・ムーヴメントを日本に紹介するために――つまり洋楽雑誌として創刊されたが、それから三〇年の間、英米はもとよりヨーロッパ、南米、アフリカ、アジア、そしてもちろん日本と、ほとんど地球上のありとあらゆるポップ・ミュージックを紹介し、批評してきた。それは裏返せば、この日本でレコードを聞いている自分はいったい何者か、という確認作業だったかもしれない。

宇多田ヒカルのアルバムが八〇〇万枚売れ、GLAYのコンサートに二〇万人が集まる九九年の日本では、洋楽が売れなくなったという。かつて本誌で繰り広げられた「日本語ロック論争」があらゆる意味で遠くなった二〇世紀の終わり、いったいポップ・ミュージックに何が起こっているのか。(20)

「J-POP一極化」が、日本におけるアジアン・ポップスブームの不発を「東京」の側面から説明する理由だとするならば、アジアン・ポップスの側面からはまた違った理由がみえてくる。アジアン・ポップスそのものが、「東京」の中心性とのズレを広げながら変容していたのである。

そのズレがもっとも大きかったのは、のちの二〇〇〇年代から「K-POP」と呼ばれることになる「韓国ポップ」であった。九〇年代を通して、日本の一部のリスナーによる発掘作業が活発におこなわれ、また韓国からも日本進出を挑みつづけたが、韓国ポップが産業的・社会的インパクトをもったかたちで日本の音楽市場およびメディアで存在感を示すことはなかった。「日本ゴールドディスク大賞」においては、桂銀淑が受賞した一九九二年から、のちにBoAが受賞する二〇〇三年までの約十年間、「空白」ともいえる状態が続く。

しかし、一見空白にみえるその十年間を丹念に探れば、一九八〇年代までの「韓国演歌」と二〇〇〇年代以降の「K-POP」を接続する「移行過程」が浮かび上がってくる。若者を中心とした日本の音楽ファンが「韓国演歌」という「認識=カテゴリー」から脱却し、さまざまなかたちで「韓国ポップ」と出会うようになったのはもちろん、一九九六年にJASRAC（日本音楽著作権協会）が韓国音楽の著作権を認定したように[21]、制度や市場、メディアを通した新たな「関係」が、この時期に築かれていったからである。何より九〇年代の日本において、韓国ポップの「発見」が市場の反応を起こすまでに至らなかったそのズレは、二〇〇〇年前後から巻き起こった東アジアの「K-POP現象」を理解するうえでも重要な意味をもつ。「東京」の中心性に当てはまらなかったそのズレこそが、結果的にアジアン・ポップスのグローバルな拡張につながったからである。

3　「韓国語ラップ」という異質さ

K‐POPの「原点」ソテジワアイドゥル

一九九〇年代は、韓国という国家と社会のあり方が根本的に転換した時代であった。民主化（一九八七年）とソウル・オリンピック開催（一九八八年）、北朝鮮との国連同時加盟と冷戦崩壊（一九九一年）、OECD（経済協力開発機構）加入（一九九五年）、アジア通貨危機（一九九七年）などの歴史的出来事とともになされた再構造化は、政治経済や生活様式のみならず、歴史と現在を結ぶ人びとの自己認識そのものを一変させた。それは、世界を新たに想像し直し、韓国社会の「普遍性」と「特殊性」を構成し直すことでもあった。

ポピュラー音楽は、韓国社会の集団的アイデンティティと、構成員個々による自己／他者認識の変容がもっとも顕著に表れる文化空間であった。なぜならば、そのなかで中心的な役割を担う主体の世代的・階層的・地域的な交代と変容が、はっきりと可視化される領域だからである。韓国歌謡の制度的・産業的・音楽的要素とは断絶された「韓国ポップ」においてその中心的存在は、中産階級や十～二十代の若者、首都ソウルの都市空間であった。

とりわけ「韓国語ラップ」は、その転換を表す最たるものであった。その「異質性」は、ポピュラー音楽だけでなく、韓国文化そのものを「旧世代／新世代」「スタイルの古さ／新しさ」「ローカルなもの／都会的なもの」に区分するほどの影響力をもちながら、「韓国ポップ」の主な表現様式として定着した。

「韓国演歌」という「認識＝カテゴリー」が浸透していた日本社会と、Ｊ－ＰＯＰ中心の音楽市場からすれば、唐突に台頭した「韓国語ラップ」に感じとれるのは、「韓国語によるラップ」という表現様式に対する不慣れ・違和感以上の、韓国をめぐる他者認識を覆す「異質性」に近いものであった。アメリカのヒップホップを内在化したそのスタイルには、それまで日本で共有されていたステレオタイプに近い「韓国らしさ」はもちろん、「日本からの影響」が見当たらなかったからである。

日本でもっとも目立ったのは、いうまでもなくソテジワアイドゥルであった。日本のMr. Childrenと同じく一九九二年にデビューしたこの三人組グループは、「韓国語ラップ」とヒップホップ・スタイルだけでなく、強力な「ファンダム」文化を音楽産業に根づかせる一方で、検閲制度、マスメディアの権力、社会問題に対して声を上げ、自ら戦うことで、ポピュラー音楽の社会的地位と役割を大きく変えた。

日本で紹介されたのは、デビュー翌年の一九九三年であった。フジテレビの番組「アジアＮビート」で彼らを紹介したプロデューサー浦輝久は、「アジアには、こんな音楽もあるのか、という驚きの声が多い。文化の根元は日本と同じだから、共通する感性があるのかもしれない」[22]と期待を寄せていた。しかし、日本の伝統的な韓国音楽観とＪ－ＰＯＰ的嗜好両方とは相容れない、彼らの音楽的「異質性」が日本人に抱かせたのは、戸惑いの方が大きかったようにみえた。その複雑な感情は、「韓国音楽」と接するさまざまな場を通じて表出された。「韓国ブルースの大母」と呼ばれるハン・ヨンエ（한영애）のアルバムに書かれた音楽評論家・斎藤明人のレヴューをみてみよう。

近頃は韓国でもダンス・サウンドがブームらしく、ソテジワ・アイドル〔ママ〕を筆頭に歌謡界でもその手のサウンドが大ハヤリ。あのミン・ヘギョンまでもがラップ・ナンバーを取り上げたりするご時世になった。でも、あんまり面白くない。特に次々とデビューする若手歌手の均質化は目を覆わんばかりで、相対的にヴェテラン勢の活躍の方へ目が行く結果となる。(23)

もちろん、ソテジワアイドゥル以降のトレンドを「あんまり面白くない」という不満と戸惑いは、日本と韓国のあいだのギャップだけが生んだものではない。「強いビートと激しいダンス、感覚的リズムのラップ、破格的かつ自由奔放な衣装とパフォーマンスによるイメージ演出」など、そのあらゆる要素が韓国においても「旧世代の深い拒否感」を呼んでいたことを考えれば、(24)それは「韓国らしさ」をめぐる世代間のギャップを表すものであったともいえよう。

じっさい日本には、ソテジワアイドゥルに対して異なるまなざしを向ける若者たちが少なくなかった。一九八〇年代後半以降に「現代韓国」に興味をもちはじめた日本の若者たちは、韓国の新しいポップ、つまり韓国ラップやR&Bに惹かれていった。J－POPでは経験できないサウンドと感性を追い求める新しい韓国音楽ファンが、ソテジワアイドゥルをはじめ、キム・ゴンモ（김건모）、DJ DOC、Roo'Raなどの音楽に反応したのである。

日本人を困惑させた「韓国語ラップ」

その関心の高さは、ソテジワアイドゥルの正式な日本デビューにつながった。一九九四年、ファーストアルバムとセカンドアルバムを合わせたかたちで日本デビューアルバムが発売された（図4－2）。『ミュージック・マガジン』のアルバム・レヴューに書かれているように、ヒップホップに複数のジャ

図4－2　ソテジワアイドゥルの日本デビューアルバム（アンティノスレコード）

ンルを融合したソテジワアイドゥルの音楽スタイルが、韓国で「大衆化」に成功していることは、日本のトレンドとは明らかに一線を画す現象であった。

中心となる22歳の青年ソ・テージ《ママ》は作詞・作曲をはじめプログラミングやミキシングまで音楽作りの根幹はほぼ一人でこなし、リード・ヴォーカルをとる。（……）ソ・テージは80年代後半、ヘヴィ・メタル・バンド、シナウィにベーシストとして参加した経験もあり、彼が作るヒップ・ホップ・サウンドはごく自然にヘヴィ・メタルと融合したものだ。さらに②（ハヨガ 하여가）では伝統音楽とのからみも聞かせる。ラップやヒップホップという強力な様式に合わせるのではなく、それを道具にして、やりたいことをやっているソ・テージのセンスは実にしなやかである。（……）そうしたソ・テージの個人的才能による表現も、東アジアの一国で十分に大衆化された結果として出てくるからこそ、重みのある魅力を放っている。[25]

一九九五年に発売されたサードアルバムの「クロス・レヴュー」も興味深い。四人の評論家によるレヴューをあえてそのまま並べてみよう（表4－1）。「朝鮮民族」「アジア人」「西洋ポップ」などの言葉が飛び交うこの論争は、さまざまなカテゴリーとステレオタイプ、先入観と衝撃が交錯しながら、ソテジの音楽だけではなく、J－POPとはまったく違う道を歩みはじめた韓国音楽への好感と違和感、興味と疑問を率直に示している。

表4-1 クロス・レヴュー『Seo Taiji And Boys III』(26)

メタル/ハードコアにヒップホップを掛け合わせたような音作りは、なかなかに聴かせる。メタリカをやってるエンジニアを起用したそうで、音の質感も悪くない。途中で③⑦みたいな大甘のバラードが唐突に出てくるのには少々鼻白むが、そのあたりがアジア的なのかな。でも、いかに 西洋ロック風に仕上げるか、という意匠だけが先行しているようでもあり、ちょっぴり疑問も。小野島大	食堂に入ってハングル文字のメニューを見ていたら隣に座ってたジジイがいきなり勝手に注文してアレがうまいぞコレも食えとまくしたてて満足気に出て行った。ということになるのではないかと、来週からの韓国旅行が心配になってしまうような、朝鮮民族ならではのサーヴィス精神でゴーインな展開。芸風が広いというよりは、無頓着かつ馬鹿器用というべき脈絡のなさ。もう腹いっぱいです。松山普也
メタリカのエンジニアを使ってみたとかで、サウンド・プロダクションの方はグッと 焦点が絞れてきた印象。ギターの音などは、昨今の米オルタナティヴ・ロックをよく研究している跡も窺える。しかし、むしろオルタナっぽくない曲の方で彼等の顔がよく見えてくるのは、まだ“お勉強”的な面が強すぎるからだろうか。こうした紋切り型の歌詞がうける辺り、同じアジア人としての性は感じますが。宮子和眞	韓国に限らず最近のアジアのポップスには、ホントにいいの?欧米のポップスの亜流じゃないの?といった不信感を抱いていた。でも反省してます、ソ・テジを聴いた今は。 全編に漂う緊迫感とパワーに圧倒されました。ただ、ヘヴィ・メタルの曲は暗澹としていて聴き通すのは辛いなあ。それよりはヘンに湿っぽくないバラードの方に希望が持てるって感じかな。バラード集でも聴いてみたい。林剛(編集部)

しかし、ソテジワアイドゥルの日本進出は、商業的には失敗に終わった。ヒップホップが主流ではなく、日本語によるラップにも馴染《なじ》んでいない日本の音楽市場に、まったくといっていいほどローカル化されていない韓国語ラップが深く浸透することはなかったのである。「日本進出」に対する過去とは違う意識も作用していた。「日本進出」に意欲を示してはいるものの、過去のように自分のスタイルを変えたり、日本の市場とメディアに合わせて日本語で活動する

といった現地化に、少なくとも九〇年代のトップ・ミュージシャンたちは積極的ではなかった。韓国の音楽市場は、ヒットアルバムの売上が二〇〇万枚を突破するほど急成長していたからである。ソテジワアイドゥルも、一九九二年から一九九六年までの四年間で四枚のアルバムを発表し、すべてミリオンセラーを記録していた。そのなかで、日本でのメディア露出は、『アジアNビート』をはじめ、いくつかのFMラジオ出演程度にとどまっていた。

それでも、ソテジワアイドゥルの「韓国語ラップ」は、「韓国演歌」から「韓国ポップ」への移行を日本の音楽業界に実感させるには十分であった。ソテジワアイドゥル以降、韓国語ラップやヒップホップ・スタイルが韓国音楽界やメディア、社会の仕組みを変えていく様子は、最新の「韓国事情」に欠かせない情報になっていった。そのニーズによって、韓国の最新情報に詳しい若手の存在感も増していった。たとえば、一九九四年の『週刊AERA』は、「ラップの風雲児ソ・テジは「韓国のビートルズ」」という記事で、当時三〇歳の「韓国事情に詳しい音楽ライター」宮腰浩基《みやこしひろき》にこう問うている。「韓国でラップが成功したのは、なぜなのか」。以下は、それに対する宮腰の答えである。

ひとつには、子音が多い言語の特質からくるのだと思う。ラップに乗りやすい。また、四つの打楽器による伝統的な楽団サムルノリの役割も大きい。ソウル・オリンピックで、サムルノリは一躍、世界的に有名になった。子供たちの間でも、サムルノリはかっこいいという意識が広がった。サムルノリは複数のリズムを同時に演奏するポリリズムが基本。だから、日本人にないビート感を持っている。(27)

「韓国でラップが成功したのは、なぜなのか」という問いは、七〇～八〇年代、「韓国人が歌う演歌はなぜ違うのか」という問いを思い起こさせる。当時「韓国演歌」への問いが、「恨《ハン》」のような韓国特有の感情と言葉を通じて「日本人にはない韓国らしさ」につながり、「日本人の韓国観」そのものを構成していたように、「韓国ラップ」の現象は、九〇年代に台頭した新しい「韓国（らしさ）」への問いを抱かせたのである。

　韓国専門家だけではない。それまで「韓国演歌」中心の韓国音楽に無関心であった十～二十代の若い世代は、「韓国ラップ」に耳を傾けることで、「韓国ポップ」という新たな「認識＝カテゴリー」とともに韓国に対する新たな他者観を見出していった。その核心にあったのは、明らかな「異質性」にあった。日本よりヒップホップの歴史が浅い韓国で、メインストリームを席巻し、「社会を変える力」を発揮していたソテジの「韓国ラップ」は、それまで通用していた「日本でいえば〇〇〇」などの言葉では説明できない、日本とは明らかに異なるスタイルをもった「文化的他者としての韓国」を認識させたのである。J－POPとの明確な分かれ道を可視化させたその新しい「韓国（らしさ）」を発見した日本の新しい世代は、二〇〇〇年代に「K－POP」というカテゴリーが形成されていくなかで、より存在感を示していくことになる。ソテジの音楽が韓国におけるK－POPの原点であったように、日本におけるソテジの発見とその異質性へ関心は、K－POPの受容と融合の始まりでもあった。

　ソテジワアイドゥルが解散を発表した一九九六年、『ミュージック・マガジン』は、四ページにわたって特集記事「ソテジが選択した道」を掲載した。著者の麻生貴子は、最後にこう述べている。

　ソテジが韓国社会と音楽史に残した功績は大きい。だが、「人生そのものを、どう生きるか」こそ、ソテジが本当に残したかったメッセージのような気がする。[28]

麻生の文章と、この記事を書かせた読者のニーズは、ソテジの日本での商業的な成果とは関係なく、ソテジの「韓国語ラップ」を発見した九〇年代日本の若者たちが、「K－POPファン」の原点ともいえる感性をもっていたことを示しているようにみえる。

4 「アイドル」の概念をめぐるズレ

「韓国ポップ」のなかのアイドルたち

「韓国ラップ」の異質性を通じて新たな「韓国らしさ」へのまなざしが形成される一方で、日本の音楽市場は「日本的なもの」と類似する「韓国ポップ」を探しつづけた。日本のリスナーに親和的な音楽を発掘し、日本における「韓国ポップ」の市場を開拓することは、「東京」を中心にアジアン・ポップスの空間を構築する試みにおいても重要な課題であった。

出だしは順調であった。韓国のトップ歌手ヤン・スギョン（양수경、図4－3）が、日本の歌謡曲風のバラード曲で成功を収めたのである。一九八八年にデビューしたヤン・スギョンは、韓国で「一〇大歌手賞」を受賞した一九八九年に、早くも日本デビュー曲「愛されてセレナーデ」を発表する。フジテレビ系ドラマ『過ぎし日のセレナーデ』の主題曲であった。韓国活動に集中しているあいだ、日本では有線ラジオ放送を中心に火がつき、一九九〇年の第三二回日本レコード大賞最優秀歌謡曲新人賞と第二三回日本有線大賞新人賞を受賞する。[29]

ヤン・スギョンには、「韓国のチャート誌で五二週中一三週一位というトップアイドル[30]」「韓国でナンバーワン・アイドル歌手[31]」と、「アイドル」という説明が付されていた。「韓国演歌」ではない彼女の歌とルックスを、「歌謡曲」的カテゴリーのなかで日本的に解釈したのである。かつてチョー・ヨンピルによって韓国歌謡への関心が高まった一九八〇年代にも同様に、韓国のトップ歌手、チョン・スラ（정수라）とキム・スチョル（김수철）が、「単純にかわいいとはいえない、ちょっとクセのあるアイドル[32]」として紹介されたこともあった。それは、「トロット」が「韓国演歌」と称されたように、「韓国歌謡」のなかに日本の「歌謡曲」との類似性を探し出そうとする一種の習慣でもあった。

一九九〇年代に入ると、初期の「韓国アイドル」の日本進出が本格的に始まっていた。韓国において「아이돌（アイドル）」は、民主化と自由化が進んだ八〇年代後半、日本の「アイドル」とアメリカの「idol」がほぼ同時に翻訳・融合されて誕生したものであった。アメリカ発のモデルがマイケル・ジャクソンやマドンナやシンディ・ローパーであったとするならば、日本からは、少年隊、少女隊、工藤静香、近藤真彦などがそのモデルとなった。じっさい、一九八〇年代後半には、アメリカン・スタイルのアイドルのキム・ワンソン（김완선、一九八六年デビュー）、パク・ナムジョン（박남정、一九八八年）と、それぞれ日本の少年隊と少女隊をモデルにした男性三人組グループ「ソバンチャ」（소방차、一九八七年、日本ではダウンタウンがカバーした「オジャパメン」で知られる）と、女性三人組グループ「セトレ」（세또래、一九八八年）が若者たちの人気を集め、それまで存在しなかった「アイドル」のカテゴリーを韓国の音楽チャートにつく

図4－3　ヤン・スギョンの日本デビューアルバム（東芝 EMI）

っていった。そのうち、キム・ワンソンは、一九九〇年にシルエットという芸名で日本語盤のシングル「ＬＡＭＢＡＤＡ」を発表している。

一九九五年にＴＢＳ系ドラマ『野々山家の人々ＲＥＴＵＲＮ』のテーマ曲「愛だけじゃたりない」で日本デビューを果たしたカン・スジ（강수지）も、その一人である（図4-4）。一九九〇年に韓国でデビューした彼女は、日本の影響を受けたアイドル的なイメージとポップサウンドで大きな成功を収めた、黎明期の「アイドル」であった。

しかし、日本で数々のヒット曲を手がけた作曲家の都志《つし》見《み》隆《たかし》が提供した「愛だけじゃたりない」から、「韓国アイドルとしてのカン・スジ」を感じ取ることは難しい。ドラマ・タイアップされた日本語曲は、韓国の歌手が日本の歌謡曲／Ｊ－ＰＯＰを歌うという感覚の方が強く、歌手自身の本来の特徴までもローカル化されていた。

図4-4　カン・スージー（スジ）のデビューシングル（東芝EMI）

そのズレは、彼女自身のヒット曲を集めた日本盤『Self Selection Kang Susie』からも垣間見える。この日本盤では、収録曲がすべて日本の八〇年代歌謡曲風にアレンジされることで、原曲にあった日本の影響がむしろ失われている。「紫色の香り（보랏빛 향기）」「ちぎれた日々（흩어진 나날들）」「時間の香り（시간 속의 향기）」といったカン・スジの初期のヒット曲は、九〇年代韓国のニューミュージックを主導したユン・サン（윤상）が作曲したもので、八〇年代日本の「ポップサウンド」を積極的に取り入れていた。その都会的なサウンドと日本のアイドル・スタイル、そして十代をニューヨークで送った「アメリカ帰り」のカン・スジの個性と、ほぼすべての作詞を手がけた彼女の才能が混ざり合い、八〇年代の

韓国歌謡には存在しなかった「アイドル・ポップ」が生まれたのである。日韓の興味深い融合を通じてつくり上げたその「アイドルらしさ」は、逆説的にも「日本でのローカル化」へのこだわりによって、日本には十分に紹介されなかった。

初の日韓合作アイドルS.O.S.

日本の音楽業界が韓国ポップに求めていた「日本的なもの」との類似性は、一九九三年に日韓で同時デビューした四人組ガールグループS.O.S.（図4－5）の事例からもみてとれる。S.O.S.は、韓国のサムファ（삼화）プロダクションと日本のポニーキャニオンが提携した「SAMPONY（삼포니）レコード」による初の日韓合作アイドルグループである。両国ともに決して成功を収めたとはいえないが、日本では、先述したフジテレビ系番組『アジアNビート』のレギュラーをつとめるなど、韓国ポップの市場が小さかった当時の状況のなかで、比較的高い知名度を上げていた。

図4－5　S.O.S.の日本盤アルバム（ポニーキャニオン）

日本では「韓国最初の女性アイドルグループ」として紹介されたS.O.S.に求められたのは、七〇～八〇年の「韓国演歌」とも、同時期に現れた「韓国ラップ」とも異なる、「日本的なアイドルらしさ」であった。音楽評論家の松尾潔は、一九九四年に発売されたS.O.S.のライナーノーツで、彼女たちを「高橋由美子的な意味でのアイドル」であると紹介し、その魅力を次のように述べている。

生半可な深読みを拒絶するかのような低い歌唱力。いいですねえ。強者揃いの韓国歌謡シーンでも群を抜く歌のヘタさと言われる彼女たちの日本デビューはすごく意味のあることだと思う。それだけヴィジュアルに比重が置かれているわけだから。これまでの「韓国歌手はすべて高い歌唱力の持ち主説」を根底から覆すだけのものがある。実際、そういう過大評価こそがこれまで韓国歌謡が日本に浸透していなかったことの証左なのだから。（……）彼女たちが韓国歌謡シーンの中でいかに画期的な存在かはおわかりいただけたと思う。オンタイムでその様子を見守っていけるというのは幸せなことだ。（……）かわいいと思う気持ちを抑えることは難しい。[33]

日韓の合作によって生まれ、しかも当時の韓国ではほぼ存在しなかった「ガールグループ」という意味で、S.O.S.は、日韓のポピュラー音楽史を語るにあたって貴重な存在である。しかし、ここで注目したいのは、日韓の合作であるにもかかわらず、彼女たちが日韓のズレをむしろ浮き彫りにしたことである。もっとも興味深いのは、松尾が述べているような、彼女たちの「魅力＝かわいさ」を構成する「歌のヘタさ」をめぐるズレである。日本のアイドルの影響を受けて形成された韓国アイドルの黎明期においても、「ヘタさ」、つまりある種の「未熟さ」を魅力として捉える文化は韓国にはほとんど存在しなかった。

「低い歌唱力」をもった歌手が存在しなかったわけではない。しかし、歌唱力を「歌手」という職業の基本条件とする韓国において、「未熟さ」には、むしろ「無資格」であると厳しい目が向けられる傾向が強く、それは「アイドル」に対しても例外ではなかった。その文化的特徴は、完璧なダンスパフォーマンスと歌唱力、ルックスによって、「観る音楽」としての最大限の魅力を生かしたキム・ワンソンのような、初期の「アイドル」にも明確に表れている。

こうした諸事例からみえるのは、「アイドル」の「概念」をめぐるズレである。ヤン・スギョンが日本で「アイドル」と呼ばれ、カン・スジが歌謡曲風のバラードを歌い、韓国では決して受け入れられないS.O.S.の「未熟さ」が日本では「かわいい」と評価されるこれらの出来事は、一見無関係にみえるが、「アイドル」の概念が両国でいかに異なっていたのかを共通して物語っている。七〇年代から本格的に形づくられた「日本型アイドル」と、八〇年代後半から形成された「韓国型アイドル」は、日本からの多大な影響にもかかわらず、その概念から大きく異なっていたのである。

「アイドル」をめぐるこうした差異は、「韓国語ラップ」という音楽的差異とともに、九〇年代におけるJ－POPと韓国ポップのズレを生み出した最大の要因であった。これによって、「韓国語ラップ」の大衆化を通じて日韓の音楽的「分かれ道」を生み出したソテジワアイドゥルが、BTSに至るまでの「K－POPアイドル」の系譜においても原点に位置している理由を容易に理解できるであろう。この日韓のズレは、一九九〇年代後半に「韓流」を巻き起こす「K－POP第一世代」の登場によって、より顕在化することになる。

5　日本というフィルターと韓国音楽の真正性

韓国バラードの系譜

ここまで述べてきたように、九〇年代日本における「韓国ポップ」発見の過程は、その異質性と類似性両方と出会うことであった。「韓国演歌」の時代と比べると韓国音楽の市場の規模は明らかに縮小していたが、「韓国」をめぐるそれまでの「認識＝カテゴリー」に当てはまらないその異質性と類似性は、結果的に、かつてない多様な韓国音楽の受容を導いた。その過程で発見されたのは、まったく新しい「韓国らしさ」だけではなかった。長年蓄積された音楽評論の文化と、「J－POP一極化」が進んだとはいえ、多ジャンルの音楽市場が共存していた日本の音楽界は、「韓国語ラップ」による「韓国ポップ」の大きな流れからこぼれ落ちていた傍流を拾い上げ、それらの音楽から、それまで自分たちが認識していた韓国音楽の「真正性」について問い直そうとした。

「韓国語ラップ」のヒップホップが「韓国ポップ」への認識に衝撃を与えたジャンルであるとするならば、韓国演歌から韓国ポップへの移行を比較的スムーズに受け入れられるようにしたのは、バラードであった。バラードは、「韓国演歌」以外に、韓国歌手の特徴として認識されていた「歌唱力」がもっともわかりやすく感じ取れるジャンルであった。

じっさい韓国の九〇年代は、「韓国語ラップ」が「韓国ポップ」の新たな性格を規定した時代でもあったが、同時にさまざまなジャンルのバラードが「韓国歌謡」から「韓国ポップ」への移行を主導した時代でもあった。その動きは音楽市場をみれば一目瞭然である。ソテジワアイドゥルが四枚のアルバムで約八〇〇万枚の売上を記録した一九九二～一九九六年のあいだ、バラード界を率いていたシン・スンフン（신승훈）は、同じく四枚（コンサートアルバムを除いた第二、四、五、六集）のアルバムで約七五五万枚の売上を記録した。

その流れは、大きく三つにまとめることができる。

まず、ポップ・バラードである。ポップ・バラードの系譜は、作曲家イ・ヨンフン（이영훈）と歌手イ・ムンセ（이문세）のコンビが、それまでのアダルト・コンテンポラリー系とは明らかに区別される

若者向けのバラードで音楽界を席巻した八〇年代半ばにさかのぼる。そこに若いミュージシャンたちが、クラシック、ジャズ、J－POPなどのさまざまなサウンドとスタイルを融合させ、九〇年代を通して「ニューミュージック」の流れを築き上げた。

次に、ロック／フォーク系のバラードである。九〇年代に入り、七〇〜八〇年代における若者文化の象徴であったロック／フォークが急速に衰退していくなかで、多くのロック／フォーク・ミュージシャンは、大衆に親しまれるバラードを通じて自分たちの市場を確保すると同時に、マスメディアが主導していた音楽市場に、ライブ音楽の風を吹きこんだ。

最後に、R&Bバラードである。そもそも「韓国語ラップ」の導入は、「ブラックミュージック」がアメリカ音楽界の主流となっていたことを背景にしていた。R&Bバラードは、アメリカから韓国に渡り、瞬く間に音楽市場を席巻した。「韓国語ラップ」のブームが巻き起こった九〇年代前半だけでも、キム・ゴンモ、ユ・ヨンジン（유영진）、Solid、シン・ヒョボム（신효범）など、「アメリカ帰り」と「韓国出身」による多様なR&Bバラードが、メインストリーム市場にブラックミュージックの空間を拡張させた。

こうした韓国バラードを、日本の音楽業界も「韓国ポップ」として注目した。そのサウンドと感性は、「歌唱力」「恨《ハン》」「泥臭さ」のような、日本の音楽業界と社会が「日本の音楽にはないもの」として捉えつづけてきた「韓国らしさ」の現代版ともいえるものであった。

そのなかで、バラード歌手としてとくに注目されたのは、パク・ジョンウン（박정운）であった。パク・ジョンウンは、九歳でアメリカに移住し、一九八九年から韓国で活動をはじめた「アメリカ帰り」のシンガーソングライターで、一九九二年にR&Bバラード曲「今日のような夜なら（오늘 같은 밤이

면)」をヒットさせ、トップスターの座に登った。

日本デビューは一九九四年であった。その形式は、従来の「日本デビュー」とは異なる様相を呈していた。前述した日韓合作会社SAMPONYレコードに移籍したのち、日本の音楽スタイルでアルバムを制作し、それを日韓で発表したのである。一九九三年に韓国で、一九九四年に日本で発売されたこの第四集のアルバムでは、パク・ジョンウンが作詞・作曲を、日本のトップクラスのミュージシャンとエンジニアが編曲、演奏、録音を担当している（図4－6）。

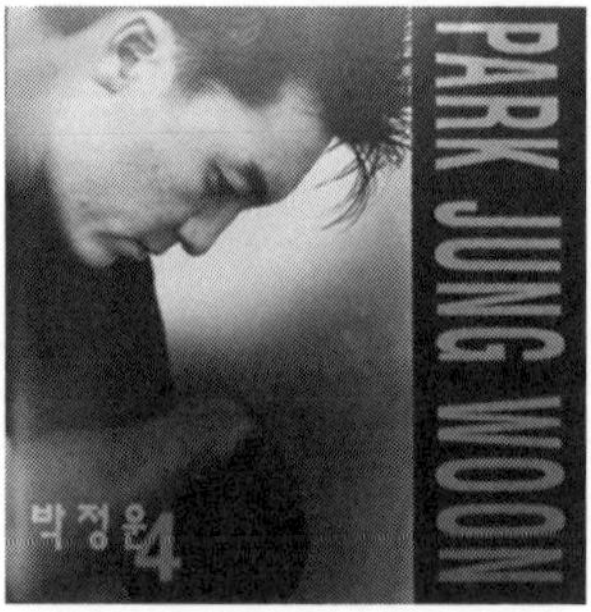

図4－6　パク・ジョンウンの日本デビューアルバム（ポニーキャニオン）。
日本のボーナストラック「静かな情熱」が収録されている。

アルバムのライナーノーツで、音楽評論家の小倉エージはパク・ジョンウンの音楽性について次のように述べている。

> コンテンポラリーな要素を取り入れながらも、どちらかといえばオーソドックスでベイシックな音作りが展開されている。が、その歌声、歌唱に関しては、キム・ゴンモかチョー・ヨンピルなどにも一脈通じるある種のドロ臭さ、また、粗削りな魅力を持っているのに対し、パク・ジョンウンの歌は柔軟さにとみ、スマートな洗練さが窺える。それ以上に、歌を通して何かを伝え、訴えかけようとする積極的な意志やメッセージ、しかも、素直で無理のない表現、といった自作自演歌手ならではの持ち味を最大限に発揮したパク・チョ《ママ》ンウンに惹かれた。[34]

しかし、日韓合作ともいえるこのアルバムは、結果的に日韓どちらにおいても彼の前作ほどの成功を収められなかった。そもそもこのアルバムは、当時の「韓国ポップ」がパク・ジョンウンというミュージシャンに求めていたR&Bバラードとはかけ離れた実験的なものであった。日本では「その鋭いヴォーカルは健在ながら、新しいものに踏み込めない中途半端なアルバム作り」という評価もあった[35]。しかし、より多様なジャンルを表現しようとしたパク・ジョンウンの音楽的才能と、当時の韓国ポップとは差別化された「日本的サウンド」が絡み合ったこの実験は、韓国とは違う角度から韓国音楽の「真正性」を求めつづけていた日本の音楽業界との合作だからこそ見出せる、新たな可能性を示していた。

日韓合作の最大の音楽的成果——イ・サンウン

その可能性の花が開くまでは、長い時間を要しなかった。その翌年、日韓合作が生み出した一九九〇年代最大の音楽的成果ともいえる、リーチェ（Lee-tzche）ことイ・サンウン（이상은）のアルバム『Gongmudohaga〜公無渡河歌』が発表されたのである（図4-7）。いまやオリジナリティ溢れるアーティストとして独自の立ち位置を確立しているイ・サンウンは、一九八八年にデビューし、「ガールクラッシュ」ともいえるイメージと歌声で十〜二十代の女性ファンを魅了した、初期アイドルの一人でもある。

デビュー曲であり、最大のヒット曲である「ダムダディ」が、ソウル・オリンピックのもう一つのテーマソングといわれるほどの強烈なインパクトを残した彼女が、突然活動中止を宣言したのはデビューから二年後の一九九〇年であった。自ら「トップアイドル」の座から下りたのである。アルバム『Gongmudohaga〜公無渡河歌』は、活動中止後の一九九五年、留学生活を送りながら、日本、アメリカ、イギリス、韓国でインディーミュージシャンとしての活動を続けていた彼女が、日本のミュージシャンとつくり上げた作品である。彼女が作詞・作曲とボーカルを担当し、それ以外は、編曲の竹田元をはじめ、日本人のミュージシャンとスタッフが加わった。ジャンル的にも、フォークからロック、ジャズなど、さまざまなサウンドと感性が融合していた。姜信子がライナーノーツに書いたように、その融合は「新しい時代に踏み出しつつある韓国に生まれ育った一人の若いアーティストから発せられた韓国という枠を超えた[36]」音楽を生み出した。

図４－７　イ・サンウン
『Gongmudohaga ～公無渡河歌』
（ポリドール）

日本で発売されてから二ヶ月後に韓国で発売されたこのアルバムは、韓国の音楽界に大きな衝撃を与えた。メジャーとインディーズ、どちらのシーンでも聞いたことのないサウンドと感性が音楽的に与えた当時の衝撃がどれだけのものであったかは、音楽メディアや専門家らが選ぶ「韓国大衆音楽名盤１００」の歴代データをみれば明らかである（表４－２）。このリストは、ポピュラー音楽／レコードを記録・評論する土台と文化がほぼ存在していなかった韓国において、「音楽性」そのものをめぐる総体的な議論である点で貴重な記録であり、現在進行形の実践である。じっさい、この二〇年間、数々のアルバムに対する評価と再評価が繰り返され、「名盤」の意味と位置を刷新しつづけた。当然時代による変化も激しく、たとえば、ソテジワアイドゥルの『第一集』は、二五→二四→二二位と、安定した順位を維持しているのに対し、『第四集』の順位は、一八→三六→八二位と、大きく揺れ動いている。そのなかで、『Gongmudohaga～公無渡河歌』に対する評価は、一〇位以内でまったくぶれていないのである。

表4－2 「韓国大衆音楽名盤100」の1998年、2007年、2018年の上位10位

順位	1998年	2007年	2018年
1	トゥルグッカ（들국화）『トゥルグッカ』（1985年）	トゥルグッカ（들국화）『トゥルグッカ』（1985年）	ユ・ジェハ（유재하）『愛しているから』（1987年）
2	サヌリム（산울림）『サヌリム1集』（1977年）	ユ・ジェハ（유재하）『愛しているから』（1987年）	トゥルグッカ（들국화）『トゥルグッカ』（1985年）
3	オットンナル（어떤날）『オットンナル1960・1965』（1986年）	キム・ミンギ（김민기）『キム・ミンギ』（1971年）	シン・ジュンヒョン&ヨプ・チョンドゥル（신중현과 엽전들）『シン・ジュンヒョン&ヨプ
4	デリ・スパイス（델리스파이스）『Deli Spice』（1997年）	オットンナル（어떤날）『オットンナル1960・1965』（1986年）	キム・ミンギ（김민기）『キム・ミンギ』（1971年）
5	詩人と村長（시인과 촌장）『青い帆』（1986年）	サヌリム（산울림）『サヌリム1集』（1977年）	サヌリム（산울림）『サヌリム1集』（1977年）
6	オットンナル（어떤날）『オットンナルⅡ』（1989年）	サヌリム（산울림）『サヌリム2集』（1978年）	オットンナル（어떤날）『オットンナル1960・1965』（1986年）
7	ユ・ジェハ（유재하）『愛しているから』（1987年）	シン・ジュンヒョン&ヨプ・チョンドゥル（신중현과 엽전들）『シン・ジュンヒョン&ヨプ・チョンドゥル』（1974年）	サヌリム（산울림）『サヌリム2集』（1978年）
8	春夏秋冬（봄여름가을겨울）『春夏秋冬1集』（1988年）	ハン・デス（한대수）『遥かなる遠き道』（1974年）	ハン・デス（한대수）『遥かなる遠き道』（1974年）
9	イ・サンウン（이상은）『公無渡河歌』（1995年）	デリ・スパイス（델리스파이스）『Deli Spice』（1997年）	N.EX.T『The Return of N.EX.T Part 1: The Being』（1994年）
10	ハン・デス（한대수）『遥かなる遠き道』（1974年）	イ・サンウン（이상은）『公無渡河歌』（1995年）	イ・サンウン（이상은）『公無渡河歌』（1995年）

『Gongmudohaga～公無渡河歌』の成功は、韓国ですでに成功した音楽（家）による「日本進出」とも、「韓国らしさ」を日本のステレオタイプに合わせた「ローカル化」とも異なる、新しいかたちの「日韓」の産物であった。しかしその重要性は、「日韓」の枠組みだけに収まるものではない。リーチェことイ・サンウンの音楽が、その後「ワールド・ミュージック」の空間で広く受け入れられていくことを考えれば、その成功が示したのは、固定化された「日韓」の超え方でもあるからである。そこに刻まれた相互作用と融合の経験とその産物だけをみても、九〇年代を「空白の時代」と呼ぶことは決してできない。

第5章　禁止と開放の中間地点
――T-SQUAREからX JAPANまで

1　解放／開放の時代としての「九〇年代」

開いていく韓国社会

韓国社会において、括弧付きの「九〇年代」は、「解放」の時代であるとともに、「開放」の時代でもあった。

国内では、一九八七年の「民主化」のプロセスによるさまざまな「解放」がなされる一方で、外側に対しては国際秩序に則った市場の「開放」による輸入と競争の「自由化」が進められた。ポピュラー音楽の世界も例外ではなく、その波に飲み込まれていった。「解放」と「開放」の力が、ときには相互に作用し、ときには激しく衝突しながら、音楽メディアのあり方、都市の風景、音楽トレンド、人びとの日常生活と感性、（歌を歌う／聴く）身体を根本的に変えていったのである。

そもそも一九八七年になされた「民主化」とは、軍事独裁政権に対抗して市民が起こした「六月民主抗争」が、政府による「六・二九宣言」、つまり「大統領直接選挙制」への改憲をはじめとする民主化措置への約束を導き出したムーブメントのことを指す。民主化の影響がポピュラー音楽を通じて表れるまでには、三ヶ月もかからなかった。一九六五年から「放送禁止曲」に指定されていた八三二曲のうち五〇〇曲が、九月五日から放送可能になったのである。第1章で詳しく述べた「倭色歌謡」に関しても、「日本の色が過剰なものを除いて原則的に解除した[1]」という放送審議委員会の発表のとおり、「トンベクアガシ」を含む二五一曲が解禁リストに含まれた。

「言論・出版・表現の自由」を保障する新憲法に基づいた「解放」の対象は、過去のものに限られなかった。一九九五年に発売されたソテジワアイドゥルのアルバム『第四集』の受けた検閲とそれに対するミュージシャンとファンダムの反発が引き金になり、「レコード事前審議制度」が撤廃されたのは、その代表的な事例であった。こうした「解放」のプロセスは、九〇年代を通して、サウンドと音楽スタイル、歌詞の内容を含む「韓国ポップ」の表現様式全体を変える力として作用した。

外側への扉も、目まぐるしいスピードで「開放」されていった。最初に門戸を開いたのは、アメリカに対してであった。いわゆる「スーパー三〇一条」(不公正貿易国に対する徹底交渉と制裁を柱とする法律)を法的根拠にしたアメリカ政府の圧力により、韓国政府が「ジュネーブ・レコード協約」(許諾を得ないレコードの複製からのレコード製作者の保護に関する条約)に加入することで(一九八七年)、海外レコードの直接輸入・流通が可能になったのである。

その後、一九八八年から一九九一年のあいだ、EMIとワーナーミュージック、CBS・ソニー、ポリグラム、BMGの世界五大レコードレーベルが韓国市場に進出した。さらに、「レコード及びビデオ物に関する法律案」によって「外国人によるレコード業界進出」が可能になると(一九九〇年)、海外のレーベルは国内音楽の制作に取り組みはじめた。同じく一九九一年からは、オーディオ・ハードウェア市場の開放も始まった。

マスメディア業界の「開放」も著しく前進した。その始まりは、衛星放送であった。一九八九年、パラボラ・アンテナの輸入が正式に許可されることで、日本のＢＳ衛星を通じてＮＨＫの音楽番組の視聴が可能になると、一九九一年からは、香港の衛星放送「STAR TV」の放送が開始され、アメリカのＭＴＶや中国語圏の音楽番組を、四〇を超えるアジアの国・地域と共有するようになった。

韓国国内メディアの「開放」も加速した。一九九二年の「有線放送管理法」の改正により、ケーブルテレビ（ＣＡＴＶ）が民間業者に開放されると、「音楽専門チャンネル」の時代が本格的に幕を開けた。そのなかでも、Mnet（ミュージック・ネットワーク）の開局は、「韓国ポップ」の方向性に大きな影響を及ぼす出来事であった。

一九七〇〜八〇年代において、韓国の放送局は、汝矣島《ヨイド》という人口島に集まっていた。音楽業界が汝矣島を中心に動いていたといっても過言ではない。しかし「韓国のＭＴＶ」を掲げたMnetが拠点として選んだのは、汝矣島から約一〇キロメートル離れた江南《カンナム》であった。その波及効果は、「地理的距離」以上に絶大であった。Mnetは、「ＳＭ」や「ＪＹＰ」といった、同じく江南を拠点にしたＫ－ＰＯＰの音楽事務所とともに、地上波放送の権力に対抗しながら、江南に集まる若者たちのトレンドと欲望を吸収・反映し、ポピュ

図５－１　タワーレコード韓国第１号店オープン広告[2]

ラー音楽の方向性を「外側」、つまり世界市場に向けていった。それは、「K－POPの誕生過程」の重要な流れでもある。Mnetが放送を開始した一九九五年、「韓国ポップス」における江南の場所性を象徴するかのように、アメリカのCDショップチェーン「タワーレコード」が、江南駅に韓国第一号店を開いた（図5－1）。

段階的に始まった「日本大衆文化開放」

この流れのなかで、日本のメディア・大衆文化全般に対する開放が、金大中政府が「第一次日本大衆文化開放」を宣言した一九九八年から段階的に始まった[3]。

〈第一次開放の対象〉

（1）映画およびビデオ部門

●四大国際映画祭（カンヌ、ベネチア、ベルリン、アカデミー）受賞作、日韓共同製作映画

●韓国映画に日本俳優の出演許可および日韓映画週間開催

（ビデオとは、開放発表以後国内で上映された日本映画のビデオを指す）

（2）出版部門

●日本語版マンガ、マンガ雑誌

ポピュラー音楽の開放が始まったのは、「二〇〇〇席以下規模の室内での日本大衆歌謡の公演」が許可された一九九九年の第二次開放からであった。この段階的プロセスは、第7章で詳しく述べるが、二

〇〇〇年の第三次開放、二〇〇四年の第四次開放まで続くことになる。

戦後／解放後初となるこの開放の理由については、「アジア通貨危機」による一九九七年一二月の「IMF（国際通貨基金）救済申請」、一九九八年一〇月の日本の小渕恵三首相と韓国の金大中大統領による「日韓共同宣言――二一世紀に向けた新たな日韓パートナーシップ」の発表など、直近の政治的・経済的出来事で単純に説明しがちである。たしかに、韓国の代表的な「知日派」政治家であった金大中大統領の政治的思想や、「アジア通貨危機」以降求められた産業構造の転換と市場開放の必要性は、「日本大衆文化開放」を実現した重要な要素であった。

しかし、「日本大衆文化開放」は、断片的な政治もしくは経済効果を期待し、短期間の検討や判断でなされた政策ではなかった。法制度的には、一九八七年の「万国著作権条約（UCC）」加入後、出版物を中心とした開放が始まっていたし、それを受けて九〇年代を通して、さまざまな水準での政策検討や社会的議論がなされつづけた。日常生活においても、一九八九年から衛星放送を通じて日本の放送の「合法的な視聴」が可能になるなど、すでに日本のメディア・大衆文化をめぐる経験はかなり蓄積されていた。文化産業についても、韓国のレコード市場の場合、一九九七年にはその規模が五億ドルを突破し、世界第一二位、アジア第二位に躍り出るほど成長していた(4)。

したがってここでは、「日本大衆文化開放」を、九〇年代を通して進んだ「解放」と「開放」のうえに位置づけ、そのプロセスを韓国の民主化・自由化・国際化と日韓関係の変化だけでなく、冷戦崩壊後急速に開かれた東アジアのグローバル化の産物として捉える。日本のメディア・大衆文化に対する「禁止」が植民地時代と戦後をまたぐ長い歴史的文脈のうえでしか理解できない現象であったように、その「開放」も、「モダニティの再構築」という総体的な歴史的経験の一つとして捉えることでしか、把握できないからである。この観点を共有したうえで、「開放」前の一〇年間、日本のポピュラー音楽をめぐる動きを通じて、「開放」のプロセスとその意味について探ってみよう。

2　T－SQUAREとカシオペアのサウンド

J－POPの洗練さを求めた韓国の若者たち

民主化とグローバル化が複雑に絡み合った「解放」と「開放」の時代を生きた九〇年代韓国の若者たちは、「海外旅行自由化」（一九八九年）や衛星放送とインターネットの普及による人と情報の自由な越境を「若者」として経験した初めての世代であった。彼女・彼らは、外国、とりわけアメリカと日本の音楽に対して、旧世代とは異なるかたちの文化ナショナリズムを築きながら、そのスタイルと感性を受容・融合した新たな「韓国らしさ」をつくり上げていった。同時に、大都市・ソウルの地理にも大きな変化が訪れた。ロサンゼルスとニューヨーク、東京の音楽がソウルで生産・消費される「韓国ポップ」と溶け合う都市空間が、トレンドをリードする新しい盛り場として浮上したのである。

日本のポピュラー音楽の場合、若者たちによる積極的な受容・融合は、依然として維持されていた「禁止」とのあいだで大きなギャップを生み出していた。もちろん、本書で述べてきたように、日本の音楽をめぐる「禁止」と「消費」の曖昧な共存は、日韓国交正常化がなされた一九六〇年代から蓄積されつづけた経験であった。しかし、九〇年代の違いは、韓国の若者たちが、非公式とはいえ、音楽文化・若者文化・都市文化の一部としてすでに定着していた日本の音楽を、否認せずに積極的に消費しはじめた点にあった。日本の音楽市場と大衆が、日本にはない「韓国的なもの」を求めたように、韓国の若者たちは、韓国にはない「日本的なもの」を求めるのを、自然なこととして向き合うようになったのである。

積極的に受容・融合された「日本的なもの」の一つは、サウンドであった。緻密な編曲と演奏、革新的な電子楽器とレコーディング技術からなる洗練された「日本的なサウンド」は、米英のものとも明確に区別される「ポップ」としての「J」を規定するもっとも重要な要素であった。J‐POPのサウンドは、「韓国歌謡」から「韓国ポップ」への移行過程で多大な影響を与えた。たとえば、一九九〇年にデビューし、すぐさまトップスターの座に上り詰めたシム・シン（심신）の場合、その歌と舞台から日本の影響が明らかである。申鉉準らは、シム・シンのスタイルが矢沢永吉と桑田佳祐のような日本的なロックスターに類似しているとし、ヒット曲「君の悲しみまでも愛している（그대 슬픔까지 사랑해）」「ただ一人だけの君（오직 하나 뿐인 그대）」を作曲したのが、キム・キピョ（김기표、一九五二年生まれ）とユ・ヨンソン（유영선、一九五七年生まれ）といった韓国音楽界の二人の巨頭であることを背景として指摘している(5)。

J‐POPの洗練されたサウンドをより繊細に受け入れたのは、一回り若い世代のミュージシャンたちであった。民主化後、軍事独裁政権による抑圧と、それに対する闘争両方から「解放」された若い世代は、九〇年代の社会現象になった村上春樹の小説を読みながら日本の音楽を聴き、日本の電子楽器を使って再現したそのサウンドを韓国ポップに取り入れた。

第4章でも紹介したユン・サン（一九六八年生まれ）もその一人であった。一九八八年に作曲家として、一九九〇年に歌手としてデビューしたユンは、自分が作曲したヒット曲「ローラ（로라）」が斉藤由貴の「情熱」を剽窃したという疑惑に対して、「作曲をすると、韓国のものだけではなく日本の音楽もよ

く聴く。「ローラ」で音を剽窃したことは決してないが、その雰囲気を模倣したのは認める」と述べている[6]。じっさい、「韓国ポップ」が新たに形成されていくなかで、「メロディ四小節の類似性」のような基準では捉えきれない、曲の「雰囲気」を左右するサウンドの模倣と融合が増えていった。若い世代にとって洗練された日本的なサウンドは、かつて「古くて退廃なもの」として規定されていた「倭色」とは違う、新たな韓国ポップをつくりだすなかで模倣すべき「新しくてクールなもの」であった。

しかし、九〇年代韓国の若者たちが求めたのは、日本の音楽を「模倣」することではなかった。市場の「開放」によって身近になった英米の音楽のように、音楽ファンたちは、直接日本の音楽に触れ、情報を共有し、リアルタイムで楽しむことを望んだ。とくに、韓国の音楽市場では既存の「カテゴリー」にはない多様なジャンルの音楽への需要が高かった。その一つが、「フュージョン」である。

「フュージョン」の流行

「フュージョン」とは、一九七〇年前後のアメリカで生まれたジャズを基盤とする音楽ジャンルである。マイルス・デイヴィスのエレクトリック・ジャズを中心に、ロックからクラシックまでの多様なジャンルの音楽が融合し、確立した。「フュージョン」ジャンルが韓国で大衆的人気を得るようになったのは、一九九〇年前半である。「九〇年代版ニューミュージック」の代名詞ともいえるレーベル「東亜《トンア》企画(동아기획)」に所属していたバンド春夏秋冬《ボムヨルムガウルギョウル》と光と塩《ビクアソグム》(빛과 소금)、シンガーソングライターのキム・ヒョンチョル(김현철)が、「フュージョン」を掲げた歌をヒットさせ、韓国ポップに「フュージョン・ジャズ」という言葉を定着させた。

日本のフュージョンバンド、T‐SQUARE(ティー・スクェア)とカシオペアは、アメリカのレーベルＧＲＰのミュージシャン、チック・コリアとリー・リトナーなどとともに、「韓国版フュージョン」にとって先駆的存在であった。両バンドが結成したのはそれぞれ一九七六年と一九七七年。日本のさまざまな商品とブランド、テレビ番組、ゲーム、スポーツイベントのタイアップ曲として使われた洗練されたサウンドは、八〇年代を通してバブル経済に向かっていく日本の勢いを表していた。ソニー社がコロンビア・ピクチャーズ・エンタテインメントを買収する一〇年前の一九七九年、ソニーテレビの代名詞「トリニトロン」のＣＭには、Ｔ－ＳＱＵＡＲＥの音楽が使われた。

フュージョン・ジャズの風が吹きはじめた韓国で、両バンドの熱狂的なファンが生まれたのは当然の流れであった。とくに、欧米や日本とは違って「インストゥルメンタル」のカテゴリーが定着しておらず、フュージョン・ジャズを「歌」のかたちで導入した韓国において、その存在感は特別なものであった。カシオペアの「Me Espere」（一九八七年）のメロディに歌詞を付けたのではないかと「剽窃疑惑」を受けつづけているイ・スンチョル（이승철）の「友達の友達を愛した（친구의 친구를 사랑했네）」（一九九〇年）のヒットも、そのような文脈がもたらした興味深い現象であった。

韓国の音楽雑誌『HOT MUSIC』（一九九〇年創刊）には、一九九二年におこなわれたカシオペアのギタリスト兼リーダー、野呂一生との電話インタビューが掲載されている。

HOT MUSIC　みなさんと近い音楽をする韓国バンドの音楽を聞いたことは？

野呂一生　あまりないね。いや、ほとんどない。韓国のトロットやポップを聴く機会はあったけど、インストゥルメンタルと接せる機会はなかったね。

HOT MUSIC　韓国でも非常に多くのファンを獲得していますが、韓国での公演を計画したこと

図5－2　T－SQUAREのコンサート関連記事(8)

は？

野呂一生　計画は以前から何回かあった。しかしなぜかうまくいかなくて。いろんなことがすべて解決されたらぜひ行って演奏したい(7)。

一九九二年の時点で、すでに韓国に多くのファンをもっていることを意識し、韓国公演を計画していた野呂が述べている「解決されていないいろんなこと」とは、いうまでもなく「日本の音楽が禁止されていた状況」であろう。しかし、その状況は一九九四年の時点で予想していたより早く改善されていった。「日本大衆文化開放宣言」がなされる前であったにもかかわらず、一九九四年にはT－SQUARE、一九九六年にはカシオペアが、単独の「来韓公演」を開催したからである。T－SQUAREによる一九九四年のコンサートは、「韓国政府の認可を得た初の日本ミュージシャンによるコンサート」として記録された(9)。

T－SQUAREとカシオペアのコンサートが開かれたのは、三〇〇〇席規模の「世宗《セジョン》文化会館（세종문화회관）」と、二五〇〇席規模の「芸術の殿堂（예술의전당）」。両方とも韓国を代表するコンサート・ホールである。これらの大劇場を埋められるほどのファンを確保しながらも、フュージョン・ジャズのインストゥルメンタル・バンドであることが、彼らの「韓国進出」を可能にした条件であった。

それは、両コンサートに対する「認可」を下した韓国政府の説明をみれば明らかである。一九九四年、

「ジャズはポピュラー音楽ではないため、日本大衆歌謡の輸入禁止方針は適用されない[10]」と、「ジャンル」を認可の理由として挙げていた韓国政府は、一九九六年にカシオペアのコンサートに対しては、「日本語による歌ではないため問題ない」[11]と、「インストゥルメンタル」であることを強調した。

結果的に、一九九八年から実施された「日本大衆文化開放」の文脈においては、T－SQUAREとカシオペアの来韓公演は、そのプロセスを調整する地ならし的な性格をもっていた。そのプロセスは、一九九四年に韓国政府の依頼によって実施された『日本大衆文化対応方案研究』に詳しく書かれている。「避けては通れない時代的流れ」である「日本の大衆文化に対する開放の具体的な手続き」を探ったこの報告書は、①選別的かつ段階的に開放すること、②日本大衆文化輸入をめぐる国民的合意を形成させること、③日本大衆文化の影響力を最小化するための法的かつ社会的装置を構築すること、④国内大衆文化を育成させるための諸般装置を整えること、といった四つの「考慮事項」を提案している[13]。韓国音楽市場の状況からして、多くのファンを確保するほど大衆的でありながら、歌詞をもたず、「歌謡」のカテゴリーに分類されないT－SQUAREとカシオペアの音楽は、「選別的かつ段階的に開放」に向かっていく「禁止と開放の中間地点（in-between）」をつなぐために、もっともふさわしい音楽だったのである。

図5－3 カシオペアのコンサートとアルバムの広告。「20年の歴史をもつアジア最高のフュージョンジャズバンド・カシオペアと韓国で会います！」という見出し[12]。

T－SQUAREとカシオペアのサウンドを受容・融合

していく過程は、「禁止」が解体される過程でもあった。次つぎとCDリリースされた両バンドの「インストゥルメンタル」音楽が、かつて日本でそうであったように、韓国のテレビ・ラジオ番組、CM曲として使われることで、フュージョンの音楽ファン以外の人びとにも日常のBGMとして浸透していった。その洗練されたサウンドは、韓国音楽にとっては一つのモデルとなったと同時に、韓国社会に、数十年間維持されていた「倭色」という「認識＝カテゴリー」に鮮明な裂け目を与えた。

3 「剽窃論争」にみる「禁止」からの解放

新たな生産・消費主体の登場

T－SQUAREとカシオペアの事例が示すように、日本のポピュラー音楽に対する「禁止」を解体させたのは、韓国の新しい生産・消費主体自身であった。一九九八年からの「日本大衆文化開放」は、たしかに韓国政府の政策転換によるものであったが、それを後押ししたのは、日本の音楽が受容・融合されつづけている現実と、「倭色」という単純な「認識＝カテゴリー」を壊した若者たちのさまざまな実践であったからである。一九九四年と一九九六年に開催されたT－SQUAREとカシオペアのコンサート（図5－3）にしても、「開放」のプロセスを可視化させたそれらのイベントは、同時に「禁止」のもとでも日本の音楽を聴きつづけたファンの存在を浮かび上がらせた。そういう意味で、韓国の音楽ファンにとってそれらのコンサートは、日本音楽ファンとしての「カミングアウト」であったともいえよう。

韓国の若者たちは、自分たちの嗜好をカミングアウトすることにとどまらず、数十年間維持されつづけた「禁止」のもとで定着した「慣例」について問題提起することで、「禁止」のメカニズムそのものを内側から解体し、その抑圧から自分たちの欲望を「解放」させようとした。

本書でみてきたように、「歌謡曲の時代」から日本の音楽は、韓国において禁止されると同時に流入していた。日本の歌は、公的ではない空間、すなわちブラックマーケットや日本の電波が届く一部の地域（たとえば釜山）、音楽喫茶やクラブのような商業施設、個々人が所有する海賊盤を通じて消費されつづけた。日本の音楽に対する「禁止」の歴史は、「消費」の歴史でもあり、その消費に対する「否認」の歴史でもあった。メディアとアカデミアの言説は、その「消費」を批判し、「禁止」を維持させる主な装置であった。

問題は、その「否認のメカニズム」のなかで、それを消費する人びとの存在もが否認されていたことである。そもそも、日本の音楽の消費は、それを欲望する人びとの実践があってこそ可能であったが、韓国社会、とりわけ旧世代とエリートたちは、その欲望と向き合うことなく、「国民意識」のような曖昧な正当性で覆い隠しつづけた。

九〇年代の若者は、自分たちが単なる「禁止を違反する主体」として規定されることを拒否し、自分たちの欲望のみならず、「否認のメカニズム」によって生み出された「慣習」を可視化しようとした。その一つが、「剽窃」である。

「禁止」が生み出した慣習への批判

剽窃は、まさに「禁止」が生み出した「慣習」であった。衛星放送とインターネットなどのニューメディアが普及するまで、音楽市場とメディアを通じて媒介されない日本のポピュラー音楽に接することは、韓国社会においてはそれ自体で大きな「文化資本」であった。剽窃は、その「文化資本」のさらなる音楽的かつ商業的利用でもあった。日本の音楽にアクセスできる一部の音楽家や音楽業界の人びとが、日本の歌を剽窃した韓国の歌をつくり、利益を求める。これは一つの「慣習」として定着し、英米とも比べて「メロディ」を重視する傾向の強い日韓の音楽的特徴ともあわさって、年々広まっていった。もちろん、一九六五年から剽窃曲が放送禁止されていたように、剽窃が社会的に認識されていなかったわけではない。しかし、「禁止が維持される状態」の方が優先される「否認のメカニズム」のもとで、日本の歌を禁止することで生じる副作用としての剽窃を根本的に解決するのではなく、韓国国内の大衆文化を統制し、国民を訓育するための材料として剽窃を問題化する傾向が強かった。

ところが、九〇年代に入り、衛星放送とインターネットの普及や、海外旅行自由化（一九八九年）などにより、「オリジナル」に接する人が急増したことで、韓国の音楽業界に深く根付いていた剽窃の慣習を批判する声が高まっていった。とくに禁止が剽窃を生む根本的な矛盾を解決し、日本の歌と韓国の歌両方を自由に楽しみたいという若い音楽ファンの要望が広がった。

旧世代の専門家たちは、剽窃の問題を、むしろ日本の音楽に対する開放を遅らせるための口実にした。日本の先進的なサウンド、スタイル、技術とそれを模倣する韓国音楽の状況が、剽窃という長年の弊害につながっているため、禁止を通じて日本の歌の拡散を防ぐべきであるという論理であった。[14] しかし、若い音楽ファンや音楽評論家は、剽窃を生み出す禁止と、禁止の状況を悪用する音楽業界の慣行両方に対する批判を繰り広げた。剽窃を疑われた曲の多くが、テレビドラマの主題歌や音楽チャートの上位を占めたヒット曲であったことを考えれば、その問題提起は音楽業界のみならず、メディア業界の長年の慣習に向けられていた。[15]

剽窃判定騒動

そのなかで、剽窃問題を社会的議論に発展させた二つの主な出来事が起こった。

一つは、韓国公演倫理委員会による一九九三年の「剽窃判定騒動」である。一九九〇年代初頭から強まっていた剽窃に対する批判に応えるかたちで、政府機関の公演倫理委員会が調査をおこない、その結果を公表したのである。調査の結果、公演倫理委員会は、全一三曲を剽窃曲に指定した（表5-1）。そのうち、日本の歌を剽窃した曲が半分に近い六曲を占めていた。

しかし、こうした公共機関の介入は、剽窃そのものの解決には至らないのではないかと批判を受けていた。というのも、剽窃の判定には、「モチーフ（動機）の二小節、もしくはメロディの四小節以上が同じか似ている場合」という単純かつ古い判断基準が用いられたからである。全体の構成やコード進行の類似性を考慮せず、モチーフとメロディだけで剽窃か否かを判断するのは、九〇年代のポピュラー音楽にはふさわしくないという音楽的な側面からの指摘がなされた[16]。

さらに、著作権という民間の領域に関わるこの問題を公共機関である公演倫理委員会が取り扱うのは妥当／可能ではないのではないか、と制度的な側面からも疑問の声があがった。じっさい、ＺＡＭの「僕は止まらない」に対してすぐに「剽窃判定取消し」が下され[17]、公演倫理委員会は翌年の一九九四年から「被害当事者による訴えがない限り剽窃問題には介入しない」ことに方向転換した[18]。

トップクラスのミュージシャンの曲が並んでいたこの剽窃判定騒動は、日本の曲の剽窃が蔓延している音楽業界の現状とともに、それが単なる「慣習」には収まらない、著作権をはじめとする「法」の問題であることを社会的に認識させるきっかけとなった。しかし、日本の音楽市場そのものを閉じたまま、

表5－1　1993年に公演倫理委員会が公表した剽窃曲リスト

曲名	作曲家名	オリジナル曲名
「私の愛だもの（내 사랑인 걸）」ジャン・ピルスン / ユ・ヨンソク（장필순 / 유영석）	ユ・ヨンソク（유영석）	「I Know Him So Well」Whitney Houston
「この夜が過ぎたら（이 밤이 지나면）」イム・ジェボム（임재범）	シン・ジェホン（신재홍）	「Every Time You Go Away」Paul Young
「ローラ（로라）」ビョン・ジンソプ（변진섭）	ユン・サン（윤상）	「情熱」斉藤由貴
「失った季節（잃어버린 계절）」ボンニンドゥル（벗님들）	イ・チヒョン（이치현）	「Hotel Riverside」井上陽水
「僕の悲しみに君は他人（나의 슬픔에 그대는 타인）」チェ・ソンス（최성수）	チェ・ソンス（최성수）	「Goodbye day」来生たかお
「見せてくれないか（보여줄 수 없니）」チェ・ヨン（최영）	チェ・ヨン（최영）	「愛しい人よ Good Night...」B'z
「リベカ（리베카）」ヤン・ジュニル（양준일）	イ・ボムヒ（이범희）	「Miss You Much」Janet Jackson
「愛する（사랑할 거야）」イ・サンウン（이상은）	ウォン・ギョン（원경）	「悲しい気持ち（JUST A MAN IN LOVE）」桑田佳祐
「明日に向けて（내일을 향해）」シン・ソンウ（신성우）	イ・グンヒョン（이근형）/ シン・ソンウ（신성우）	「Jump」Van Halen 「あなたに天使が見える時」酒井法子 「Don't Cry」Asia
「僕を泣かせないで（날 울리지 마）」シン・スンフン（신승훈）	キム・チャンファン（김창환）	「Don't Look In My Eyes」Sam Harris
「火曜日に雨が降ったら（화요일에 비가 내리면）」パク・ミギョン（박미경）	イ・ヒョジュン（이효준）	「Le Restaurant」Brenda Russel
「思い出のバラード（추억의 발라드）」ジャン・ヘリ（장혜리）	キム・ジファン（김지환）	「White Wedding」Billy Idol
「僕は止まらない（난 멈추지 않는다）」ZAM	チョ・ジンホ（조진호）	「Ping Shen Me」アニタ・ムイ

根本的な解決を模索する方法を見つけることは、当時の状況では不可能であった。むしろ、音楽業界の競争が激しくなるにつれ、より巧妙な方法で剽窃された曲が増えていった。

音楽ファンによる介入

そこに直接介入したのが、音楽ファンである。中心的存在は、インターネットの前身、パソコン通信のポピュラー音楽コミュニティであった。公演倫理委員会の調査に関連情報を提供するなど、一九九三年の剽窃判定騒動のときも積極的な姿勢をみせた音楽コミュニティは、今度は自ら前面に出て剽窃を社会的な問題として再度表面化させた。もっとも早くかつ広く日本の音楽に関する最新の情報が共有されながらも、既存のマスメディアや音楽業界の力が及ばないネット空間で、ファンたちが剽窃曲を次つぎと告発していったのである。さらにファンたちは、剽窃曲を告発するだけでなく、それらの消費を「拒否する」という意思を表明することで、「売れるから」というそれまでの業界の理屈に正面から対抗しようとした。

その動きがもっとも活発に表れたのは、一九九六年であった。ヒップホップグループRoo'Ra（ルーラ）と、歌手兼俳優キム・ミンジョン（김민종）がそれぞれ、自身のヒット曲が日本の曲の剽窃であることを認め、活動中止を宣言したのである。いずれもパソコン通信のコミュニティによる告発から始まった動きであった。

この二者の剽窃は、まったく異質なジャンルを横断するかたちでなされた。まずRoo'Raの「天上有愛」（作曲ホン・ジェソン／홍재선）は、美空ひばりの「お祭りマンボ」（一九五二年）をカバーしたジャニーズアイドル忍者の「お祭り忍者」（一九九一年）の一部を剽窃していた。一方、キム・ミンジョンの

「歸天道哀」（作曲ソ・ヨンジン／서영진）は、TUBEの「サマードリーム」のメロディを、BPM（テンポの単位）133の速いテンポから、BPM99に下げてバラード曲に使った剽窃曲であった。

この二つの剽窃事件が与えたインパクトは大きかった。日本の歌がこれだけ多様な方法によって剽窃されていたこと、しかもそれらがトップクラスのミュージシャンに提供され、大きな成功を収めていることに社会は驚きつつ、日本の音楽をめぐる長年の慣習そのものに対する問題意識が文化ナショナリズムと結びついて広がった。同時にこの出来事は、韓国の音楽業界の秩序そのものが大きく変化していることをあらわにした。つまり、日本の音楽に関する情報はもはや特定の音楽家や音楽業界のみによって独占できなくなり、「大衆」も同時に共有可能な「インターネットの時代」が到来したことで、作り手と受け手の力関係が逆転しつつある事実を、この謝罪会見の模様がもっとも劇的に示したのである。

4 「大衆」の影響力を可視化した「X JAPANブーム」

増大する大衆の影響力

日本の歌に対する「禁止と開放の中間時点」であった九〇年代のもっとも大きな特徴として挙げられるのは、「大衆の直接的介入」であった。インターネットによる情報収集が可能になるにつれ、マスメディアや専門家と大衆とのあいだの力学が大きく変わっていくなかで、日本の音楽の「禁止」と「開放」の問題に対する大衆の影響力はますます増大していった。言い換えれば、日本の音楽に対する「開放」のプロセスは、国際的な法制度の受け入れとインターネットの普及による音楽産業全般の劇的な変化と並行していた。「剽窃」問題の解決が、グローバルな音楽市場の秩序に参入するうえで不可欠であったように、「日韓」の歴史的分脈のうえで構築された「禁止」のメカニズムは、「グローバル化」とともに解体されていったのである。

こうして九〇年代韓国の若者たちは、自分たちが「日本の音楽」を享受することを、「日韓」の特殊な文脈だけで読み取られるのを拒否した。それらは、日本のマンガとアニメ、ゲーム、映画のように、日韓の文脈だけに収まらない、東アジア、さらには世界中の若者たちと共有する普遍的でグローバルな文化だったからである。したがって彼女・彼らは、日本の音楽を楽しむ「自分たち」が注目されることに対しても、抑圧を感じず、むしろそれを一つの時代性として受けとめていた。

この新たな大衆の支持を集めた象徴的存在が、X JAPANである。X JAPANは、一九八九年にXとしてデビューしたヴィジュアル系ロックバンド（一九九二年にX JAPANに改称）。「ヴィジュアル系」とは、おもに奇抜な化粧と衣装にサウンド、パフォーマンスを特徴とするミュージシャンのことを指し、六〇年代後半から始まる英米のヘヴィーメタルとパンクの影響を強く受けながら、日本独自のロックとして誕生したカテゴリーでもある。X JAPANは、日本的なヴィジュアル系ロックのかたちとともに、英米にはない「ヴィジュアル系」という言葉を定着させたバンドである。デビュー直後から「紅《くれない》」と「ENDLESS RAIN」をヒットさせ、「日本ゴールドディスク大賞」をはじめとする数々の新人賞を受賞したのち、東京ドームの舞台に立った一九九二年頃には、アジアを代表するロックバンドの一つとしての地位を獲得した。

韓国で熱狂的なファンが生まれたのもその頃である。それまで日本のロックバンドといえば、一九八五年にアルバム『Thunder In the East』がビルボード・アルバムチャート七四位を記録したヘヴィメタルバンドLOUDNESSが、韓国のロック・ファンの絶大な支持を集めていた。それと比べて強烈なヴイジュアルとは対照的なロックバラードのメロディを歌うＸ ＪＡＰＡＮは、ロック・ファンに限らず、十〜二十代の若者を中心により大衆的な人気を得ていった。

音楽評論家の川上英雄は、「衛星放送の傍受による日本歌謡の電波進入により、いまや国内感覚での音楽の流入とボーダレス化が進む韓国で九四年、最もヒットした日本の歌がＸ ＪＡＰＡＮ」だと述べている。じっさい一九九四年頃になると、彼らは社会現象化しはじめる。

リーダーのＹＯＳＨＩＫＩが、自ら影響を受けたアメリカのバンドＫＩＳＳ（キッス）の結成二〇周年記念のアルバム『トリビュートー KISS MY ASS ー』に唯一アジアのミュージシャンとして参加したさい、音楽雑誌『Hot Music』は、次のように述べている。

最近国内で日本のバンド・エックス（Ｘ）の人気が天井知らずに上がっていることを考えれば、多くのＸファンにはこのコンピレーション・アルバムも収集の対象になるだろう。エックスのドラマーであり、ピアニストでもあるＹＯＳＨＩＫＩは、そのフェミニンなルックスと卓越した音楽的感覚で数多くの女性ファンを獲得している。(19)

ファンは次第に「ファンダム」化していった。「Ｘ ＪＡＰＡＮ旋風に損なわれた自尊心」という見出しの『京郷新聞』の記事によれば、一九九六年の時点で、韓国で「非公式的に流通されたＣＤが二〇万枚、海賊版まで含むとその数は一〇〇万枚に上る」と推測された。韓国の音楽業界における多数のバラード曲についても、Ｘ ＪＡＰＡＮの「ENDLESS RAIN」「Say Anything」「TEAR」などを剽窃したという疑惑が相次ぎ、「新人作曲家にとってＸ ＪＡＰＡＮの曲はバラードの教科書」といわれるほどであった[20]。パソコン通信とインターネット上にファンクラブが急増し、ＸＪＡＰＡＮが解散した一九九七年には、韓国メディアによって「全国的に数百のファンクラブが組織されている」と報じられていた[21]。その翌年、ギタリストＨＩＤＥ（ヒデ）が急逝すると、パソコン通信のファンコミュニティなどで、彼の死を悼《いた》む動きが広がった。『読売新聞』は、パソコン通信「チョルリアン（千里眼）」に五日間で五百人を超すファンが追悼の言葉を寄せたとし、「若者文化が国境を越え、地下水のように浸透している表れ[22]」と書いた。

普遍的なロックとしてのX－JAPAN

ＸＪＡＰＡＮブームは、音楽の領域だけでいえば「Ｊ－ＰＯＰ」、そのなかでもLUNA SEA、GLAY、L'Arc~en~Cielに広がる「ヴィジュアル系ロックバンド」ブームの象徴であったが、より広い視野でみれば、それは村上春樹の小説『ノルウェイの森』や井上雄彦のマンガ『SLAM DUNK』、岩井俊二の映画『Love Letter』などとともに、韓国の「九〇年代文化」の一部を占めていた日本文化ブームの一つでもあった。

同時に、ちょうどソテジワアイドゥルの活動期間とも重なるこのＸＪＡＰＡＮブームは、「禁じられた日本の音楽を聴く」という特殊な政治的意味が与えられていた音楽ファンの行為を、「好きな音楽を聴く」という単純かつ普遍的な文化的実践に転化させた。そもそも一九九〇年代は、それまで禁止されていたさまざまな音楽が解放／開放され、普遍性をめぐる感覚が広がった時代である。ボブ・ディランの「風に吹かれて」とクイーンの「ボヘミアン・ラプソディ」といった、「不穏」「反戦」「反社会的」「不健全」「暴力・犯罪および違法行為描写」などを理由に放送禁止されていた海外の七八三曲がようや

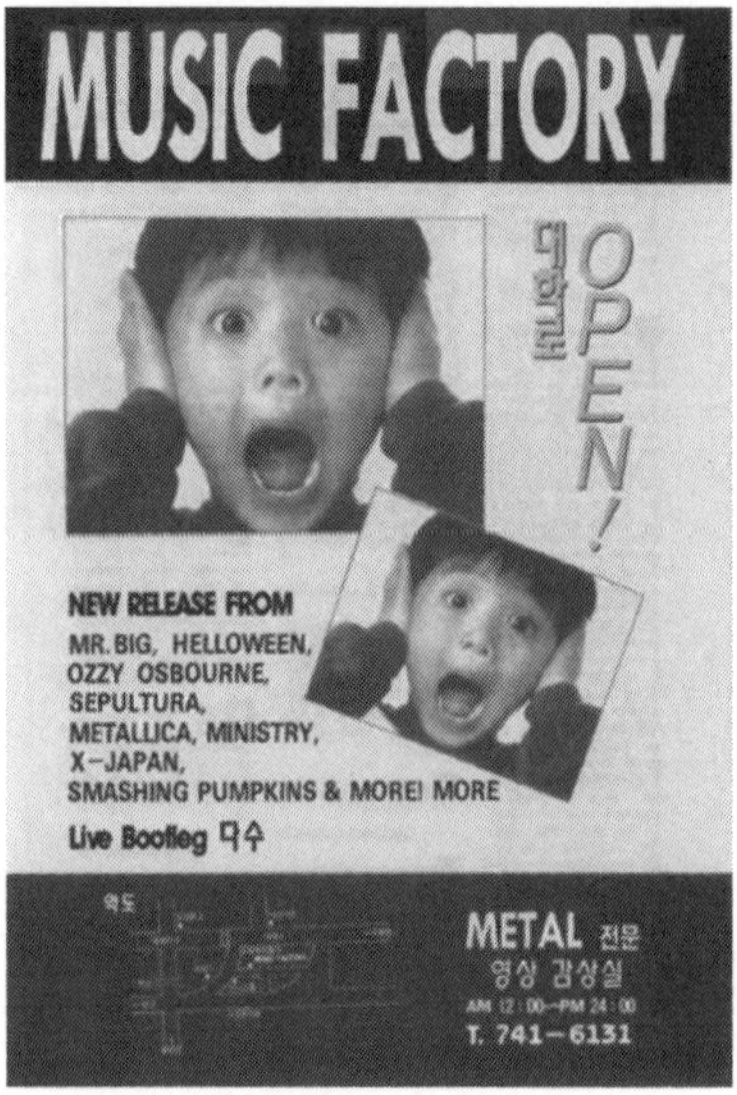

図５－４　当時日本の音楽を楽しむ場所の一つだった「映像感想室」の広告(23)

く「解放」されたのも一九九四年であった。
それらの多様な音楽を貪欲に消費した九〇年代の若者たちにとって、ＸＪＡＰＡＮの音楽は単なる「日本の音楽」のカテゴリーだけに収まるものではなかった。ソウルの「大学路」にあった「メタル専門映像感想室（ロック喫茶）」の広告（図５－４）に、ＸＪＡＰＡＮが世界的ロックバンドとともにリストアップされていたように、彼女・彼らにとってその音楽は、自分たちが欲望する普遍的な「ロック」の一つだったのである。

失われていく「禁止」の正当性

一方で、ＸＪＡＰＡＮを享受する大衆のすがたが普遍的な音楽文化・若者文化・都市文化として可視化されたことで、「日本大衆文化開放」にも大きな前進があった。

より根本的には、この時点で日本の大衆文化に対する「禁止」を維持させてきた「正当性」が転覆されていた。そもそも一九四五年に「倭色一掃によるナショナル・アイデンティティの再構築」というポストコロニアルな正当性に基づいてはじまった日本のポピュラー文化に対する「禁止」は、六〇～八〇年代の産業的近代化を経ながら、①ナショナル・アイデンティティ論、②反日感情論、③子ども・青少年保護論、④国内文化産業保護論といった、より複雑な言説によって維持されていた。これらの言説は、日本の文化がつねに越境し、消費されていることを問題化し、日本の文化が「禁止されている状態」を維持する役割を担った。(24)

ところが、九〇年代に入り、これらの言説はその正当性を失うことになる。まず、①のナショナル・アイデンティティ論は、すでに無効化していた。高度経済成長と民主化、ソウル五輪を経験した韓国において、「ナショナル・アイデンティティ」は、過去の閉鎖性を捨て、国際社会の一員として、他者との活発な「関係」を築くことによって確認・共有されるものになった。つまり、禁止によってナショナル・アイデンティティを保護するという正当性は、九〇年代には通用しなくなったのである。「国民感情を害するため日本の文化を禁止しつづける」という②の反日感情論についても同様である。日本に対する韓国社会の態度とまなざしは大きく変わっていた。あえてそれを「文化」と「歴史」の側面からいえば、「文化を禁止し、歴史を棚上げする」方向から、「文化を開放し、歴史と向き合う」方向への転換であった。たとえば、一九九一年に慰安婦問題が公論化されて以降、一九九六年には、朝鮮王朝の王宮景福宮《キョンボックン》を覆うようにして八六年間立ちつづけていた朝鮮総督府の庁舎が解体され、一九九八年には戦後初の「日本大衆文化開放」がなされた。これらの一連の事象は、互いに矛盾しない、「九〇年代」という歴史的経験を構成する出来事であったといえよう。日本の文化を禁止する根拠として「反日感情」を持ち出す言説は、それを主張しつづける集団が存在するのとは別に、時代のうえではすでにその正当性を失っていたのである。じっさい、韓国国内のさまざまな世論調査をみても、一九九〇年代半ばの時点ですでに「開放」に賛成する意見が反対する意見を上回っていた。(25)

「日本の低俗かつ退廃的な文化から若者を守る」という③の「子ども・青少年保護論」も、すでに時代遅れになっていた。そもそも、九〇年代の十代の若者は、開発独裁期のような「上からの訓育」の対象ではなくなり、大衆消費社会に突入した韓国社会の新たな消費主体として台頭していた。とくに、闇のルートと黙認された慣習のなかで日本文化に接していた旧世代に比べると、新たなメディア・テクノロジーを用いて日本の文化に簡単にアクセスし、日常的に享受することに罪悪感を抱かない九〇年代の若者は、数十年間維持された「否認のメカニズム」から解放された初めての世代であった。少なくとも日本文化に関しては、「禁止」を維持することによって子ども・青少年を「保護」する方法や経験を、親世代はもっていなかったのである。

「日本文化の禁止によって国内の文化産業を保護する」という④「国内文化産業保護論」も、すでに述べてきたように、まったく逆の状況に置かれていた。XJAPANブームに対してなされた批判は、その状況を顕著に物語っていた。「開放をしないまま、違法に拡散する日本音楽[26]」という指摘や、「日本のポピュラー音楽が公的に禁止されている状況で、日本の音楽が我が国の歌手よりも人気を得ている現象のアイロニー」を嘆く自嘲も、「違法な流通に対する法的措置の不在[27]」に対する批判も、結局「禁止」によって国内の音楽産業を保護することはもはや不可能であるという認識の表れにほかならなかったのである。

そして、一九九八年から「日本大衆文化開放」が始まった。XJAPANブームをはじめとする、日本のポピュラー音楽をめぐるさまざまな現象が示していたように、「開放」の正当性が「禁止」の正当性をはるかに上回っていることによってなされた「転換」は、冷戦体制に基づいていた六〇~八〇年代の日米韓の権威主義的関係から、「日韓関係」が「解放」されていく過程でもあった。

5　「ポンチャックの誕生」にみる「解放／開放」

日韓の「大衆」という主体

こうした九〇年代における解放と開放の経験は、一九九八年以降も、ポピュラー音楽をめぐる新たな「日韓」を構築していく推進力となった。ちょうど一九九八年は、「政府間交流にとどまらない両国国民間の深い相互理解と多様な交流があるとの認識の下で、両国間の文化・人的交流を拡充していく」という内容の「日韓共同宣言――二一世紀に向けた新たな日韓パートナーシップ」が発表された年でもある。まさにそういった「パートナーシップ」が、企業と企業、音楽家と音楽家、音楽家と大衆、大衆と大衆のあいだで多様な関係を築き、相互作用と融合をもたらした。

日本のミュージシャンによる来韓公演も続いた。Ｔ－ＳＱＵＡＲＥが韓国でおこなったもっとも最近の来韓公演は、二〇一九年。「韓国政府の認可を得た初の日本ミュージシャンによるコンサート」を開催したあの一九九四年から二五年間、バンドとファンの関係は依然として単独コンサートが可能な規模で続いていたのである。そのあいだ、彼らの音楽が韓国のさまざまなメディアを通じて流れつづけていたのはいうまでもない。

「禁止」による関係の断絶を背景に蔓延していた「剽窃」の問題も、日韓の直接的な関係構築とともに改善されていった。「剽窃」に対する制度的装置と大衆の監視が厳しくなる一方で、翻案と協業などによる音楽の共有が、音楽市場の多様性を生み出していった。「それぞれがもっていないもの」を共有する方法、もしくは「それぞれがもっているもの」を融合させる技術とノウハウが、音楽業界に定着していったのである。

何より、「大衆」がポピュラー音楽をめぐる「日韓」を主導する主体を変えていった。ＸＪＡＰＡＮブームの経験で形成された韓国の「Ｊ－ＰＯＰファンダム」は、二〇〇〇年代以降の日本の「Ｋ－ＰＯＰファンダム」と結びついて、国境を越えた「共通の空間」を築いたのである。その「共通の空間」が、ナショナリズムよりも優先される、日韓の音楽を動かすもっとも大きな力になっていく過程は、第６章以降で述べていく。

日本で起こった「開放」「李博士現象」

こうした「開放」には、政治的な日韓関係や文化市場の動きだけでは捉えきれない効果があった。「国境が開かれた」という認識と感覚が、「文化」の側面で相互作用を促したからである。

「李博士《イ・パクサ》現象」もその一つである。李博士（이박사）は、韓国のトロット歌手。「トロット」といっても、李美子のようなメジャーのトロットとはまったく異なるルーツと音楽的特徴をもつ「トロット・メドレー」と呼ばれるジャンルである。有名なトロットや民謡曲を速いテンポに乗せてメドレーにした音楽で、おもに高速道路の休憩所を中心に消費されることから、「高速道路メドレー」とも呼ばれる。産業的近代化とともにレジャーが普及した七〇年代を経て、「観光バスのなかで歌って踊る」という独特な「観光文化」が韓国に定着していたのが背景にある（法律で禁止されたのは二〇一四年）[28]。李博士自身、一一年間「トロット・メドレー」を歌う観光バスガイドとして活躍した経歴をもつ。

走る観光バスのなかで身につけた、ディスコリズムの単純な電子音に合わせて「ノリノリ」のメロディを何時間も歌いつづけるその独創的な声とテクニックは、「トロット・メドレー」界でも他の追随を許さないものであった。自ら「ポンチャック・ディスコ・メドレー」と呼ぶデビューアルバムのカセットテープは、発売後わずか三ヶ月で四〇万枚が売れたという(29)。

しかし、彼のカセットテープがいくら売れても、その「トロット・メドレー」が韓国でまともな「音楽ジャンル」として認められることはなかった。ポピュラー音楽のミュージシャンを「タンタラ」と蔑称で呼んでいた芸能人に対する差別意識と、ポピュラー音楽のなかでも「トロット」を「ポンチャック」という蔑称で蔑んでいた音楽ジャンルの序列意識が重なり、トロットよりも「下位」に位置する音楽として扱われた。

李博士の音楽を一つのジャンルとして発見したのは、日本の音楽業界とファンであった。輸入版カセットやCDが紹介され、日本の愛好家に支持されたことをきっかけに(30)、一九九六年、ソニー・ミュージックから正式な日本デビューを果たしたのである。デビューアルバム『李博士のポンチャック大百科』は、B・B・クィーンズ、北島三郎、沢田研二、森高千里、北島三郎、電気グルーヴなどの多様なジャンルのヒット曲を、ディスコやテクノのリズムにアレンジし、李博士による「テキトーなハングル(31)」歌詞をつけた「ポンチャック・メドレー」であった(図5－5)。

図5－5　日本デビューアルバム『李博士のポンチャック大百科』(キューン・ソニー)

発売直後、若者を中心に口コミが日本全国に広がった。タワーレコード渋谷店には「ポンチャック・コーナー」が設けられ、李博士が出演したテレビCM(KINCHOコックローチS)がテレビ画面に流れた。一九九六年だけで四枚のアルバムが発売されるほどの「ブーム」となった(32)。

たしかにこの「李博士現象」は、姜信子が指摘しているように、「本国での活動はどうあれ、韓国人歌手は演歌を歌うことが〝大韓的〟とされてきた、日本のなかではぐくまれた韓国のイメージ」[33]とも読み取れるものであった。また、音楽評論家の松山晋也が危惧したように、「日本の大レコード会社による一発限りのお遊び」[34]との批判がなされるのも十分理解できる。

しかし、韓国の文脈では、「トロット」、つまり「韓国歌謡」とはまったく異なる社会的背景をもっていた李博士の「ポンチャック」のルーツと音楽的特徴を考えれば、もう少し違う解釈が可能であろう。とくに音楽的な側面からみると、有名なトロット曲をメドレーにしているとはいえ、その音楽性は、むしろデビューアルバムの「監修」をつとめた日本の二人組音楽グループ電気グルーヴのような、当時若者のあいだで流行していたテクノやエレクトロとのつながりをより強く感じさせた。その思いは、デビューアルバムのライナーノーツに載っていた「ポンチャック」の定義に顕著に表れている。

ポンチャックとは：韓国の大衆歌謡メドレーディスコのことです。簡易なキーボード台とマイクさえあればできる世界で一番てっとり早いテクノでもあります。[35]

李博士の日本における活動範囲も、チョー・ヨンピル、桂銀淑などの「韓国歌謡」とはまったく異なっていた。電気グルーヴの日本武道館コンサートで前座をつとめたり、アルバム『李博士 vs 電気グルーヴの「ひらけ！ポンチャック」』を共同で発表したりと、彼の舞台は、ある意味「韓国歌謡」とはもっとも遠いところにあった。当時タワーレコード渋谷店で、ポンチャック人気がきっかけになって売上が伸びていた韓国の音楽は、「韓国演歌」ではなく、「他ジャンルの韓国ポップ」であったという。[36]

承認された「ポンチャック」

何より「李博士現象」がもつ意味は、彼の「ポンチャック」が、「韓国演歌」とも、「トロット」とも、トロットの蔑称としての「ポンチャック」とも異なる一つの「ジャンル」として承認されたことであろう。

李博士の音楽が日本に受容される過程の大きな特徴は、「トロット・メドレー」を音楽ジャンルの一つとして捉えていた点である。たとえば、音楽評論家の湯浅学は、「ポンチャックほどパワーのあるジャンルはない。使い捨ての音楽だけど、新しく作ればいいという潔さが良い」と述べている。それまで、こうした音楽評論家による批評を、李博士が韓国で経験したことはなかった。当然、松山晋也が直接会った李博士から感じたという、「シンガーとしての柔軟さと抜群の勘の良さ、そしてエンターテインメントとしての深い自覚とプライドの高さ」を発見する韓国の音楽評論家もほとんど存在しなかった。

日本におけるブームを通じて一つのジャンルとして「誕生」した李博士のポンチャックに韓国社会が関心を寄せはじめたのは、二〇〇〇年頃である。一九七八年の日本の人気テレビドラマ『西遊記』のオープニング曲であったゴダイゴの「Monkey Magic（モンキー・マジック）」をカバーした李博士の歌が「テクノ・ポンチャック」と呼ばれ、韓国でも一大「ブーム」を巻き起こしたのである。

若者を中心としたこのブームを後押ししたのは、音楽的にはテクノの流行、メディア的にはインターネットにおけるいわゆる「B級カルチャー」の流行であった。しかし、インターネットを通じて逆輸入された李博士の音楽に韓国の人びとの目を向けさせたもっとも重要な理由は、「音楽先進国日本で成功した音楽」という「勲章」にほかならなかった。韓国の音楽業界にとっては依然大きな壁であった「日本進出」を成功させたという事実は、李博士を紹介するほぼすべてのテレビ番組や新聞・雑誌の記事を通じて報じられつづけた。韓国のメディアは、「恥ずかしい文化として捉えられていた幼稚さと低俗さがB級文化という新しい文化形態として堂々とその領域を構築していること」[39]に驚き、その音楽が「韓国語歌詞のアルバムとしてはチョー・ヨンピル以降日本でもっとも大きなレコード売上を記録したこと」[40]にさらなる衝撃を受けた。

結果的に李博士ブームは、一時的な現象にとどまった。しかし、李博士とその「ポンチャック」が、韓国から日本に渡り、多様なジャンルが共存する「音楽文化」をもつ日本の音楽市場と大衆によって「承認」され、今度は韓国社会に衝撃を与えながら、多くの人びとの差別・序列意識から「解放」される過程は、市場の動き以上の大きな影響力を及ぼした。つまり、韓国が「日本大衆文化開放」によって受け入れたのは、単なる「音楽商品」ではなく、「音楽文化」そのものだったのである。「開放」、つまり両方の文化に対して国境が開かれているという認識と感覚は、その後、二〇世紀の日韓関係では想像すらできなかった大きな文化現象を生み出すことになる。「K－POPの時代」の到来である。

第6章　東アジアの文化権力を変えるK－POP

――「韓国型アイドル」の誕生

1　「日本とアジア」のあいだの壁

J－POPのアジア進出

冷戦崩壊とともに東アジアのグローバル化が加速した一九九〇年代の音楽シーンを前半と後半に分けてみると、そのあいだにある種の転換が生じていたことがわかる。

九〇年代前半は、「J－POPの時代」に突入した日本が、東アジア音楽シーンの中心的存在として、さまざまなプロジェクトを企画し、展開した時代であった。それは、「歌謡曲の時代」に確立した日本中心の秩序を「J－POPの時代」が引き継ぐと同時に、グローバル化していく東アジアの音楽市場にJ－POPが「進出」することを目指した試みでもあった。

その試みは多種多様で、一九九三年に中国と香港に現地法人をつくった音楽事務所ホリプロが、現地のタレント発掘に乗り出したケースもあれば(1)、一九九五年に香港で「ジャパニーズ・ポップミュージック・ギャラリー」という名の見本市を開催したソニー・ミュージックのように、「アーチスト個人でなく楽曲のPRに力を入れた」[2]ケースもあった。メディアの動きも活発であった。一九九四年には、音楽チャート誌の出版社「オリコン」が中国のラジオ局・中央人民広播電台との共同制作で音楽番組「好麗声（オリコン）音楽之窓」を、一九九五年には、ソニー・ミュージックが香港、シンガポールなど五ヶ国・地域の民放ラジオ局を通じて、音楽番組「ポストカード・フロム・トーキョー」を放送開始した[3]。一九九〇年代前半の日本はたしかに、東アジアで高まっていた「国を越えて通用するスターを作り出そうとする機運」[4]の中心であった。

成果も小さくなかった。東アジアで流行し出した日本のトレンディドラマの人気にともない、CHAGE and ASKA、福山雅治、酒井法子、千葉美加らが台湾やシンガポールでヒットを記録したのを含め[5]、その可能性を感じさせる事例も多々あった。しかし、それらの成果にもかかわらず、日本の音楽が東アジアで本格的な成功を収めるには、いくつかの壁が存在していた。

制度・テクノロジー・トレンドの壁

一つ目の壁は、産業的構造とメディア環境のギャップからくる制度的・認識的限界であった。端的にいえば、「著作権」の問題である。著作権制度が整っておらず、海賊盤が氾濫していた東アジアの状況は、日本の音楽業界を萎縮させた。当時、アジアに販路を広げていたキングレコードが、「海賊盤が出回る危険性があるので、若者に人気のあるポップスは避け、民族音楽や器楽曲など、コピーされても損害の少ない分野を輸出の中心にしている」[6]たのも、その状況を反映しての戦略であった。

こうした制度的・認識的限界は、メディア環境にも大きく影響した。たとえば、DVDの前身ともいえるVCDである。一九九三年に発明されたVCDは、おもに中国語圏コミュニティで大いに流行しはじめた。一枚につき七四分の録画が可能で、テレビでもパソコンでも手軽に視聴できるこのニューメディアは、メディア学者のケリー・フーの表現を借りれば、「アジアのテクノロジー」であった。欧米や日本などの先進国から支持を得ることはなかったが、アジア諸国はもちろん、全世界に居住する華人によって、VCDはグローバルに普及していった。もちろんポピュラー音楽の海賊盤もこのVCDを通じて広く流通した[7]。

VCDが普及したアジアと、VCDがまったく普及しなかった日本。この対比は、海賊盤の観点からすれば、著作権を侵害する側／侵害される側とで簡単に説明できるであろう。しかし、法制度的な側面から離れ、海賊盤をも含む音楽市場と、音楽文化のトレンドの観点からみると、そう簡単な問題ではない。音楽産業とメディア・テクノロジーの「変化」に対する姿勢と想像力に関わるからである。じっさい、VCDのみならず、九〇年代以降次つぎと新たなメディア・テクノロジーが登場すると、世界の音楽業界はその都度決断を迫られた。インターネットを音楽ビジネスに活用する側か、ためらう側か。音楽のデジタル化に積極的な側か、消極的な側か。

この状況は、日本にとっては大きな「ジレンマ」の始まりでもあった。新しいメディアが海賊行為を含むさまざまな動きと連動し、新たな音楽市場とトレンドを生み出していく東アジアのスピードに、日本の「アジア戦略」が追いつけなくなったからである。

この問題は、二つ目の壁とも深く関わる。「トレンド」の側面において、日本と東アジアとのあいだのギャップが広がりはじめたのである。音楽ジャンル的にも、世界の主流と化していたヒップホップ・ラップに日本の音楽業界・メディアが反応しなかったのは、九〇年代の大きな分かれ道でもあった。

こうしたギャップは、日本国内のJ－POP市場が強固であればあるほどさらに際立った。ホリプロの国際展開を担当した伊達亮介が述べていたように、日本の音楽業界もこのギャップを感じ取っていた。

日本の音楽産業は、CD売上や録音技術など、ハード面はアジアのトップだが、感性面は、必ずしもそうではない。日本のスターは、あくまで日本だけで売れる人気者に過ぎないが、香港のスターはアジア全域で通用する。このままでは、日本がアジアの音楽的な孤児になる時代が来るかも知れないし、すでに前兆はある。他のアジア各国と協調し、共存できるような音楽市場を作りたい(8)。

伊達の証言で注目したいのは、「感性」という言葉である。戦後、アジアでもっとも先立って、もっとも積極的に「異種混淆」をおこなってきた日本のポピュラー音楽が、グローバル化が進んだ九〇年代に入り、むしろ「異種混淆」に対して消極的な姿勢に転じたのは、音楽の美的感性だけでは説明しきれない、時代性と関わる社会的感性の反映でもあったからである。

東アジアのあいだの歴史認識のズレ

その社会的感性は、アジアとの「向き合い方」にも関連して、三つ目の壁として立ちはだかった。そもそも、「九〇年代」という時代に対する日本とアジアの捉え方の違いがあった。姜尚中《カン・サンジュン》と吉見俊哉によると、冷戦の終焉は、日本にとっては「黄金時代」、すなわち「五五年体制と日米安保体制を中心とする戦後システムのなかで国民的な繁栄が保証され、日本が二〇世紀システムの論理をもっとも代表しているのではないかと錯誤しかねないほど奇妙に安定した時代(9)」の終焉でもあった。しかし、多くのアジア諸国にとってそれは、「植民地時代」と「戦争」「貧困」「独裁」などを経験した「二〇世紀システム」からの解放と脱却を意味した。「異種混淆的な空間」が「権力の独占と歴史的な特権が導いたアイデンティティのゆらぎ」によってつくられるのであれば、[10]日本とアジア諸国のあいだでは、アイデンティティが喪失・創出される「ゆらぎ」の土台において大きなズレが生じていたのである。

しかし、九〇年代の日本は、アジアの「異種混淆の空間」に参加するよりも、すでに確立していた「日本文化」を保護し、「日本とアジア」の関係性を維持する道を選んでいたようにみえた。日本主導によるアジアン・ポップスも、「二〇世紀体制」が生んだ市場の格差からすれば妥当なものであったが、九〇年代アジアの「異種混淆の空間」と比べると、「アイデンティティのゆらぎ」がもたらすダイナミズムに欠けた「認識=カテゴリー」であったといえよう。

こうしたズレは、東アジアの「歴史」に関する認識においても生じていた。九〇年代、軍事独裁や冷戦構造から解放された東アジア諸地域の大衆が、「慰安婦問題」などの歴史問題を新たに提起したことに対して、日本では「商品化された歴史修正主義[11]」が流行しはじめたのも、当時の「アジア」をめぐる「感性の断絶」を表す重要な事例であろう。アメリカの地域学者レオ・チンは、「日本の脱帝国化と旧帝国日本の脱植民地化の欠如が、七〇年代初頭に芽吹きはじめて今日まで成長しつづけているアジアの反日主義の種をまいた[12]」と指摘している。チンを敷衍《ふえん》すれば、七〇年代に日本が「ポスト戦後社会」に突入する過程で生じた日本とアジアのあいだの認識と感情のズレが、九〇年代に今度はアジアが「ポスト戦後社会」に突入するなかで、なお再生産されることになったのである。

「産業構造」「トレンド」「感性」からなるこうした壁は、「日本とアジア」の二項対立構図を強化させる方向で作用した。J-POPはもちろん、マンガやアニメ、映画、テレビドラマ、ゲームなどの「トランスナショナルな消費」が、九〇年代東アジアのグローバル化を象徴する現象であったにもかかわらず、逆説的に、日本の「トランスナショナルな影響力」は弱化しはじめたのである。こうして「日本のアジア」が縮まっていく過程について、社会学者の岩渕功一は次のように指摘している。

資本主義的消費・ポピュラー文化が主な共通項となるにつれて、日本の国を超えた文化的共鳴感、想像力をかき立てるアジアは徐々にその地理的範囲が縮まってきている。岡倉天心の汎アジア主義が「非」西洋という否定的定義によってアラブ諸国やインドまでをも含んでいたなら、一九九〇年初頭のアジアは東・東南アジアの新興経済地域に限られ、二〇世紀終わりにはさらに香港、台湾、韓国という東アジアの近代的資本主義地域に集中しようとしている。(13)

興味深いのは、「日本の文化的共鳴感、想像力をかき立てるアジアの地理的範囲」がもっとも縮まった九〇年代後半に、同じく「資本主義的消費・ポピュラー文化を主な共通項」としながらも、まったく逆の方向から「アジア」の地理的範囲を広げていく巨大な動きが巻き起こったことである。「韓流」と名付けられたその文化現象が形成・拡張した九〇年代後半からの一〇年間は、日韓のポピュラー音楽史が「日韓」ではなく、「東アジア」の文脈で初めて交錯した時期でもあった。

2　東アジアの韓流とK－POPアイドル第一世代――H.O.T.の衝撃

中国語圏の「韓流」

「韓流」は、中国および中国語圏コミュニティにおける韓国ポピュラー文化のブーム現象を指す言葉として生まれた。

中国で韓国のテレビドラマや音楽の人気が急速に高まったのは一九九〇年代後半である。一九九七年に、テレビドラマ『愛がなんだ（사랑이 뭐길래）』（韓国では一九九一～一九九二年に放送）が中国の中央国営TV（CCTV）で放送され、中国テレビドラマ史上二位の四・二％の視聴率（一位は四・五％）を叩き出したのがその出発点であった。(14) 火がついた韓国文化への関心は、若者世代によって一気に韓国ポップへと広がっていった。中国の若者は、ダンス音楽グループClon（クローン）、女性アイドルグループBaby V.O.X（ベイビーボックス）、男性アイドルグループNRGなどのパフォーマンスとファッションを、ヒップなトレンドとして受け入れた。トレンディドラマ『星は私の胸に（별은 내 가슴에）』とその主人公である俳優兼バラード歌手アン・ジェウク（안재욱）の爆発的な人気にともない、文化市場の交流とトレンドの受容・融合が、韓国と中国（および中国語圏コミュニティ）のあいだでリアルタイムで活発化したのである。

そして一九九九年頃になると、中国で「韓流」という言葉が使われはじめる。この言葉の意味とインパクトをもっとも強烈に認識させたのは、アイドルグループH.O.T.（エイチ・オー・ティー）であった。一九九六年に韓国でデビューし、音楽業界を席巻したこの男性五人組アイドルグループは、一九九八年、中国で韓国歌手としては初の正式出版経路によるアルバムを発売する。[15] 彼らは爆発的な人気となり、二〇〇〇年二月に開かれたこれもまた同様に韓国歌手としては初の単独コンサートで、一万二〇〇〇席の三回公演、つまり三万六〇〇〇席を即完売させ、韓国と中国両方の音楽業界とメディアに衝撃を与えた。「韓流」という言葉は、『北京青年報』が書いた「クローンに熱狂した一群の「韓流」マニアの手には、今はH.O.T.の広報チラシでいっぱいだ」という記事が初出とされている。[16] この言葉の意味には、単にH.O.T.の音楽を消費するだけではなく、そのスタイルを中国の若者たちが積極的に受容し、自分たちの文化として表現していた当時の雰囲気も含まれていた。その熱気は、中国政府に危機感を抱かせるほどであった。[17]

ここで注目したいのは、中国語コミュニティで「韓流」を巻き起こしたのが、いまは「K－POPアイドル第一世代」とも呼ばれるアイドルグループだということである。

そもそもポピュラー音楽において、「アイドル」の産業・文化は、五〇～六〇年代のアメリカで流行した「ティーンポップ」「ガールポップ」「ガールグループ」にその起源をもつ。それをアジアでもっとも早く受け入れ、独自のスタイルを確立したのは日本であった。六〇年代に誕生し、七〇年代を通して主流化した日本のアイドル・ポップは、八〇年代の黄金時代を経て、九〇年代以降の「J－POP市場」においても重要な役割を担っていく。

韓国のアイドルグループ、つまり「韓国型アイドル」は、こうしたアメリカと日本の「アイドル」の形式とスタイルが、異種混淆的な「韓国ポップ」の文脈のなかで受容・融合されてできたものであった。それは、「文化開放」からH.O.T.が生まれるまでの一〇年間に出てきたアイドルたちをみれば明らかである。マイケル・ジャクソンやマドンナを典型とする「歌って踊れる」アイドル、「韓国語ラップ」

を身につけたヒップホップアイドル、R&Bのバラードを歌うアメリカ帰りのアイドルグループ、日本のアイドルグループを模倣したソロとグループ、言語の壁を超えて人気を集めた香港のアイドル的歌手――「韓国型アイドル」の音楽と産業、文化は、アメリカと日本、東アジアで流行するあらゆるトレンドを貪欲に吸収して生まれた。

「韓国型アイドル」の完成形

H.O.T.は、まさにその異種混淆の産物であった。強烈な「韓国語ラップ」とR&Bスタイルの歌唱、ヒップホップに基づいた激しい集団ダンス（カルグンム）と華麗なヴィジュアル、そしてインターネット空間と現実空間を横断しながら拡散したトランスナショナルなファンダムは、一九八〇年代から九〇年代前半にかけて形成された「韓国型アイドル」の一つの完成形であると同時に、新たなトレンドをリードしていく「K－POPアイドル」の原点でもあった。

ここで、次のような疑問が生じる。市場改革とともに開放された中国をはじめとする東アジアの大衆のあいだでブームを起こしたのは、なぜ韓国のアイドルグループであったのか。日本のジャニーズアイドル・少年隊を模倣したソバンチャが韓国初のアイドルグループとしてデビューした二年後の一九八九年、台湾でも少年隊を参照した小虎隊（シャオフードゥイ）がデビューしたことを思い出してみよう。この事例からもわかるように、もとより東アジアのアイドルのモデルになったのは、日本のアイドルであった。しかも一九九〇年代は、木村拓哉などのアイドル出演の日本のトレンディドラマが大流行し、東アジアの若者たちの新たな文化的想像力にも大きな影響を与えていた時期である。それにもかかわらず、なぜブームを起こしたのは、あらゆる面で先んじていた日本のアイドルグループではなかったのか。

もちろんそれはさまざまな条件と要素が複雑に作用した結果であるが、本書でみてきた文脈で言えるのは、一九九〇年代にアジアとの新たな出会いを試みた日本の音楽業界が直面した「産業構造」「トレンド」「感性」の壁を、H.O.T. は乗り越えられたということであろう。

まず、「産業構造」の壁については、当時アジアで二番目に大きな音楽市場に成長したとはいえ、日本と比べると圧倒的な格差をみせていた韓国の音楽業界が、東アジア諸国との新たな出会いを「リスク」として捉える理由がなかったことを推測するのは難しくないであろう。

むしろ、それまで数十年間、日本などの外国文化の「輸入」をめぐってつねに危機感をもってきた韓国社会にとって、自国文化の「輸出」は、新たな「産業構造」をつくり出す絶好の機会であった。それは、文化産業に対する国の態度と認識にも表れていた。韓国が「先進国クラブ」ともいわれるOECD（経済協力開発機構）に加盟した一九九六年前後から「文化産業」は国の主な未来産業として掲げられていたし、一九九七年に勃発したタイ発の「アジア通貨危機（IMF危機）」は、そのプロセスを現実の課題として加速させた。一九九八年に実施された「日本大衆文化開放」も、「日韓関係」の変化だけでなく、こうした「文化産業」をめぐる態度と認識の変化の表れでもあった。

しかし、「韓流」ブームを巻き起こしたもっとも大きな要因は、東アジアの大衆と韓国ポップの欲望が合致したことであった。「韓流」の言葉を初めて使った先述の『北京青年報』の記事で、「東洋文化と西洋文化がともに流行する今、流行可能なものはすべてがブームになるようだ[18]」と書かれたように、当時中国の若者は、欧米とアジアを問わずヒップで新しい文化を貪欲に求めていた。その欲望は、韓国アイドルが生まれる過程で増大した韓国の生産・消費主体の欲望とまさに重なり合っていた。そこに、日本にとって一つの壁となっていた「日本／アジア」のような二項対立的関係や「アメリカ－日本－アジア」の序列からなる認識は存在していなかった。インターネットなどの新しいメディア・プラットフォームと連動して、韓国のアイドルが媒介するトレンドと感性が、大衆の欲望とともに変化・拡張していったのである。

3　K－POPアイドルの世界観――日本のアイドルと比較して

ポップ史における「アイドル」の系譜

ならば、H.O.T.から始まる「K－POPアイドル」の形式とスタイル、世界観は、九〇年代まで東アジアのアイドル文化を主導していた「日本のアイドル」といかに異なるのか。K－POPアイドルは、なぜ「韓流」という巨大な文化現象を起こせたのか。

それを問う前に、「K－POPアイドル」がそれまでのどのような「モデル」を受容・融合しながら形成したのかについて考えてみよう。K－POPアイドルの音楽と形式、スタイルを「ポップ」の歴史のうえに位置付けると、そこには先立って形成した三つの「アイドル」がみえてくる。

一つ目は、ガールグループのシュプリームス、ボーイバンドのジャクソン5などのアイドルグループを輩出した「モータウン（Motown）」である。モータウンは、一九五九年にアメリカ・デトロイトに設立され、全盛期の六〇~七〇年代を通してアイドルの「スターシステム」を確立しながら、ソウルミュージックやR&Bを世界音楽市場のメインストリームへ送り込んだレコードレーベルである。その音楽制作システムの特徴は、「ヒット曲」に焦点を当てたプロデューサー、作詞・作曲家、演奏者（セッション）、歌手／パフォーマーによる徹底した分業システムにある。

そのシステムは、デトロイトの自動車業界から始まった「フォーディズム」がそうであったように、アイドルのみならず、現代のポップ界に多大な影響を及ぼした。[19] 韓国の音楽学者イ・ギュタクは、「レーベル性を重視した専属作曲家制度」「工場分業システムと強いレーベル性の共存」「ナショナル・アイデンティティとグローバル性の共存」を、モータウンとK－POPの類似性として取り上げている。[20]

二つ目は、一九八六年にデビューした五人組ボーイバンドのニュー・キッズ・オン・ザ・ブロックをはじめとする、ほぼリアルタイムで世界的に流行したアメリカのアイドルグループである。十代が新たな消費主体として浮上した八〇年代後半から九〇年代前半まで、アイドル・ポップは、音楽市場のトレンドを主導した。一九八九年に「SMエンタテインメント」の前身である「SM企画」を設立したイ・スマン（이수만）は、韓国でも人気を集めたニュー・キッズ・オン・ザ・ブロックを積極的に参照した。韓国の文化研究者のイ・ドンヨンは、H.O.T. はそのベンチマークの産物であると主張する。[21]

最後に、日本の「ジャニーズアイドル」である。第5章で述べたとおり、韓国においては一九八〇年代後半に「アイドルグループ」の形式が導入された。一九八七年にデビューした韓国発アイドルグループのソバンチャが少年隊を参照・模倣して以来、ジャニーズアイドルはもっとも重要なモデルであった。ソバンチャ以外にも、一九九〇年にデビューしたボーイバンド Yacha がジャニーズの光GENJIを模倣するなど、さまざまな受容と融合が初期のアイドル文化を構成した。

九〇年代後半の「K－POPアイドル」形成の過程においても、SMなどの韓国の音楽事務所は、育成システム、メディア戦略、ファン・マーケティングなどのマネージメント面で、ジャニーズ・システムを受け入れた。「ジャニーズ Jr.」のような育成システム（練習生）を設け、レーベル内のグループ間の（先輩・後輩の）「系譜」を築くことで、各グループは安定的なファンダムを確保し、レーベルはブランド力を高める。その循環システムのなかで、グループ内のメンバーの個性を活かした多様な芸能活動をおこなう。K－POPに定着したこうしたマネージメントは、ジャニーズ・システムの影響を強く受けたものであった。

K－POPアイドルの特異性

この三つのモデルを並べてみると、「K－POPアイドル」がいかに多様な「アイドル」をモデルにし、貪欲に受容・融合したのかがわかる。しかし一方で注目しなければならないのは、「K－POPアイドル」とこの日米のモデルとのあいだの差異である。

そもそもモータウンのシステムを「アイドル」の枠組みのみで捉えるには無理がある。シュプリームスのリードボーカルからソロに転じたダイアナ・ロスや、スティーヴィー・ワンダー、マーヴィン・ゲイなど、いまやモータウンの象徴として記憶されているミュージシャンは、いずれも「モータウンシステム」をむしろ壊すことで生まれている。「K－POPアイドル」が、「アイドルグループ」の形式とシステムを強化することで拡張してきた事実を考えれば、そのあいだには明確な隔たりが存在するのである。

また、ニュー・キッズ・オン・ザ・ブロックのような八〇年代後半〜九〇年代の英米のアイドルグループとは、スタイルの面で大きな違いをもつ。たとえば、ニュー・キッズ・オン・ザ・ブロックとH.O.T.の場合、五人による息を合わせたダンス・パフォーマンスが両者の共通点としてよく取り上げられるが、前者はボーカル・グループとしての性格を、後者はダンス・グループとしての性格を強くもっていたため、志向する音楽もパフォーマンスのスタイルも大きく異なっていた。両者の類似性は、プロデューサーのモーリス・スターとイ・スマンによるマネージメント、熱狂的な十代ファンダムが音楽産業に与えた影響力など、舞台の外側の部分においてより顕著に現れていた。

ジャニーズアイドルとのあいだでも、根本的な方向性と世界観に大きな隔たりがある。ジャニーズ事務所の初代グループである四人組男性アイドルグループ・ジャニーズがデビューしたのは、ジャニーズ事務所が設立されたのと同じ一九六二年。社会学者の周東美材《しゅうとうよしき》は、「ジャニーズが芸能界のなかで革新的だったのは、歌って踊れる少年グループとして売り出されたことに加えて、アマチュア性を売りにしたことだった」と述べている。設立者の「ジャニー喜多川がアマチュアにはプロの芸能人にはない良さがあると信じていたから」というのがその理由であるという(22)。

それに比べ、K－POPアイドルの場合、同じく「歌って踊れる少年グループ」ではあるものの、最初から「歌」と「踊り」両方において、徹底して「プロフェッショナル性」を強く意識していた。それは、アイドルを生み出す側だけでなく、それを消費する側からも求められるものであった。また、SMがH.O.T.の次に世に出したのがガールグループS.E.S.であったように、K－POP事務所は、ボーイバンドに特化したジャニーズとは異なる道を歩んでいった。レーベル内にボーイバンドとガールグループが共存する場合、ファンダム間の葛藤が生じやすいなど、安定性の側面ではリスクが高いが、その分、レーベルとしての拡張性・多様性も増す。つまり、マネージメントの側面以外では、「アイドル」としてのあり方が大きく異なっていたのである。

こうして三つの「モデル」との類似性と差異を検討したのは、「K－POPアイドル」と「日本のアイドル」を一対一で単純に比較するのはそもそも不可能であること、そして、本書で扱う「アイドル」は、世界のなかでもとりわけ「日米韓」のあいだでおこなわれてきた複雑な受容と融合の産物であることを確認するためである。そのうえで、「K－POPアイドル第一世代」が、どのように独自の形式とスタイル、世界観を築いたのかを、日本のアイドルとの比較的視座から考えてみたい。

ヒップホップの導入

「K－POPアイドルは日本のアイドルといかに異なるのか」という問いに戻ろう。その答えは、まずその音楽とパフォーマンスのスタイルに尽きるであろう。そのなかでも「ヒップホップ」を取り入れたのは、「J」と「K」のもっとも大きな分かれ道の一つであった。

それは単に、ジャンルとしてのヒップホップを導入したことだけを意味しない。そもそも、ヒップホップというジャンルでいえば、日本ではやくも八〇年代後半からヒップホップが導入されていた。九〇年代は、いまも「日本のヒップホップが一番良かった時期」[23]として記憶されている。じっさい、日本初のラップ専門レーベル、メジャー・フォースが設立されたのは一九八八年である。一九九四年にはEAST END × YURIの「DA.YO.NE」がヒップホップ初のミリオンセラーを記録し、「日本語ラップ」を大衆化させている。その流れは九〇年代後半にDragon Ashやm-floによってさらに広がっていった。

しかし、三人組アイドルグループのシブがき隊の「スシ食いねェ!」(一九八六年)がヒップホップの影響を強く受けたとされる以外[24]、ヒップホップという音楽と文化がアイドル音楽に融合されることはなかった。そこには、日本のヒップホップが、韓国の「ソテジ現象」のような、音楽とスタイルの導入以上の社会への介入と市場カテゴリーの再編を導くムーブメントまでには至らなかったことや、ジャニーズが音楽的にも文化的にも強固なカテゴリーを構築し、ヒップホップのような新たなムーブメントを受け入れる必要がなかったことなど、さまざまな背景があった。一方、韓国においては、K－POP第一世代のヒップホップの導入によって、「アイドル」という「認識＝カテゴリー」そのものが「ブラックミュージック」の方に移動し、日本のアイドルとはまったく異なる感性とスタイルをもつようになっていった。

さらにいえばそれは、単に「韓国語ラップ」とヒップホップ・ダンスを実践することを超え、アメリカン・ポップに内在する「黒人的なもの」を体現することでもあった。イギリスの音楽学者サイモン・フリスによれば、一九世紀以来、西洋ポピュラー音楽を特徴づけてきたブラックミュージックの形式やスタイルは、一九五〇〜六〇年代にリズム&ブルース（R&B）が若者の音楽に衝撃を与えたように、ヒップなミュージシャンや新世代の聴衆が登場するたびに再発見されてきたという。そのなかで「黒人的なもの」は、さまざまな相互作用と融合にもかかわらず、黒人／白人の社会階層や「ロック＝白人の音楽」「R&B＝黒人の音楽」のようなジャンル認識とともに、つねに固定化され、再生産されつづけてきた[25]。

だとすれば、韓国アイドルは、欧米以外の地域でブラックミュージックの形式とスタイルを吸収し、「黒人的なもの」を「アメリカ的なもの」として体現した初めての存在といっても過言ではないであろう。この関係性について、アメリカの音楽学者クリスタル・アンダーソンは、K－POPの形成・変容過程を「戦後イギリスのブラックミュージック」のような、「グローバルなR&B伝統」のうえに位置付けている。「一九九〇年代韓国社会のグローバル化への欲望と、韓国と海外の音楽、とりわけアメリカのブラックミュージックが融合した混淆性を通じて浮上した韓国ポピュラー音楽の一様式」であるK－POPが、「R&Bの伝統」を拡張・強化させてきたという主張である[26]。

この主張は、K－POPを「K」と「POP」を媒介する「メディア」として捉えた筆者の議論にも接続できる。拙著『K－POP――新感覚のメディア』に書いたとおり、K－POPは、韓国にとってグローバルな感覚をもつサウンドとスタイルを求めようとする「K（韓国的なもの）」の欲望の表れであると同時に、世界における新しいスタイルと表現、感性を発見し、拡張＝進化してきた「POP」の欲望の表れでもある。(27)

社会批判的アイドル

じっさい、韓国ポップと「黒人的なもの」との深い関係性は、日韓の音楽的差異が明確に表れはじめた一九九〇年代前半から、ヒョン・ジニョン（현진영）、ソテジワアイドゥル、DEUX（デュース）などを通じて受け継がれ、「韓国型アイドル」の形式とスタイルを構成する重要な要素になっていった。音楽とパフォーマンスのスタイルだけではない。ソテジワアイドゥルが「韓国語ラップ」で体現していた、政治的かつ社会的「ムーブメント」と文化的な「エンターテインメント」が交錯することで表れる「黒人的なもの」も同時に受け継がれた。

韓国ポップとブラックミュージック両方の「伝統」は、H.O.T.の音楽に明確に表れていた。H.O.T.は、韓国語ラップとR&Bスタイルの歌唱法、ヒップホップ・ダンスを通じて「韓国型アイドル」の形式とスタイルを確立すると同時に、社会的メッセージを含んだ歌詞と挑発的なパフォーマンスを通じて、社会や現実と関わりをもつ「韓国型アイドル」の「かたち」を完成させた。学校内暴力を告発したデビュー曲「戦士の末裔」（一九九六年）や、大人世代への抵抗と挑戦を訴えた「We are the future」（一九九七年）、そして青少年修練施設・シーランド修練院の火災事故による犠牲者への悼みと社会への批判を歌った「I Yah!（アイヤー！）」（一九九九年）は、いずれもミリオンセラーを記録したアルバムのタイトル曲である。

こうした「K－POPアイドル」の感性は、H.O.T. に続いてデビューしたアイドルグループにも踏襲されていった。たとえば、一九九九年にデビューした男性五人組アイドルグループgod（ジー・オー・ディー）は、アジア通貨危機以降の貧困と格差を歌ったR＆Bスタイルのタイトル曲「To Mother」（一九九九年）をヒットさせている。また、一九九八年に四人組アイドルグループ ITYM（ウォンタイム）は、「ヒップホップグループ」を掲げながら、自分たちこそ「本物のヒップホップミュージシャン」であると宣言し、「アイドル」という「認識＝カテゴリー」の幅を広げた。

三大事務所の誕生

H.O.T. の成功後、SMからは三人組女性アイドル S.E.S.（一九九七年）、六人組男性アイドルの神話《シンファ》（一九九八年）、アイドルデュオのフライ・トゥ・ザ・スカイ（一九九九年）が次つぎとデビューを果たした。これらのグループは、音楽スタイルや歌唱法はもちろん、パフォーマンスやルックス、ミュージックビデオの演出に至るまで、SMの「アイデンティティ」を強く保持しながら、「K－POP」そのものの形式とスタイルを確立した。

しかしここで注目したいのは、K－POP業界が決して「SM一極化」に至らず、早くも「競争体制」に突入したことである。SMとともに後に「三大事務所」と呼ばれるようになる「JYPエンターテインメント」と「YGエンターテインメント」も、ともにH.O.T. がデビューした一九九六年に設立された。一九九四年にデビューし、トップ・ミュージシャンとして活動したJ. Y. Park（박진영）がJYPの設立者であり、ソテジワアイドゥルのメンバーとして活躍したヤン・ヒョンソク（양현석）がYG

の設立者である。先述したgod（JYP）とIТYM（YG）を世に出した二社以外にも、さまざまな音楽事務所が「SM」とは差別化されたアイドルグループをつくり出し、激しい競争を繰り広げた。Sechs Kies（ジェクスキス）、Fin.K.L、NRG、Baby V.O.X、太四子《テサジャ》など、東アジアの「韓流」を主導した「K－POPアイドル第一世代」である。K－POPのグローバル化を語るさいに、多くの論者が一九九七年末の「アジア通貨危機」に単純に結びつける傾向があるが、K－POPのかたちと方向性、そしてグローバル化への欲望は、すでにその前から確立していたのである。

三大事務所を中心とした競争体制が重要なのは、それがK－POPの「体質」をつくっていくうえできわめて大きな影響を与えたからである。SMとJYP、YGの三社のアイドルグループを比較すると、その音楽とスタイル、世界観において明確な差異がみえてくる。マネージメントの方式も、メディア戦略も、ファンダムの性格も大きく異なる。同時にみえてくるのは、そこでつねに存在する産業的・社会的テンションである。K－POP業界の内側だけではない。それまで韓国の音楽市場を主導していたマスメディアからの牽制、「韓流」を通じてその価値に目覚めた政治・経済界からの介入、「アイドル」をめぐる社会の偏見、ポピュラー音楽の周辺国であった韓国音楽の躍進に対する海外メディアからの（疑問に満ちた）まなざし、急速に拡大する海外のファンダムの影響力など、ある特定の音楽事務所が過剰な権力を握ることを許さない「欲望と抑圧の構造」が、はやくも九〇年代後半には完成しつつあったのである。その構造は、二〇〇九年に起きた東方神起の契約問題を含め[28]、K－POP業界が転換点を迎えるたびに、特定の事務所だけの慣例と権力を許さない力として作用しつづけていく。

「Ｋ－ＰＯＰ第一世代」と日本

こうして、アメリカの制作システム、日本のマネージメント・システムを受け入れつつも、黒人的なものを体現した韓国ポップを受け継いだ、日本とはまったく異なる方向性や「欲望と抑圧の構造」をもつ「Ｋ－ＰＯＰアイドル」が誕生した。ジャニーズ・アイドルで代表される「日本型アイドル」が安定的であるが拡張性に欠けるアイドルの地位を確立したことに対し、この「韓国型アイドル」は拡張的であるが安定性に欠けるアイドルの道を歩んでいく。

九〇年代後半の日本の音楽業界と大衆にとって、このような「Ｋ－ＰＯＰアイドル」は、「〇人組」という「形式」以外は、そのほとんどの要素があまりにも異質であった。ブラックミュージックの音楽スタイルと韓国語ラップ、激しいダンスパフォーマンスはいうまでもなく、若者としての「闘争的態度」を前面に出すその感性は、日本における「アイドル」という認識枠と表現の範囲をはるかに越えていたのである。結局、九〇年代前半のソテジワアイドゥル同様、九〇年代後半の日本で、「韓国型アイドル」が大きなインパクトを与えることはなかった。

そのズレは、結局「韓流」現象において顕在化した。日本では受容されなかった「Ｋ－ＰＯＰアイドル第一世代」が巻き起こした東アジアの「韓流」は、九〇年代前半までの日本が想像していた「東京を中心とした東アジア音楽のグローバル化」のあり方とはまったく様相を異にしていたからである。日本が独占していた文化ヘゲモニーは分散され、東アジアの新たな生産・消費主体がトレンドと感性を主導する時代に突入したことを意味した「東アジアの韓流」は、しかしその後、日本における大きな変化につながる。二〇〇〇年代に入り、日本の新たな生産・消費主体が「日本の韓流」を主導することで、グローバル化の壁でもあった「日本文化」の強固な境界線[29]と「日本／アジア」という二項対立構造を壊し、

「トランスナショナルな異種混淆」と「グローバルな想像」を経験しはじめることになるからである。その経験とは、「K-POPアイドル」を創造した生産・消費主体の「グローバル（世界）」への強い欲望を共有し、自らそのなかに積極的に参加することであった。[30]

4　欲望の共有――SMとエイベックスの協業

S.E.S. の日本進出

東アジアで巻き起こった「韓流」は、ポピュラー音楽をめぐる「日韓」のあり方にも大きな影響を及ぼした。それぞれ異なる立場から「韓流」の衝撃を経験した両国の音楽業界が、積極的な協業に乗り出したのである。その先頭に立っていたのが、韓国のSMエンタテインメントと日本のエイベックスである。

「韓国型アイドル」が中国語圏で「韓流」を拡散させていたちょうどその頃、SMは同時に「日本進出」を図っていた。一九九〇年代前半からさまざまな韓国ポップのミュージシャンが日本の市場に挑みつづけたことを考えれば、より重要な目的地はむしろ日本の方であった。「日本を拠点に東南アジア市場に進出する」[31]というSMの「ロードマップ」を掲げながら日本に進出したのは、一九九七年のデビューと同時に韓国のトップアイドルに躍り出た三人組ガールグループS.E.S. である。S.E.S. の日本進出は、日本のレコード会社VAP、マネージメント会社スカイプラニングとの協業によるものであった。

一九九九年に日本デビューを果たしたS.E.S. は、タイトルシングル「めぐりあう世界」（図6-1）がオリコンチャート三七位に達するなど一定のファンを獲得したものの、大きな成果は上げられず、日本

図6－1　S.E.S.の日本デビューシングル（VAP）

における韓国音楽に対する「認識＝カテゴリー」を変えるまでは至らなかった。むしろ、韓国の音楽業界・メディアでは、日本と韓国の「格差」を示した失敗事例として受け止められていた。

じっさい、S.E.S.を日本に送り込んだSM代表のイ・スマンは、当時の日本の音楽業界にあった強固な「認識＝カテゴリー」を意識しすぎたことが、失敗の原因であったと振り返っている。韓国でヒットしたデビュー曲「I am Your Girl」の代わりに日本人作曲家が提供した「J－POP」の歌でデビューしたのも、「韓国では成功しても日本では通用しないから」という日本側からの要望を受け入れた結果であったという。(32)

しかし、「韓流」が東アジアに与えた衝撃が、その認識を根本的に変えた。「韓流スター」S.E.S.が日本以外の東アジアで獲得した人気は、日本における失敗が、日韓の格差ではなく、差異によるものであるという「認識の転換」を導いた。「韓国で成功した音楽が東アジアで通用する」とわかったのである。「韓流」という「認識＝カテゴリー」を生み出した東アジアの巨大な音楽市場と、韓国ポップの音楽（家）の成果と経験が、音楽市場の規模では依然大きな差を保っていた「古い日韓」の認識を劇的に変化させた。

そして、日韓の対等な協業システムが始まった。二〇〇〇年一一月、SMが日本のエイベックスと契約を結んだのである。(33)

エイベックスの思惑と事情

エイベックスは、一九八八年に輸入レコードの卸販売業エイベックス・ディー・ディー株式会社として出発した。一九九〇年に自社レーベル avex trax を立ち上げた若い音楽企業でありながら[34]、音楽プロデューサー小室哲哉が手がけたいわゆる「小室系」のダンスミュージックで次つぎとチャートを席巻し、好況だった九〇年代のJ‐POP市場を牽引するまで急成長した巨大企業でもあった。

その影響力の大きさは、「日本ゴールドディスク大賞」の受賞数にみてとれる。小室哲哉プロデュースの五人組ダンス&ボーカルグループTRFがシングルとアルバムあわせてそれぞれ約七四五万枚、約九〇一万枚の売上を記録し、一九九五年（第一〇回）と一九九六年（第一一回）の大賞を受賞、一九九七年には安室奈美恵が約八九三万枚の売上で大賞を受賞した。ほかにも、globe、H Jungle with t、華原朋美、鈴木あみによる数々のミリオンセラーがエイベックスから生まれた[35]。こうしたダンスミュージックに特化したエイベックスのノウハウとJ‐POP市場における絶大な影響力は、韓国でSMが築き上げたノウハウと影響力に相応するものであった。

一方で、両社の連携にはエイベックスのニーズも大きく反映されていた。二〇〇〇年前後は、エイベックスはもちろん、J‐POP業界全体に新たな地殻変動が起こりはじめた時期であった。まず、バブル崩壊後のデフレという厳しい経済情勢やインターネットの登場により、国内のCD市場が急速に萎縮しはじめていた。一九九八年に史上最高の四億八〇一八万枚・巻を記録したオーディオレコードの生産数は、三年連続でマイナス成長に転じ、二〇〇一年には一億枚減少の三億八五〇八万枚にまで落ち込んだ[36]。一九九一年に五一〇名にのぼっていた国内デビュー歌手の数も、二〇〇一年には一三二名にまで激減していた[37]。

さらに、エイベックス側からしても、新規事業にチャレンジする必要に迫られていた。その理由の一つが「小室時代」の終焉である。一五歳でデビューした宇多田ヒカルがファーストアルバム『First Love』で社会現象を起こした一九九八年以降、小室系の音楽はＪ－ＰＯＰの新たな方向性から外れはじめていた。二〇〇〇年代前半だけで三回（二〇〇一、二〇〇二、二〇〇四年）にわたって「日本ゴールドディスク大賞」を受賞する浜崎あゆみがエイベックスの影響力を維持させてはいたものの、「Ｊ－ＰＯＰ一極化」の市場が萎縮していくなかで、音楽の多様化による市場の拡大、とりわけ海外進出はエイベックスにとっても至上命題だったのである。

もちろん、本書でもみてきたように、それ以前に日韓の協業がなかったわけではない。七〇～八〇年代の韓国歌手の日本進出もある種の日韓の協業によるものであり、九〇年代にも韓国のサムファプロダクションと日本のポニーキャニオンが提携したＳＡＭＰＯＮＹも日韓合作の重要な経験であった。しかしＳＭとエイベックスの協業がそれらの経験と異なるのは、その連携が両者のノウハウと影響力を対等に結合させるかたちで進められたという点である。両社が同じく十年強の短い歴史のなかでリノベーションを繰り返していた若い企業であったことも指摘しておきたい。それぞれ一九九九年（エイベックス）と二〇〇〇年（ＳＭ）に上場企業となった両社は、日韓の序列関係が明確に作用していた「歌謡曲の時代」を経験していない。

厳密にいえば、日韓の音楽市場はまだ決して「対等」ではなかった。ＳＭとエイベックスが「ＳＭ ＪＡＰＡＮ」を立ち上げた二〇〇一年、日本のレコード売上総額は五二億五三六〇万ドルにのぼり、韓国の二億四八一〇万ドルに圧倒的な差を付けていた。[38]さらに、それまで蓄積されたノウハウと技術、環境とシステムを考えれば、そもそも音楽産業の有意味な比較は成立しない時代であった。音楽関連データにおいても、「オリコンチャート」による集計が一九六八年に始まった日本に対し、韓国でレコード売上の公式集計が始まったのは、一九九八年のことである。[39]

それにもかかわらず、SMとエイベックスの対等な協業が可能であったのはなぜか。その理由は、東アジアにおける「韓流」現象に見出すことができよう。J-POP業界は、九〇年代を通して東アジアで一定以上のファン層を保っていながらも、市場のレベルではつねに伸び悩んでいた。じっさい、日本の国内市場で三億五三〇〇万枚のレコード（シングル・LP・テープ・CD）売上があった二〇〇一年に、日本がアジアに輸出したCD枚数は、もっとも多かったのが香港の二七四・三万枚で、それ以外は台湾三三・八万枚、シンガポール九・三万枚、韓国五万枚、フィリピン二・三万枚、中国九〇〇〇枚、タイ四〇〇〇枚程度にとどまっていた。[40]

そのなかで、アジアの大衆から爆発的な人気を得た韓国音楽産業の経験とノウハウは、アジアでもっとも先進的なシステムと市場規模をもった日本の音楽業界にとっても魅力的に映った。当時のエイベックス会長の依田《よだ》巽《たつみ》は、「韓国のダンスミュージックがアジアで爆発的な人気を得ており、SMエンタテインメントの創造力とエイベックスの国際的ネットワークが合作したらその相乗効果は大きい」[41]と述べている。

両社の連携は、それぞれの長所を最大限に活かして役割を分担するかたちで進められた。日本の市場においては、SMが歌手の発掘とトレーニングを、エイベックスがレコード制作とマーケティングを担った。アジア市場に向けては、韓流の影響力がもっとも大きく、J-POPの流入に否定的であった中国市場をSMが担当し、中国以外のアジア市場をエイベックスが担当した。[42]つまり、「日本の市場に進出したい」というSMの欲望と「アジア市場を拡大したい」というエイベックスの欲望を合致させ、この画期的連携を可能にしたのは、「韓流」という、日韓いずれもが初めて経験する歴史的出来事だったのである。

「K－POP」という言葉も、この連携から生まれた。二〇〇一年六月に、神話、S.E.S.、フライ・トゥ・ザ・スカイ、H.O.T.といった歴代のSMエンタテインメント所属アイドルの曲を集めたコンピレーションアルバム『K－POP一〇〇％』が日本で発売されたのである。二〇〇二年にはH.O.T.単独の「ベストアルバム」も発売された（図6－2）。

図6－2　2002年に発売されたH.O.T.の日本盤ベストアルバム（avex trax）

SMとエイベックスの協業は、九〇年代後半には「韓流」現象から離れていた日本の音楽業界と大衆が、日本の文脈において新たな「韓流」の流れを作り出す出発点でもあった。それを証明するかのように、両社は、すぐさまその成果を世に出した。

5　BoAから始まる日本のK－POP史

日韓が生んだスター

「K－POP」と呼ばれるポピュラー音楽・産業・文化が「誕生」したのはいつ、どこで、誰によってなのか。こう問うたとき、その答えは、決して一人のミュージシャン、一つの瞬間、単一の場所だけで説明できるものではない。特定のムーブメントがもつ「時代性」は、さまざまな場所と主体を結びつける「過程」として生まれるからである。

K－POPが誕生した「過程」について、本書ではすでに二つの転換点をみてきた。まず、一九九二年にデビューしたソテジワアイドゥルによる「韓国語ラップ」の確立。この出来事は、民主化以降の韓国社会に亀裂を生じさせながら、音楽に投影され、音楽が媒介する欲望の方向性を「現代」へと変えた。次にみたのは一九九六年にデビューしたH.O.T.が巻き起こした東アジアの「韓流」である。九〇年代を通して民主化と市場開放、さらには「アジア通貨危機」をともに経験した東アジア大衆を中心にしたこの現象は、新たに形成された東アジア経済共同体がもつ文化的側面を、ポピュラー音楽から実感させるものでもあった。

ソテジワアイドゥルとH.O.T.の事例が、それぞれ「韓国」と「東アジア」という文脈のなかで起こったとするならば、韓国（二〇〇〇年）と日本（二〇〇一年）におけるBoAのデビューは、「日本」、そして「日韓」の文脈で「K－POPの誕生」を告げる出来事であった。

H.O.T.が中国で「韓流」という言葉を生みだしたように、BoAは、「K－POP」という言葉を日本にもたらしたミュージシャンであった。「K－POP」は、BoAが日本で大きな成功を収めた二〇〇二〜二〇〇三年頃、「J」という接頭語に慣れていた日本のメディアによって使われはじめ、二〇〇四年頃に韓国に逆輸入された言葉である。

「K－POP」がJ－POPの相対的な概念として誕生していく過程は、日韓のポピュラー音楽史においても重要な転換点であった。それは、「歌謡曲の時代」以来の日韓の序列関係から脱却したことを意味すると同時に、「日本」と「韓国」の国名では捉えきれない「J」と「K」をめぐる複雑な「POP」の空間が誕生した瞬間であった。BoAの音楽は、日韓両方に新たな時代の感覚を与えた。その「異質な親しさ」とも「親しみやすい異質さ」ともいえる感覚は、いうまでもなく日韓の融合によって生まれた。しかも過去のような一方的な現地化をせず、「韓国型アイドル」特有の歌とダンスのスキルに、K－POPとJ－POPのサウンドとスタイルをあわせた「日韓ハイブリッド型」であり、そこにはSMとエイベックスの綿密な協業と企画が行き届いていた。BoAは、J－POPのカテゴリーに含まれつつも日本では見られないパワフルな歌唱力とダンスで若者を魅了し、H.O.T.やS.E.S.からの「系譜」を受け継ぐ「SMらしさ」と、J－POP的な異質さと洗練さを同時にもったミュージシャンとして日韓、そしてアジアのファンダムを獲得していった。

さらにBoAの成功には、SMとエイベックスの協業システムに基づいた日韓の音楽市場の相互作用が働いていた。二〇〇〇年に韓国でデビューしたBoAのファーストアルバムの売上は約一五万六〇〇〇枚であった。この年は、バラード歌手チョー・ソンモ（조성모）が約二〇〇万枚、アイドルグループg.o.dが約一五〇万枚、ソテジのソロアルバムが約一一一万枚を記録し、BoAのアルバムは年間五〇位を下回っていた。新人としてはまずまずの成績ではあったが、H.O.T.やS.E.S.のようなインパクトを与えるまでは至っていなかった。

しかし、二〇〇二年発売のセカンドアルバムは五四・五万枚まで売上を伸ばしていた。インターネットの普及とデジタル化にともない、CDの売上が激減したこの年、年間四位に位置する大ヒットを飛ばしたのである。(43) スペシャルアルバム（約二六・五万枚）をあわせて二〇〇二年にもっとも多い売上を記録したミュージシャンに躍り出たBoAは、「ソウル歌謡大賞」「SBS歌謡大典」「Mnet Music Video Festival」の大賞をはじめとする、年末の数々の音楽賞を独占した。史上最年少での記録であった。

二〇〇一年と二〇〇二年の「あいだ」には、いうまでもなく日本で収めた大成功があった。韓国デビュー曲でもあった「ID;Peace B」がオリコンチャート初登場一七位に達して以来、次つぎとシングルの順位を上げたのち、ファーストアルバム『LISTEN TO MY HEART』がオリコンチャート初登場一位とミリオンセラーの大ヒットを記録したのである。韓国アイドルとしての長所を活かしつつも、日韓の作曲家による多様な曲を収録し、テレビ番組やＣＭのタイアップを用いた、まさに日韓の協業が導き出した成功であった。

BoAの成功にみる大きな意味

BoAの成功は、チョー・ヨンピルと桂銀淑以降ほぼ閉ざされていた、日本市場における韓国歌手の空間を押し広げたが、「日韓同時進行」という意味では、両国にとって初めての経験でもあった。過去にはなかった「韓国歌手としては初」となる数々の記録がリアルタイムで韓国に伝えられると、現地での人気もさらに高まっていった。日韓を横断する相乗効果は、当時のヒット曲にも顕著に表れている。たとえば、「ID; Peace B」（二〇〇〇年）と「Atlantis Princess」（二〇〇三年）の作曲家は韓国のユ・ヨンジンとファン・ソンジェ（황성제）、日本でヒットした「LISTEN TO MY HEART」（二〇〇二年）と「VALENTI」（二〇〇三年）の作曲を手がけたのは日本の原一博《はらかずひろ》であり、韓国でのヒット曲「No.1」（二〇〇二年）はノルウェーの作曲家Ziggyの作品であった。日韓両国でヒットしたこれらの曲は、日韓それぞれのスタイルの違いを表しつつも、「BoAの音楽」として違和感なく消化され、日韓両国の言葉で紹介された。そのうえで「No.1」は、グローバルな協業システムを本格的に告げるものでもあった。

BoAがリアルタイムで日韓を往来しながら収めた成功は、四つの大きな意味をもつ。

一つ目に、「日本」の文脈では、「Ｋ－ＰＯＰ」という新しい「認識＝カテゴリー」を確立させたことである。BoAのアルバム『LISTEN TO MY HEART』と『VALENTI』が、二〇〇三年の第一七回「日本ゴールドディスク大賞」邦楽部門の〈Rock & Pop album of the year〉をダブル受賞したのは、韓国人歌手としては一九九二年の桂銀淑以来の一一年ぶりのことであった。BoAの受賞は、日韓の音楽的融合がおこなわれるジャンルのカテゴリーが、「演歌」から、「現代日本」の主流ジャンルの「ポップ」に移行したことを意味した。それと同時に、「韓国演歌」を中心に構築されていた「戦後韓国」という他者イメージとナラティブが「現代韓国」に転換したことを意味した。

二つ目に、韓国においても、BoAは一つの「カテゴリー」として「J-POP」の認識を深めたことが挙げられる。数十年間「日本音楽=倭色」といった曖昧な「認識=カテゴリー」が存在していた韓国社会において、「倭色」を感じさせないJ-POP的な要素を自由に表現するBoAの音楽は、「日本的なもの」のイメージをより身近に感じさせた。また、音楽業界において、日韓の序列関係に依存した従来の「日本進出」や、「禁止」の裏側でおこなっていた「剽窃」とは異なる、対等なかたちでの協業と連携が進められ、その結果としての日韓同時の成功は、日韓の音楽市場の大きな可能性を示した。韓国の音楽業界やメディア、大衆が、アメリカの「ビルボードチャート」を確認するように、日本の「オリコンチャート」をみるようになったのも、このときからである。

さらに日韓両国の文脈において、BoAの成功は、映画『シュリ』のヒット(二〇〇〇年)、「冬のソナタブーム」(二〇〇三年)などとともに、対等な文化的関係を日韓に築かせた「日本の韓流」の出発点にもなった。もちろんその背景には、両政府による「日韓共同宣言」(一九九八年)や、二〇〇二年FIFAワールドカップ共催などの「国際的なイベント」による融和的なムードがあったが、日本の大衆がつくり上げた現象である「韓流」は、国家レベルで規定される「日韓関係」とは異なる次元で展開していったのである。

最後に、BoAの成功は、日韓という「地理的空間」と「認識枠」をどちらも乗り越え、「グローバルなもの」への想像力を与えたことを指摘しておきたい。そもそもBoAのプロジェクトは、日韓だけではなく、最終的にはアメリカ進出を目指していた。じっさい、二〇〇九年に発売されたアメリカデビューアルバムは、ビルボード・アルバムチャート（Billboard 200）の一二七位を獲得し、BoAは韓国人として初めてビルボードメインチャート入りに成功したミュージシャンとして記録されている。それぞれの道で築かれた「J」と「K」がBoAを通じて出会うことによって、ともに「グローバル（世界）」を想像しはじめたのである。

第Ⅲ部　K - POP の時代

第7章 「J－POP解禁」と二〇〇〇年代日韓の軋轢

――CHAGE and ASKA、安室奈美恵、嵐、そして渋谷系

1 「日本大衆文化開放」とCHAGE and ASKAの舞台

開放への道程

日本において「韓流」ブームがK－POPの空間を広げたように、日韓の「二〇〇二年体制」への移行は、韓国においてもJ－POPの市場が正式に開かれる転機となった。

そもそも日本の大衆文化に対する禁止は、一九四五年に植民地から解放される過程において、国内に残っていた日本の文化を排除し、ナショナル・アイデンティティを確立するために始まった。本書で繰り返し述べてきたように、「禁止」の構造が複雑になっていったのは、一九六五年の「日韓国交正常化」以降であった。日韓の政治的・経済的関係が活性化していくなかで、文化、とりわけ大衆文化はつねに曖昧な状態で統制・排除された。同時に、「日本的なもの」を指す「倭色」の意味も「植民地残滓」「文化的侵略」「資本主義文化」などと多様化し、やがては韓国の社会と文化そのものを抑圧する一つの規

律となった。大衆と資本のさまざまな文化的欲望が絡み合いながら、「禁止」は、つねに内側に浸透し、消費される日本の大衆文化を「否認」するメカニズムとして作用した。(1)

禁止されていた日本の大衆文化のなかで、もっとも厄介な対象はポピュラー音楽であったといえよう。サウンドからなる抽象的な「日本的なもの」と、歌詞からなる明確な「日本的なもの」が混在するポピュラー・ソングを禁止すること、もしくはその流入を否認することは、アニメや漫画のような視覚コンテンツと比べて非常に困難である。しかも、世界のさまざまなジャンルが融合する日本のポピュラー音楽から、特定のメロディやサウンドだけを「倭色」として規定するのは、それ自体不可能に近い。そのため、日本のポピュラー音楽が国内に流入していないことを前提とする「禁止」のシステムにおいて、その「倭色」をめぐる曖昧な基準は、多くの場合が韓国国内の歌へと向けられていた。一九六五年に日韓国交正常化を結んだ朴正熙政権下で、第1章で紹介した「トンベクアガシ」などの二五三曲の韓国歌謡が「倭色」を理由に放送禁止曲となったことがそれを裏付ける。(2)

一九九八年から始まった「日本大衆文化開放」の四回にわたる実施は、日本のメディア・大衆文化のなかで、「ポピュラー音楽」がもっとも警戒されていたことを物語っていた（表7－1）。「第一次開放」（一九九八年）の段階ではほぼカテゴリーごと除外されていたポピュラー音楽は、「第二次開放」（一九九九年）では「公演部門」に限って開放され、「日本語歌詞を除いた音盤」が含まれた「第三次開放」（二〇〇〇年）を経て、「第四次開放」（二〇〇四年）にきてようやく「日本語歌唱音盤」を含む全面開放の対象になる。とくに「日本語歌唱」が最後まで規制の対象として残っていたことから、歌謡曲からJ－POPまで、日本の歌が韓国に及ぼす商業的かつ文化的影響に対する警戒がどれほど高かったかを改めて確認できる。

表7－1　段階的日本大衆文化開放（第一次から第四次まで）[3]

開放時期	開放内容
第一次開放 1998年10月20日	1）映画およびビデオ部門 ●四大国際映画祭（カンヌ、ベネチア、ベルリン、アカデミー）受賞作、日韓共同制作映画。 ●韓国映画に日本俳優の出演許可および日韓映画週間開催。 （ビデオとは、開放発表以後国内で上映された日本映画のビデオを指す） 2）出版部門 ●日本語版マンガ、マンガ雑誌。
第二次開放 1999年9月10日	1）映画およびビデオ部門開放拡大 ●公認された国際映画祭の受賞作。 ●我が国の映像等級委員会が「全体観覧可」と認定した映画（ただし、劇場版アニメは除く）。 2）公演部門 ●2000席以下規模の室内での日本大衆歌謡の公演（ただし、食品接客業処での公演と公演実況の放送、音盤およびビデオの製作販売は不可）。
第三次開放 2000年6月27日	1）映画 ●「映像等級委員会」で認定する「12歳観覧可」「15歳観覧可」映画まで追加開放。 ＊18歳未満観覧不可映画のみ未開放。 2）劇場用アニメ ●国際アニメ映画祭を含む各種の国際映画祭受賞作。 3）ビデオ ●国内で上映された映画とアニメのビデオ。 4）大衆歌謡公演 ●室内外区分なく全面開放。 5）音盤 ●日本語歌唱音盤を除くすべての音盤（演奏、第3国語歌唱、韓国語翻案など）。 6）ゲーム ●ビデオゲームを除くあらゆるゲーム（PCゲーム、オンラインゲーム、ゲームセンター用など）。 7）放送 ●媒体区分なく、スポーツ、ドキュメンタリー、報道番組の放送。 ●ケーブルテレビおよび衛星放送の場合、公認された国際映画祭受賞作と国内で公開された全体観覧可映画。
第四次開放 2004年1月1日	1）映画 ●全面開放。 2）レコード ●日本語歌唱のレコードを含む全面開放。 3）ゲーム ●全面開放。 4）ビデオ ●映画および劇場版アニメと連携し、開放の幅を拡大。 5）放送 ●ケーブルテレビ、衛星放送大幅開放、地上波一部開放。 ＊制限の対象 ●大衆歌謡：日本語歌唱のミュージックビデオの地上波放映。 ●ドラマ：地上波では日韓共同制作ドラマに限って開放。 ●すべてのバラエティ番組。 6）劇場版アニメ ●2006年1月1日から全面開放。

表7－1が示しているように、「日本語歌詞のレコード」に対する開放がなされたのは、二〇〇四年の「第四次開放」のときである。それまでの四年間、日本音楽の市場を主導したのは、「インストゥルメンタル」であった。一九九八年一〇月に映画『HANABI』が正式に公開されて以来、『Love Letter』『うなぎ』『鉄道員《ぽっぽや》』『となりのトトロ』などの日本映画がヒットするにつれ、それらの作品で使われた音楽の人気が高まったのも大きな要因であった。日本のインストゥルメンタルがもつ高い完成度と洗練さは、九〇年代末にヤニーやシークレットガーデン、アンドレ・ギャニオンなどが巻き起こした「ニューエイジ・ブーム」と重なり、「歌唱」を楽しむことに特化していた韓国の音楽市場に刺激を与えた。

図7－1　2002年2月のポニーキャニオンの広告[4]。「アシッドジャズ」を筆頭に、久石譲の映画音楽アルバム、深田恭子のピアノコンピレーションアルバム、日本のドラマ主題歌のコンピレーションアルバムなどが紹介されている。

「日本語歌唱」の縛りから自由な日本のミュージシャンたちは、開放のムードのなかで活発な韓国活動を展開した。とくに人気を集めていたのは、倉本裕基、坂本龍一、久石譲であった。彼らは、正式アルバムを次つぎと発売しながら、一九九九年、二〇〇〇年、二〇〇一年と順に来韓公演をおこない、いずれも「芸術の殿堂」の全席を完売させた。一九九九年にアメリカのfacebookよりも五年早くソーシャルメディア・サービスを開始した「サイワールド

（cyworld）」のような韓国国内のインターネットのコミュニティ空間では、ユーザーが彼らの「ニューエイジ音楽」を通じてお互いの感性を表現し合った。その経験は、二〇〇〇年前後の主な文化的記憶として語られていく。

日本の音楽を語ることについても以前とは違う空気が醸成されていた。一九九四年にセルフプロジェクト「TOY」としてデビューして以来、韓国のニューミュージックを主導していたユ・ヒョル（유희열）は、一九九九年の新聞インタビューで坂本龍一からの影響について次のように述べている。

> 彼〔ユ・ヒョル〕はつねに坂本龍一を目指している。映画『ラストエンペラー』から広告音楽まで、プロデューサー・音楽家として活動する坂本を、ユが目指す道を先に歩む音楽的先輩として見倣いたいという。「私はまだ若くて未熟で、推し進めていく底力の足りなさを感じます。電子音楽からクラシックまで多様な幅を広げながらアリのように誠実に、教授〔坂本龍一のニックネーム〕のように真摯に音楽を作る人でいたいです[5]」

以前の韓国社会なら、人気ミュージシャンが「日本の音楽家を尊敬し、多大な影響を受けている」と述べること自体、一種の「タブー」に等しかった。その社会的空気は、禁止と消費が共存する「否認のメカニズム」から生まれたものでもある。「日本大衆文化開放」は、少なくとも若い世代には、それまでの心理的な抑圧や否認する習慣から脱却していく契機となっていた。

図7－2　CHAGE and ASKA 韓国コンサート DVD ジャケット。左はコンサートの様子。

対面するファンとミュージシャン

二〇〇〇年の「第三次開放」による「公演の全面開放」後、日本語歌唱による来韓コンサートのスタートを切ったのは、CHAGE and ASKA であった。一九七九年代にデビューした彼らは、八〇～九〇年代を通して「歌謡曲」と「J－POP」を跨ぎながら最前線に立ちつづけたトップミュージシャンである。一九九二年には日本の音楽市場初となる約一〇一億円の売上を、一九九三年にはそれをさらに上回る約一四六億円の売上を記録し、二年連続で「日本ゴールドディスク大賞」を受賞している。アジアのファンも多く、一九九四年と一九九六年には香港、シンガポール、台湾で、一九九九年には中国北京と上海で「アジアンツアー」を成功させた。一九九二年にエリック・クラプトンの公演でアコースティックサウンドの世界的流行を巻き起こした「MTV Unplugged」の舞台に、一九九六年、アジアのミュージシャンとして初めて上がったのも CHAGE and ASKA であった。彼らの音楽性と影響力、アジアにおける知名度が、日本語歌唱による来韓コンサート第一号に選ばれた理由であった。

CHAGE and ASKA のコンサートは、二〇〇〇年八月二六

〜二七日、ソウルのオリンピック公園体操競技場（現KSPO DOME）でおこなわれた（図7－2）。それまでボン・ジョヴィ（一九九五年）、TOTO（一九九六年）、セリーヌ・ディオン（一九九七年）、エリック・クラプトン（一九九七年）など、世界的ミュージシャンの来韓コンサートが開かれ、東京の武道館のような象徴性をもつ場所であった。

このコンサートは、有力放送局MBCのメインニュースが伝えたように「韓日文化交流の歴史的出来事」[6]であったが、一方では「J－POPへの開放」による効果を把握するバロメーターでもあった。たとえば、観客数一万人中の約五〇〇〇人が日本から駆けつけたファンであることが「チャゲアス特需」と呼ばれ、市場開放による経済効果の可能性をうかがわせた。[7]しかしこのコンサートの意義は、それまで禁止されていたミュージシャンとファンの対面が可能になったことであろう。当時コンサートの様子について、『読売新聞』は次のように伝えている。

コンサートで二人が「やっとやっと韓国のステージに立てました」と叫ぶと、観客から歓声がわき起こった。ASKAさんは、韓国では日本文化に対する制限でステージに立てず、「寂しい気持ちであった」と紹介。「（日韓の過去の）傷跡から目を背けず、一緒に悲しむ世代でありたい」と語り、温かい拍手を受けた。[8]

カタカナで書かれた韓国語で読み上げたASKAのメッセージが、日韓両国で大きく共鳴することはなかった。翌年、「新しい歴史教科書をつくる会」の主導で出版された中学校歴史教科書が文部科学省の教科書検定に合格したことで歴史問題が再燃し、「日韓関係」が再び冷え込んだからである。しかし、

「Ｊ－ＰＯＰ解禁」を、ミュージシャンとファンという歴史を共有する者同士の「出会い」として意味づけたこの舞台は、日韓のポピュラー音楽史を語るうえで、もっとも重要な瞬間の一つとして残った。

2　Ｊ－ＰＯＰ解禁――安室奈美恵と嵐の上陸

許された「日本語歌唱」

CHAGE and ASKAのコンサートから約三年四ヶ月後の二〇〇四年一月一日、韓国の音楽専門ケーブルテレビMnetは、ソウルで開かれたカウントダウンライブ、「Dream of Asia」を生中継した。新年のカウントダウンと同時に歌い出したのは、日本のトップ・バンドＴＵＢＥであった。韓国でも多くのファンをもっていたＴＵＢＥによる一三曲の「日本語歌唱」が、韓国でもっとも影響力のある音楽チャンネルを通じて放送されたのである。

この放送は、「日本語歌唱音盤を含む全面開放」がなされた「第四次開放」に合わせて企画されたイベントであった。二〇〇一年に浮上した歴史教科書問題で中断して以来、二〇〇〇年の第三次開放からすれば四年ぶりとなる「第四次開放」は、一九九八年以降に金大中政権から盧武鉉《ノ・ムヒョン》（노무현）政権にかけて実施された「日本大衆文化開放」の最終措置であった。地上波テレビ放送においてはいくつかの制限が残っていたものの、韓国国内では日本の大衆文化に対する事実上の「全面開放」として受け止められていた。韓国の音楽業界やメディア、Ｊ－ＰＯＰファンにとってＴＵＢＥの歌う「Summer City」は、その「全面開放」を告げる鐘の音だったのである。

「Ｊ－ＰＯＰ解禁」でもっとも関心を集めたミュージシャンは、安室奈美恵であった。韓国ではすでに一九九〇年代後半から安室のファンダムが形成されていた。韓国のメディアも、彼女が日本で巻き起こしたさまざまな社会現象を「アムロ・シンドローム」[9]と呼び、その動向に注目した。日本における彼女の音楽的・社会的影響力をみつめるまなざしには、「J－POP解禁」が韓国の市場と社会に及ぼす影響力に対する期待と不安が入り混じっていた。

図7－3　安室奈美恵シングル・ベストアルバム『LOVE ENHANCED』（韓国盤）

エイベックスと提携を結んでいたSMエンタテインメントが、「J－POP解禁」後の初のJ－POPアルバムとして選択したのは、安室のシングル・ベストアルバム『LOVE ENHANCED』であった（図7－3）。二〇〇四年五月、安室は、三年前にCHAGE and ASKAのコンサートが開かれたオリンピック公園体操競技場で、三日間にわたるコンサートをおこなった。スタッフや大型の舞台装置を日本から運んできたこのコンサートは、「J－POP」そのものを披露する巨大なショーケースにほかならなかった。本番は、初日公演が評判を呼び、二日目以降にさらに観客を動員する異例の展開をみせた。とくに韓国音楽業界の人びとを驚かせたのは、安室の歌とパフォーマンス、バンドの演奏力、舞台の構成までを含む総合的なレベルの高さであった。安室の舞台が与えた衝撃と危機感を伝えた新聞記事は、「アムロ・ショック」という見出しを付けた[10]。

抑圧から解放されるファンたち

こうした大型イベントで始まった「J－POP解禁」は、韓国の音楽市場にあらゆる影響を及ぼした。

まず目立ったのは、アーティストと韓国ファンの直接交流がおこなわれるようになったことであった。その象徴的な出来事となったのは、二〇〇六年七月、ジャニーズのアイドルグループ・嵐を迎えるために約一二〇〇人のファンが仁川《インチョン》空港を埋め尽くし、彼らのヒット曲を歌った光景であった。ほぼ同時に発売された初の韓国盤アルバム『ARASHIC』（図7－4）は、初動一万枚の初日完売、大型レコードショップ・ホットトラックスの週間売上チャート一位を記録した。(11)

ジャニーズアイドルは、すでに八〇年代から一部若者たちのサブカルチャーとして韓国に流入していた。八〇年代に少年隊、光GENJI、近藤真彦の音楽を楽しむための主なメディアが、海賊版カセットテープと雑誌、ビデオテープであったならば、九〇年代以降の主なメディアはCDとインターネットであった。九〇年代は、ちょうどジャニーズアイドルがマルチなタレント活動を展開した時期であり、SMAPの歌とバラエティ番組、木村拓哉主演のトレンディドラマを同時に楽しむ若者が、「禁止」が維持されていたにもかかわらず急速に増えた時期でもあった。

図7－4　SMエンタテインメントから発売された『ARASHIC』（韓国盤）

その流れからみれば、嵐を迎える仁川空港の風景は、二〇年にわたって陰に存在していた韓国のジャニーズ・ファンが、自分たちを公共の場で可視化するパフォーマンスであったともいえよう。二〇〇六年と二〇〇八年に開かれた計八回の来韓コンサートをすべて完売させた嵐は、二〇〇〇年代韓国の「J－POPファンダム」を牽引する存在であった。韓国の大手ポータルサイトには、一五〇〇を超えるファンコミュニティが開設されていたという。(12)

こうしたJ－POPをめぐる風景と空気は、二つの流れをつくり上げていた。一つは、音楽市場のなかの「カテゴリーの解禁」、もう一つは、「スタイルの解禁」である。

二〇世紀後半の韓国における日本の音楽の受容と融合は、じっさいそれがつねにおこなわれていたにもかかわらず、表面上禁止されていた。「倭色」という曖昧な言葉は、対象となるカテゴリーとスタイルを広範に捉え、さまざまな禁止の対象を生み出すマジックワードとして働いた。しかしその「禁止」が解除されることで、J-POPは「日本のポピュラー音楽」を指すと同時に、韓国内の音楽に受容・融合される「スタイル」を指す言葉として自由に使われるようになった。解禁後、「J-POPスタイルの曲」「J-POPをやる」などの表現を違和感なく使う韓国のミュージシャンが増えていったのがその証左である。

それは、BoAをはじめとする、多くのミュージシャンがJ-POPとK-POP両方のカテゴリーで活動していたのも影響していた。たとえば、二〇〇六年に日本で発表されたユンナ（윤하）の曲「ほうき星」は、韓国でも「호우키보시（ホウキボシ）」というハングル表記とともに「J-POP」の曲として人気を集めた。[13] K-POPとJ-POPの境界をめぐる柔軟な認識とそれによるより流動的かつ拡張的な音楽空間が生まれはじめたのである。そういう意味で、「J-POP解禁」のもう一つの効果は、長年「倭色禁止」のメカニズムに抑圧されてきた韓国の音楽（歌）と大衆の「解放」であったともいえよう。

ンルの受容と融合であったといえる。

3　渋谷系と弘大――「小さな日韓」のオルタナティブなムーブメント

「J的な」サウンドを求めて

「J-POP解禁」の意味をポピュラー音楽全般に広げて考えてみると、そこで際立つのは多様なジャンルの受容と融合であったといえる。

韓国の音楽産業は、九〇年代を通して「韓流」を巻き起こすほど急成長していたが、音楽のカテゴリーにおいては、依然ジャンルの多様性に欠けていた。「表現の自由」の観点からは、政府が「健全歌謡」を義務的につくらせた軍事独裁時代とは比べものにならないほどの多様かつ自由な表現が可能になっていたが、商業化した音楽市場と保守的なメディア文化のあいだで、ほとんどの音楽ジャンルは依然「歌謡《ガヨ》」のカテゴリーに吸収されていた。そもそもポピュラー音楽を「ジャンル」として消費する文化そのものが発達していなかったのも大きな原因であろう。音楽評論が音楽を分類・分析し、音楽と市場、大衆を結びつける機能を果たすメディア空間も十分に築かれていなかった。一方日本では、韓国にはない、ジャンルに基づいた音楽産業・文化の構造が強固に維持されていた。それは、市場の構造だけではなく、「音楽を語る文化」にも顕著に表れていた。『ニッポンの音楽批評　150年・100冊』によると、一九九九年頃、定期刊行物として本屋に並んでいた音楽雑誌は、洋楽、ジャズ、クラシックなどの諸ジャンルを合わせて約三〇冊にのぼっていたという[14]。

こうした環境で形成された日本の音楽は、「J-POP解禁」とともに、韓国の音楽空間に活気と刺激を与えた。楽器やレコーディング技術にまでジャンルごとの専門性をもつ日本の音楽文化に憧れていた人びとや、「歌謡」にはない新しいサウンドと感覚を求める人びとが、アシッドジャズ、パンク・ロック、ボサノヴァ、ソウルなどの諸ジャンルを包摂・融合しつつ、さらにそれらを洗練させた「J的な」サウンドに魅了された。

もっとも「J的な」サウンドとして受容されたのは、「渋谷系」であった。渋谷系は、「東京の渋谷を拠点とする国内外のさまざまなジャンルが融合した都市型ポップスとして生まれ、九〇年代のブームを通じて名称を得た音楽のジャンルもしくはムーブメント」であり、[15]「渋谷を中心としたレコード・ショップやクラブを発信源とし、一九九〇年代初頭から中盤にかけて音楽好きの若者たちの間で口コミ的に広がっていったカルチャー」[16]であると定義される。

これらの定義からわかるように、渋谷系は、いわゆる「メジャー」な音楽でもなければ、一つのジャンルとして捉えられる音楽でもない。そこで強調されるのは、日本→東京→渋谷の方向でズームインしていくにつれより鮮明にみえてくる都市空間の「場所性」と、その「場所性」を自ら生み出す生産・消費主体の実践である。世界的に流行していた「オルタナティブ文化」の文脈で欧米の音楽界からも注目を集めたこの音楽・ムーブメントは、国と国ではなく、都市空間のより小さな場所が複雑につながる「グローバル化」のあり方を発現する文化現象でもあった。

最新トレンドとしての渋谷系

韓国において渋谷系は、多様なジャンルを融合し洗練させた「日本の音楽」であると同時に、世界的に注目されている最新のトレンドとして紹介された。もちろんそれは、「二〇〇〇年代半ば」の文脈とトレンドに合わせた受容の仕方であった。日本の音楽が禁止されていた九〇年代当時に「渋谷系ムーブメント」を同時代的に経験した人は、パソコン通信や海賊版を通じてアクセスしていた少数のマニア以外には存在しなかったからである。そのため、「二〇〇〇年代半ば」の時点で人気のあったいくつかの音楽から感じ取られた「ジャンル」的性格が、「渋谷系」全体を代表して受け入れられた。

二〇〇四年二月号の『HOT MUSIC』に掲載された「渋谷系特集」をみてみよう。「Shibuya-Kei とは何か、代表的なバンドは誰か」という記事（図7－5）で、コーネリアス（一九九三年活動開始）、ピチカート・ファイヴ（一九八四年結成）、テイ・トウワ（一九九四年ソロデビュー）、MONDO GROSSO（一九九三年デビュー）、paris match（二〇〇〇年デビュー）が紹介されている。「渋谷系」と称しても、彼らの音楽を一つのジャンルとして捉えるのはそもそも不可能である。じっさい、この記事では、ラウンジ、エレクトロニック、シャンソン、ハウスミュージック、R&B、ボサノヴァ、ディスコなどのジャンル名が登場している。(17)

彼らのうち、paris match を除く全員が、九〇年代にすでに「アメリカ進出」を果たしていた。小山田圭吾のソロ・ユニット・コーネリアスは、後の二〇〇九年、第五一回グラミー賞「最優秀サラウンド・サウンド・アルバム」にノミネートされる。小山田が所属していたバンド、フリッパーズ・ギター（一九八九～一九九一年）とピチカート・ファイヴが「渋

Shibuya-Kei
맛보기

図7－5 『HOT MUSIC』2004年2月号の「渋谷系特集」記事

谷系」という言葉を流行《はや》らせた「記憶」は、渋谷系を説明するときに欠かせない情報である。

韓国の市場がもっとも反応したのは、二〇〇〇年にデビューした paris match であった。九〇年代の「渋谷系」の記憶と感情を共有していない韓国の若者にとって、「渋谷系」は、「二〇〇〇年代半ば」のトレンドを表す音楽であった。当時韓国では、ちょうどジャミロクワイ、インコグニート、ブラン・ニュー・ヘヴィーズなどのイギリス発アシッドジャズと、その影響を受けたクラジクワイ（클래지콰이）のような韓国バンドが人気を得ていた。paris match の音楽は、そのトレンドと合致していたのである。paris match は、嵐と同じく二〇〇六年と二〇〇八年に単独来韓コンサートを開催するほど熱狂的な人気があり、同じ時期の韓国で大きな支持を得た m-flo、HARVARD、Fantastic Plastic Machine、Free TEMPO などとともに、渋谷系の代名詞のように認識された。韓国の有名インディーバンド「チャンギハと顔たち（장기하와 얼굴들）」のプロデューサー兼ギタリストであった長谷川陽平が「もう一つの渋谷系」と表現したように、「韓国独自の渋谷系」の流れができたのである。[18]

渋谷と弘大をつなぐ場所性

日本における渋谷系は、九〇年代の渋谷の場所性を中心としたムーブメントであった。それに対し、二〇〇〇年代半ばの韓国における渋谷系は、二つの場所を通じて共有されていた。一つは、インターネットとラジオなどのメディア空間であり、もう一つは若者の街・弘大《ホンデ》（홍대）である。

前者でいうと、とくにサイワールドなどの韓国のSNSのコミュニティ・サイトで、渋谷系は「ヒップな自分」を演出するBGMであった。韓国の大手音楽配信サービスの一つ「BUGS! ミュージック」がリストアップした「サイワールド人気BGM⑳：渋谷系編」によれば、m-flo、HARVARD、paris match、Fantastic Plastic Machine、テイ・トウワ、DAISHI DANCE、CAPSULE、西原健一郎、Nujabes、DJ Okawari の曲が人気を集めていた。(19) このリストからも、日本とは異なる「渋谷系」が韓国で消費されていたことがみてとれる。そもそも日本における渋谷系は、主流のJ-POPからのオルタナティブを模索したムーブメントであったが、「サイワールドの渋谷系」は、主流のK-POPからのオルタナティブだったのである。

渋谷系のもう一つの場所・弘大は、美術やデザインの名門校・弘益《ホンイク》大学校周辺の盛り場を指す。九〇年代半ばにライブクラブとインディーバンドの集まる、「若者」「インディーズ」「サブカルチャー」の中心としての場所性を獲得した都市空間であった。(20) 九〇年代後半からは、競い合うようにエレクトロニックとヒップポップのダンスクラブが増加していくが、二〇〇〇年代半ばに入ると、渋谷系が音楽空間・弘大の場所性を拡張させるトレンドとして消費された。たとえば先述した雑誌の「渋谷系特集」では、「渋谷系の音楽を聴ける場所」を次のように紹介している。

Ｌｏｖｏ：最近弘大にできた新しいラウンジバー。渋谷系をはじめ、多様なラウンジ音楽を聴ける。音楽とともに洗練された魅力的な雰囲気が渋谷に来たような錯覚を引き起こす。(21)

「日本」も「東京」も登場しないこの文章からわかるように、二〇〇〇年代の弘大で消費されていたのは、「日本の音楽」という枠組みではもはや捉えきれない、より限定的な音楽カテゴリーであると同時に、より拡張的なトレンドと感性であった。第5章で先述した江南《カンナム》や付近の学生街新村《シンチョン》などに比べると、弘大の場所性は、ある種「周縁」に近かったがゆえに、「日韓」のレベルでは単純に説明できないミクロな「出会い」が、オルタナティブなムーブメントをつくり出していたのである。

じっさい、弘大を拠点にする「ハッピーロボット」レーベルが渋谷系のレコードを正式に発売すると、弘大は「都市的な洗練さと高級な文化生活のBGM」を求める音楽ファンをさらに惹きつけていった。[22] 渋谷系だけではない。BUMP OF CHICKENのようなロックやDJ KRUSHのようなヒップ・ホップなどのさまざまなジャンルの音楽(家)が、クラブとクラブ、レーベルとレーベルをつなぐ「小さな日韓」のムーブメントを活発化させていった。先述した長谷川陽平やバンドのコプチャンチョンゴル(곱창전골)のように、九〇年代末から弘大のインディー・シーンを拠点に活動を続けていた日本のミュージシャンも改めて注目されはじめた。「J－POP解禁」によって可視化されたこれらの音楽(家)は、インディーズの聖地としての弘大の場所性を強化すると同時に、韓国の音楽シーンに洗練さと多様性を与える存在となった。

4　なぜ「日流」は起こらなかったのか①——現地化戦略の不在

「韓国進出」への欲望と想像力

前述したように、「J－POP解禁」が韓国の音楽・メディア・若者・都市文化に与えた影響は決して小さくない。しかし一方で、「韓流」に匹敵するような現象、つまり「日流」が巻き起こらなかったのも事実である。もちろん、市場を開放しただけですぐにそういった現象が起こるとは限らない。BoA以降のK－POPによる韓流も、九〇年代を通しておこなわれつづけた韓国ポップによる日本進出、もっとさかのぼれば李成愛とチョー・ヨンピルによる七〇〜八〇年代の「韓国演歌ブーム」のさまざまな経験が蓄積されたうえで起きた歴史的産物である。しかし一方で、中国における韓流が、一九九二年の市場開放と中韓国交正常化の数年後に起こったことと比較すると、一九九八年以降の「日本大衆文化開放」のプロセスとともに進んだ「Ｊ－ＰＯＰ解禁」は、なぜ韓国で大きな現象を生み出さなかったのかと自ずと疑問が生じる。

この問いに答えを出すことは、ある現象がなぜ起こったかについて考えるより難しい。じっさい起こっていないことを、「もしも」という仮定に近い推測をして論じなければならないからである。しかも、仮にその「もしも」の十分な条件が満たされたとしても、その現象が現実に起こるとは限らない。韓流の場合も、特定の主体による企画や遂行によるものではなく、文化産業と資本、文化生産者と大衆、国家とメディアといったさまざまな主体の欲望が複雑に絡み合い、さまざまな空間から同時多発的に起きた現象である。このような観点を確認したうえで、「Ｊ－ＰＯＰ解禁」以降、何が変わり、また何が変わらなかったのかについて考えてみよう。

まず、日本に関していえば、「韓国進出」への欲望と想像力が希薄であったことが挙げられる。

韓国における日本音楽の禁止は、日本社会においても、植民地時代からの歴史的流れのうえで認識されていた。しかし一九八七年、韓国が万国著作権条約に加入すると、日本からも国際的法制度に基づいた音楽市場の共有を求める声が増えていった。たとえば一九八八年、日本音楽著作権協会（ＪＡＳＲＡＣ）の理事長の芥川也寸志《あくたがわやすし》は、「韓国では放送とか一般の公演では日本の音楽は演奏禁止になって」いる状況に対して、日本の国会で「何とか政治の力でこのような規制が早く解かれることを強く望んで」いると訴えた。[23]

しかし、いざ「Ｊ－ＰＯＰ解禁」がなされると、日本の音楽業界の動きは「積極的」とはいえなかった。それは、日本→韓国の「現地化」に対する消極的な姿勢にも表れていた。

日本と韓国は、「自国語」の音楽消費の割合が圧倒的に高いという共通点をもつ。李成愛からBoAに至るまで、日本で成功を収めたほぼすべての韓国人歌手の歌が「日本語歌詞」であったように、日本の音楽が韓国の市場に進出するためには、当然英米の音楽が占めている「海外音楽」のカテゴリーを超えた親密性と拡張性を獲得するための「現地化」が求められていた。

現地化の必要性は、いくつかの事例からみてとれる。一つは、中島美嘉が二〇〇〇年代、韓国でもっとも成功したJ－POP歌手になっていく過程である。「J－POP解禁」以降正式発売された日本のアルバムのなかで、二〇〇四年にもっとも高い売上を記録したのは、中島美嘉の『LØVE』であった。約四万枚というのは決して多い数字ではないが、外国音楽市場が深刻な不況に陥るなか、海外のアルバムとしては成功事例に入るまずまずの成績であった。[24] 同年、韓国大手レコード会社ソウル音盤の社長ハン・ヨンイル（함용일）が、「現在のレコード市場は、革命的変化に悩まされている」と嘆いたときには、世界的なロックバンド・レディオヘッドのニューアルバム『Hall to the Thief』の売上は、約二万枚にとどまっていた。[25]

中島美嘉の成功の背景には、「韓国語版」の成功があった。韓国を代表するバラード歌手の一人パク・ヒョシン（박효신）がカバーした「雪の華」が、収録曲として使われたドラマ『ごめん、愛してる（미안하다、사랑한다）』の成功とも重なり大ヒットを記録したのである。韓国語版の歌がオリジナルの日本語版への関心を促し、J－POPファン以外の大衆にまで需要を広げた。この過程は、主にJ－POPによる直接的な「市場攻略」の効果が論じられていた「J－POP解禁」以前には予想できなかった一種の現地化であった。

アイドルグループSMAPのメンバー、草彅剛の事例も注目に値する。二〇〇二年に「チョナンカン(초난강)」という韓国名で韓国進出を果たした草彅は、韓国語歌詞の歌と韓国語によるメディア活動を通じて、J-POPミュージシャンとしてはもっとも高い知名度と話題性を獲得した。音楽市場の観点からは決して成功を収めたとはいえないが、SMAPのファンダムが形成されているインターネットから、日本のポピュラー文化が浸透していない韓国の地上波テレビまで、さまざまなメディア空間を横断する「チョナンカン」のキャラクターは、韓国の大衆に日本の音楽(家)に対する興味と親近感を十分に与えた。

優先される「リスク」管理

しかし、J-POP業界全体を見渡すと、親密性と拡張性を獲得するための積極的な現地化は不十分にみえた。もちろん、二〇〇四年の時点で韓国(約一・六億ドル)の三〇倍の音楽市場を保っていた日本(約四九億ドル)の音楽業界に、[26]韓国市場のための積極的な現地化戦略を練る必要性を感じる人びとはそう多くなかったであろう。市場規模の格差を前提にしたうえで、あえて韓国市場に絞って考えれば、それにもかかわらず、市場規模の格差からみえる以上の欲望と想像力が、当時の日本では十分に育っていなかったといえるのではないか。

むしろ、日本の音楽業界には、韓国市場の開放を「リスク」として捉える向きもあったようにみえる。二〇〇四年、日本の第一五九回通常国会において、「商業用レコードの還流防止措置」を導入する著作権法の改正法が可決、成立された。この改正法の立法趣旨は、「近年、台湾、中国、韓国および香港等の地域における日本音楽に対する需要の高まりを受け、レコード会社各社がアジア地域のレコード会社に対し積極的に原盤のライセンスをするにあたり、当該地域の物価水準に応じて製造、販売されるライセンスレコードが日本国内に還流し、国内で販売されている同一のレコードの販売を阻害することによって著作権者および著作隣接権者が経済的な不利益を受けることを防止し、我が国音楽文化の海外への積極的な普及促進を図ること」[27]であった。

もちろん、こうした法的処置は、国家間の音楽市場のバランスを取るために普遍的になされるものである。しかし同時に、この法案は、まったく新しいデジタル時代に海外展開を本格化するにあたっての日本の業界の認識と姿勢を表していた。じっさい、日本レコード協会会長（当時）の佐藤修《おさむ》は、「J-POP解禁」の翌年、「この（商業用レコードの還流防止）措置の導入を機に、日本のレコード会社は、積極的な海外展開に取り組み、アジア各国との音楽文化交流をより一層図って」[28]いくと述べている。つまり、デジタル化とともに世界の音楽市場が急変していくなか、目に見えないチャンスを想像するより、目に見えるリスクを管理することが「海外展開」の優先順位になっていたのである。

5　なぜ「日流」は起こらなかったのか②——禁止の維持とトレンドの変化

継続されていた「禁止」

J-POP業界が韓国の音楽市場に進出するさいに、日本語アルバムをそのまま発売し、単発的な来韓公演をおこなうという、英米のミュージシャンと変わらないアプローチは最初から限界をもっていた。さらに、「J-POP解禁」が実施されたにもかかわらず、依然として「禁止」が維持されていたことも、大きな足かせになっていた。

先述したように、韓国社会は二〇〇四年の「第四次開放」を事実上の「全面開放」として受け止めていた。しかし、じっさいは「第四次開放」を「全面開放」とは言い切れない制限が「地上波一部開放」というかたちで残存していた。表7－1「日本大衆文化開放」にある「開放の対象外」の内容だけを抜き出してみると、以下のとおりである。

〈地上波テレビにおける制限の対象と内容〉
＊大衆歌謡：日本語歌唱のミュージックビデオの地上波放映
＊ドラマ：地上波では日韓共同制作テレビドラマに限って開放
＊すべてのバラエティ番組(29)

文化的感受性と文脈を共有していないと理解が難しいバラエティ番組がそのまま輸入されないのは、日韓に限ったことではない。言語と歴史に特別な関係性をもっている国・地域同士以外、一般的に国・地域でバラエティ番組の輸出・輸入は、主に「フォーマット」の購入・販売を通じておこなわれる。

しかし、「日韓共同制作」以外のテレビドラマに対する「禁止の維持」は、「開放」の効果に大きな影響を及ぼした。それは、中国と日本それぞれの国における韓流の形成過程からも推測できる。いずれもテレビドラマの大ヒットが、幅広い視聴者に共有される文化的親近感をもたらし、メディア・ポピュラー文化全般へのブームへと拡散したからである。さらに、日本の音楽業界とテレビ業界の特殊な関係性、つまり、J－POPヒット曲の大半が「ドラマタイアップ」のかたちで生まれる構造を考えれば、日本のテレビドラマに対する「制限」は、「J－POP解禁」の効果を大きく制限する結果となった。

そもそもテレビ放送は、「日本大衆文化禁止」におけるもっとも中心的メディアであった。それは、テレビが現代社会で文化ナショナリズムの核心的メディアであったからだけでなく、日韓の地理的距離が可能にした「電波越境《スピルオーバー》」などによる日本文化の浸透と影響をめぐる経験と認識が反映されていたからである。[30]

「第四次開放」における「地上波一部開放」という方針は、放送法に基づき政策提案や関連研究をおこなう機関である「放送委員会」（現在の放送通信委員会）からの要請による措置であったという。「社会的影響力と国民感情を考慮し、放送の開放は他の分野よりワンテンポ遅れるべき」という放送委員会の見解のもと、「第四次開放」は「全面開放」とはならなかった。実のところ、放送委員会は「放送は第五次開放の際に完全開放する」計画を立てていたのだが[31]、結果的にその後「第五次開放」はなかった。韓国のメディアが「第四次開放」を「事実上完全開放」と報じていたように[32]、「事実上」という表現自体、「完全開放」ではないことを裏付けていた。

地上波放送局の方針はその後も現在に至るまで大きく変わっていない。MBC、SBS、KBS三つの放送局審議担当者がメディアの取材に対し、「二〇〇四年の開放以降日本の歌を流すことに法的には何の問題もないが、国民情緒上放送していない」と述べたのは、「J－POP解禁」から一〇年後の二〇一四年のことである。「開放」そのものが未完のままであるなか、日本の歌を放送したときに想定しうる社会批判などのリスクを放送局が負うことになる構造が、その背景にあった。[33] つまり、国家の政策と市場の動きは「禁止」から「開放」へと転換されたにもかかわらず、「国民感情」を正当性として掲げる「否認のメカニズム」は依然維持されつづけたのである。この状況下でJ－POPは、主流のメディア空間からは感知しにくい、周縁的な音楽・メディア・若者・都市空間を中心に享受されるサブカルチャーとして定着していった。

移行するトレンドの中心

「日流」が起こらなかった最後の理由として考えられるのは、東アジアにおける「トレンド」の変化である。

「歌謡曲の時代」から、韓国の音楽・メディア業界が日本の音楽に対する開放に消極的であったのは、音楽産業・文化の圧倒的な格差のもと、日本の音楽が東アジアのトレンドを主導していたからである。「日本大衆文化禁止」のもとでも日本の音楽が活発に越境しつづけた理由の一つには、韓国の音楽が日本の音楽を模倣・参照しつづけていたことがある。その間、日本の音楽に対するまなざしには、その影響力を知り尽くしていたからこそ抱く憧れと恐怖がつねに共存していた。

しかし、そういった認識に大きな変化が訪れた。「J-POP解禁」がなされた二〇〇四年頃、韓国の音楽産業は、デジタル化を中心としたシステム転換を進めていた。一九九七年のアジア通貨危機以降加速した情報化によって、世界でもっとも普及した超高速インターネット環境に合わせた音楽産業の構造改革が求められていた。二〇〇〇年と二〇〇四年のあいだの数字の推移をみると、約四〇億円であったレコード市場がほぼ三分の一の約一三・三億円までに縮小する一方、デジタル音楽市場は約四五億円から約二〇一億円へと五倍近くの成長をみせていた。[34] この数字は、韓国の音楽業界の方向性を示していた。

音楽生産・消費の方向性が、CDではなくインターネットを通じたMP3のダウンロードやPC・携帯による聴取、ケーブルテレビを通じたミュージックビデオに転換することで、追求する商業性や音楽性も大きく変わっていった。この変化は、J－POPの受容と融合にも影響した。それまで韓国の音楽業界にとって主な参照対象であったJ－POPの音楽的要素が求められなくなったのである。しかも、アイドルグループを中心に、徹底して「観る音楽」と化した韓国の音楽とパフォーマンスは、すでに「J的なもの」を超えた洗練さと新しさ、そしてヒップさを獲得していた。

音楽テクノロジーの環境についても同様のことがいえる。過去にさかのぼると、ウォークマンやビデオ、CDなど、日本のテクノロジーが生んだ音楽・映像メディアは、音楽の生産と消費の方向性を新たに提示し、音楽産業はもちろん都市の風景や日常生活をも変える力をもっていた。日本のメディア・テクノロジーから感じられる時代性と文化的感覚は、当然それによって表現される日本の音楽への憧れと恐怖につながっていた。それは、日本との特殊な歴史的関係をもつ韓国社会だけが抱く感情ではなかった。アメリカの文化研究者デイヴィッド・モーリーとケヴィン・モリスが「ジャパン・パニック」と称した「日本の文化と資本、テクノロジーの浸透と影響に対する不安と恐怖、反感」は、一九九〇年を前後にして欧米、とりわけアメリカ社会でもピークに達していた[35]。

しかし、MP3とiTunesによって音楽のデジタル化が本格的に始動し、それがiPhoneとYouTubeによって加速した二〇〇〇年代になると、トレンドをめぐる認識やまなざしも大きく変わっていった。ポータブル音楽機器の流行がウォークマンから韓国産中心のMP3プレイヤーに移ったように、東アジアの若者の欲望の行き先が、J－POPからK－POPへと移動しはじめたのである。このような背景があったからこそ、その後、韓流が一時的で局地的な現象にとどまらず、世界中のトレンドをさらに吸収しながらアジア全体、さらにグローバルに展開していくことになるのである。

なぜ韓国で「日流」が起こらなかったのかという問いは、結局なぜ東アジアで「日流」は起こらなかったのかという問いに置き換えられる。つまり、「韓流」が起こり、「日流」が起こらなかった理由は、日韓間の音楽・メディア業界、政策、法制度の動向や、ナショナルな水準の相互認識と感情だけでは捉えきれない。東アジアや、欧米を含むグローバルな文脈で理解しなければいけないのである。しかし、ここで避けたいのは、この問いを、「K－POP vs J－POP」、もしくは「韓国 vs 日本」の対立構図のうえで、単純に「文化戦争の勝者と敗者」のような語りに回収してしまうことである。じっさい、二〇〇〇年代後半の韓流は、そうした安易な解釈を許さない動きをみせている。BoAの成功が日本におけるK－POPの流れをつくり出して以降、日本は、K－POPにとってもっとも重要な空間として浮上するからである。それは、日本と韓国の音楽（家）と大衆がつくり上げた、新たな他者と自己を再構築していく共通の空間であった。

第8章　J－POPとK－POPの分かれ道
――KARA、少女時代、TWICEが変えた秩序

1　K－POPが与えたアイデンティティの動揺

二〇〇〇年代韓流と音楽市場のカテゴリー

BoAのデビュー以降、K－POPの市場が日本で成長していく過程は、単なる「海外音楽」の輸入ではなく、「韓国」という他者を通じて日本の音楽市場に築かれていた強固な「認識＝カテゴリー」を再構築することでもあった。それは、本書で重要なデータとして扱ってきた「日本ゴールドディスク大賞」の受賞者リストからもみてとれる。

第6章でも述べたように、BoAのアルバム『LISTEN TO MY HEART』と『VALENTI』が、二〇〇三年の第一七回「日本ゴールドディスク大賞」邦楽部門の〈Rock & Pop album of the year〉をダブル受賞したのは、韓国人歌手としては一九九二年の桂銀淑以来一一年ぶりのことであった。BoAの受賞は、韓国音楽の受容が現代日本の主流カテゴリー「Jポップ」に移動したことを意味すると同時に、「演歌」

を中心に構築されていた「戦後韓国」の他者イメージとナラティブが「現代韓国」に転換したことを意味した。このBoAから始まった流れは、既存の韓国歌謡から脱却して新たに誕生した韓国のポップが、九〇年代の日本進出の失敗を経て、「J-POP」に相対する「K-POP」のカテゴリーを獲得していく現象であった。

もう一つ特筆すべきなのは、二〇〇四年(第一七回)に『冬のソナタ』が〈Soundtrack album of the year〉を受賞したことである。日本で「韓流ブーム」を巻き起こした多数の韓国テレビドラマからヒット曲とスター歌手が次つぎと生まれたのである。『冬のソナタ』から始まった韓流は、中国語圏の国・地域で起こった「韓流ブーム」と連動しつつも、日本の文脈で日本の大衆が巻き起こした現象であった。「K-POP」と「韓国ドラマ」という二つの流れは、互いに交錯しながら、日本における「K-POP空間」を急速に拡張していった。

二〇〇〇年代の「日本ゴールドディスク大賞」を受賞したK-POP歌手をみてみよう(表8-1)。BoA以降、韓国歌手の受賞が毎年続いていることに注目したい。これは、一九八七年の開始から二〇〇三年まで、受賞した韓国歌手が桂銀淑とBoAの二人のみであったことを考えると、「韓流」がもたらした市場の変化を物語っている。

しかしより興味深いのは、「邦楽/洋楽」で固定化されていたカテゴリーそのものが揺らぎはじめたことである。二〇〇五年、「冬ソナブーム」によってテレビドラマに出演した俳優たちの歌手活動が活発化し、リュ・シウォン(류시원)が「邦楽部門」で、パク・ヨンハ(박용하)が「洋楽部門」で〈New artist of the year〉を同時に受賞したのである。その後、毎年「邦楽」と「洋楽」両部門にまたがるK-POPアーティストによる受賞が続く。

表8－1　2000年代のK-POPアーティストの「日本ゴールドディスク大賞」受賞リスト[1]

<table>
<tr><th></th><th>邦楽部門</th><th>洋楽部門</th></tr>
<tr><td>2003年（第17回）</td><td>〈Rock & Pop album of the year〉
BoA『LISTEN TO MY HEART』、BoA『VALENTI』</td><td></td></tr>
<tr><td>2004年（第18回）</td><td colspan="2">〈Soundtrack album of the year〉（邦楽洋楽区分なし）
リュウ／ソン『冬の恋歌（ソナタ）ドラマ・オリジナル・サウンドトラック』</td></tr>
<tr><td>2005年（第19回）</td><td>〈Rock & Pop album of the year〉
BoA『Love & Honesty』〈New artist of the year〉リュ・シウォン</td><td>〈New artist of the year〉
パク・ヨンハ</td></tr>
<tr><td rowspan="2">2006年（第20回）</td><td>〈Rock & Pop album of the year〉
BoA『Best of Soul』〈New artist of the year〉K</td><td>〈Song of the year〉パク・ヨンハ「Truth／ほゝえみをあげよう」</td></tr>
<tr><td colspan="2">〈日韓友情年2005特別賞〉K、SE7EN、パク・ヨンハ</td></tr>
<tr><td rowspan="2">2007年（第21回）</td><td></td><td>〈Song of the year〉
パク・ヨンハ「君が最高！」</td></tr>
<tr><td colspan="2">〈Best asian artists 部門〉（新設）
神話（SHINHWA）、パク・ヨンハ</td></tr>
<tr><td rowspan="2">2008年（第22回）</td><td>〈The best 10 new artists〉
SS501</td><td>〈Single of the year〉
パク・ヨンハ「永遠」</td></tr>
<tr><td colspan="2">〈The best asian artist〉パク・ヨンハ</td></tr>
<tr><td>2009年（第23回）</td><td colspan="2">〈The best asian artist〉イ・ビョンホン</td></tr>
<tr><td rowspan="2">2010年（第24回）</td><td>〈The best 5 new artists〉
BIGBANG</td><td></td></tr>
<tr><td colspan="2">〈The best music videos〉東方神起「All About 東方神起 season 3」</td></tr>
</table>

当初より「邦楽／洋楽」のカテゴリーは、「アジア」の音楽を想定していなかった。七〇年代以降、アグネス・チャン、テレサ・テン、チョー・ヨンピルなどのアジア人歌手が大きな人気を得たときも、そのカテゴリーはあくまでも「邦楽部門」であり、「洋楽」に分類されるのは、西洋、とりわけ英米の音楽（家）であった。こうした「日本／西洋」の枠組みを中心に築かれていた強固な「認識＝カテゴリー」が、韓国の音楽（家）によって見直されはじめたのである。

次つぎと登場するK－POPに対応するために、二〇〇七年に〈The best asian artists〉という単独の賞を経て、のちに「アジア」というカテゴリーが新設される。つまり、K－POPのために「邦楽」と「洋楽」以外のもう一つの主要カテゴリー「アジア」部門がつくられるのである。それまでは、パク・ヨンハが二〇〇八年と二〇〇九年連続で「洋楽部門」の〈Song of the year〉と〈The best asian artists〉を同時に受賞するなど、「邦楽」と「洋楽」のあいだでK－POPをめぐるカテゴリーの混乱は続いた。二〇〇九年に日本デビューした五人組男性アイドルグループBIGBANGが二〇一〇年に受賞したのは、「邦楽部門」の〈The best 5 new artists〉であった。

この一連の動きが示すのは、日本の「アイデンティティの動揺」にほかならない。そもそも本来「邦楽／洋楽」のカテゴリーは、「アジア」不在の「認識＝カテゴリー」であるという意味で、「西洋とアジア」のなかの日本のアイデンティティを表していた。日本の音楽市場に「アジア」の音楽が不在であったわけではない。しかし日本の「認識＝カテゴリー」において、韓国や台湾などのアジア音楽（家）は「邦楽」に包摂される曖昧な他者であった。しかも、自国で幅広いジャンルの歌を歌っていたテレサ・テンとチョー・ヨンピルの活動範囲が日本では「演歌路線」に限られていたように、「邦楽」を通じて共有される「我々らしさ」を崩さない範囲内の他者性だけが選別されていた。

一方で、「洋楽」は、「邦楽」の「我々らしさ」から完全に相対化できる「他者」を指す「認識＝カテゴリー」であった。その他者とは、日本の音楽（家）がもっとも影響を受け、さらに欲望しつづけた「アメリカ」であることはいうまでもない。当然、日本の影響を受けたアジアの音楽が、「洋楽」から求められる他者性に含まれることはなかった。つまり、韓国の音楽が「洋楽」と「邦楽」のあいだで揺れ動きながら受容される過程は、「西洋」と「アジア」のあいだで揺れ動く日本のアイデンティティを反映してもいた。

K－POPという自己と他者

さらに日本の大衆が巻き起こした「韓流」は、日本の音楽市場のみならず、「K－POP」そのものをめぐる「アイデンティティの動揺」を促していった。

K－POPは、九〇年代に生まれた「韓国ポップ」、とりわけ「K－POPアイドル」が海外の大衆によって発見されることで使われはじめた言葉である。「J－POP」が「Japanese Pop」という意味を明確に示し自己定義したのとは異なり、K－POPは、韓国においても、「韓国でつくられたポピュラー音楽」や「韓国発の特定の音楽ジャンル」といった海外市場を強く意識した音楽・現象として漠然と捉えられていた。(2) BoAの音楽が、日本では「J－POP」、韓国では「歌謡」のカテゴリーのなかで柔軟に消費されていたのも、「K－POP」を「Korean Pop」と定義しきれない「認識＝カテゴリー」の表れであったといえよう。

しかし、日本の巨大な音楽市場の動きを通じて「韓流」が単なる一時的なブームではないことが確認されると、「K－POP」のアイデンティティも大きく変わっていった。CDの売上はもちろん、さまざまな音楽メディア・都市・空間を通じてK－POPの「ファンダム」が可視化されることによって、「J－POPを経由する日本進出」ではなく、「K－POPとしての日本進出」が本格化したのである。

日本が誇る「ドーム」と「アリーナ」は、その象徴的な場所であった。二〇〇七年と二〇〇九年、東京ドームで開催された男性ソロ歌手ピ（비）と五人組男性アイドルグループ東方神起のコンサートが、単独で約五万人の観客を動員する大成功を収めたのは、K－POPの影響力が、物理的かつ視覚的に実感された出来事であった。当時、東方神起が東京ドームを含む全国のアリーナツアーで動員したのは三〇万人にのぼっていた。さらに、その様子を収録したDVDは、発売と同時に一七・一万枚の売上を記録する。ビデオを含む映像音楽作品で日本人以外のアジアアーティストが、オリコンランキング総合部門首位を獲得したのは過去二〇年間で初めてであり、「洋楽」を含めると、ビートルズとレッド・ツェッペリンに続き史上三組目となる記録であった[3]。

二〇〇〇年代後半に入ると、アジア以外の海外においてもK－POPの影響力が増していった。じつは、K－POPが二〇〇〇年代を通して欧米などの海外市場を開拓していくなかで、重要な足がかりとなったのはJ－POPであった。アジア音楽への認識の面においても、音楽を流通させるメディアにおいても、マンガやアニメとともに先立って海外のファンを獲得していたJ－POPが、K－POPという存在にアクセスするプラットフォームとして機能したのである。韓流の先行研究が明らかにしているように、その傾向はJ－POPを含む日本のサブカルチャー市場が構築されていたヨーロッパやアメリカ大陸の国々で共通していた[4]。

しかしK－POPは、二〇〇〇年代後半の大きな成功を経て、J－POPから完全に脱却した音楽として自己／他者認識されるようになる。言い換えれば、それは、世界市場に対するK－POPの欲望と想像力が明確になったことを意味した。K－POPのアイデンティティの確立は、音楽の特徴からマネージメントシステムに至るまであらゆる側面を通じて表れた。二〇〇六年には、YGエンターテインメントがBIGBANGのデビュー過程をインターネットTVやMTV Koreaを通じて公開し、二〇〇八年にJYPエンターテインメントがニューヨークやロサンジェルスなどで「ツアーオーディション」を開催した。これらの動きは「K－POP」という「我々らしさ」を全面に掲げた大掛かりなプロジェクトであった。つまり、J－POPとは差別化された音楽とマネージメント手法を通じて、日本はもちろん、アジア以外の地域においても「K－POP」という「認識＝カテゴリー」を広げようとしたのである。

こうしたK－POPをめぐる自己／他者認識の変化は、K－POPの「日本語歌詞（日本盤）」においても読み取ることができる。二〇〇〇年代前半まで、K－POPの「日本語歌詞」が、J－POP（もっとさかのぼれば「歌謡曲」）のカテゴリーへ進入するための、つまり「日本進出」のための手段であったならば、二〇〇〇年代後半には、それはグローバル市場の拠点としての日本の「K－POP市場」を維持・拡大させていく手段へと変化したのである。K－POPの「日本語歌詞」は、韓国の音楽業界だけでなく、日本の音楽業界の利益のためでもあった。日本の音楽市場においても、CD・コンサート・DVDを含む巨大な市場を築いたK－POPは、もはや欠かせない存在になっていたからである。

こうして、市場の拡大とともに形成された日韓の相互依存的な産業構造が、新たな「自己」と「他者」の再構築を促した。

2　二〇一〇〜二〇一一年のK‐POPブーム

KARAと少女時代

二〇〇〇年代後半を通じて影響力を拡大しつづけた日本のK‐POP市場は、二〇一〇年から二〇一一年にかけて、さらに劇的な展開をみせる。その先頭に立っていたのは、二〇一〇年にともに日本デビューを果たしたガールグループ、KARAと少女時代であった。

両グループがそれまでの「韓流」ブームと一線を画していたのは、「日本進出」の前にすでに大きなファンダムを獲得していたことである。とくに、二月におこなわれたKARAのショーケースは、K‐POPのファンダムが二〇〇〇年代後半を経てさらに拡大していることを、音楽業界はもちろん、日本社会にも知らしめるイベントとなった。その様子を伝えた『日経エンタテインメント！』の記事は、KARAを「K‐POPブームのパイオニア」と呼び、それまでの「韓流」とは異なる側面に注目した。

二〇一〇年二月に東京・赤坂ブリッツで開催された、デビュー前のKARA単独ショーケースライブのチケットは即完売。十代の女の子が五人に熱狂する様子は、「韓国エンタテインメント好きは四十代五十代女性が中心」という常識を覆し、新たなファン層の存在を強く印象づけた。(5)

続いて八月に、今度は少女時代が「来日ショーケース・ライブ」を開催し、約二万二〇〇〇人を動員する。ショーケースとしては「破格の規模(6)」であったこのデビューイベントが実感させた「K‐POP

ブーム」の新たな次元は、すぐさま市場の数字に表れた。二〇一〇年、K－POP音楽ソフトの市場規模が、一〇七・二億円から二〇八・四億円に倍増したのである。[7] その年、J－POPを含むすべての新人アーティストのうち、売上金額一位と二位を獲得したのはそれぞれKARA（一三億円）と少女時代（八・八億円）であった。しかも、第三位の一・三億円を大幅に上回るその数字は、約四ヶ月の短期間で達成されたものであった。[8]

さらに二〇一一年になると、K－POPの市場は二五六・七億円に膨らみ、[9] そのブームは「第二次韓流」という呼び方とともに社会現象と化していく。K－POPアーティストは、それまで数十年にわたって数々の海外アーティストが日本の市場で築き上げてきた記録を一つずつ塗り替え、自らそれを更新しつづけた。表8－2に、その記録を一部まとめた。

「邦楽／洋楽／アジア」のカテゴリー

市場の動きは、「日本ゴールドディスク大賞」のカテゴリーにも大きな変化をもたらした。二〇一〇年の記録が反映される二〇一一年度（第二五回）に、少女時代が「邦楽部門」で〈New artist of the year〉とともに〈The best 5 new artists〉を、KARAが「洋楽部門」の〈The best new artist〉を、さらに東方神起が「邦楽部門」の〈The best 5 albums〉を受賞する。

すると、二〇一二年度（第二六回）から「邦楽部門」と「洋楽部門」に加え、「アジア部門」が三つ目の「部門」として新設された。先述したように、この「アジア部門」は事実上「K－POP部門」を意味した。数十年間、「邦楽／洋楽」のカテゴリーを中心に維持されてきた世界二位の音楽市場が、ここで「邦楽／洋楽／K－POP」という三つのカテゴリーに再編されたのである（表8－3）。

表8－2　2011年K-POPアーティストによる日本発売作品の売上記録(10)

2月	東方神起が「Why?（Keep your head Down）」で、自身がもっていた「シングル首位獲得作品数」海外アーティスト歴代1位記録を9作に更新。
3月	KARAのミュージックDVD『KARA BEST CLIPSI』が初動売上13.2万枚を売り上げ、初登場首位を獲得。海外女性アーティストによるDVD総合部門首位獲得は史上初。
4月	KARA 3rdシングル「ジェットコースターラブ」初動売上12.3万枚。初登場首位。海外女性アーティストによるシングル首位は2005年のBoA以来6年ぶり。
5月	チャン・グンソクのデビューシングル「Let me cry」初動売上11.9万枚。男性ソロアーティストによるデビューシングル初登場首位は、80年12月12日「スニーカーぶる～す」の近藤真彦以来30年4ヶ月ぶり。
6月	少女時代の1stアルバム『Girl's Generation』海外アーティストの1stアルバムとしては歴代最高となる初動売上23.2万枚。 BIGBANGの2ndオリジナルアルバム『BIGBANG 2』初動売上6.5万枚初登場首位。この時点でアジアの男性アーティスト（ソロも含む）によるアルバム首位は、東方神起、JUNSU/JEJUNG/YUCHUNに続き3組目。 SUPER JUNIORの1stシングル「美人（BONAMANA）」が初動売上5.9万枚で2位に初登場。韓国グループのデビューシングルとしては歴代最高記録。
7月	SHINeeの日本デビューシングル「Replay－君は僕のeverything－」初動売上9.1万枚を記録、SUPER JUNIORの記録更新。
8月	BEASTの1stアルバム『SO BEAST』初動売上5.1万枚。シングルを含むデビューから3作連続TOP3入りは、アジア男性グループ初。
10月	東方神起の5枚目のアルバム『TONE』初動売上20.5万枚。海外男性アーティストの初動20万枚突破は、ボン・ジョヴィ以来11年4ヶ月。
11月	少女時代のライブビデオ『JAPAN FIRST TOUR GIRLS' GENERATION』が史上初の海外アーティストによるミュージック部門DVD・ブルーレイ2冠。

表8－2　2011-2014年、K-POPアーティストの「日本ゴールドディスク大賞」受賞リスト[11]

	邦楽部門	洋楽部門
2011年（第25回）	〈New artist of the year〉少女時代〈The best 5 new artist〉少女時代〈The best 5 albums〉東方神起『Best Selction 2010』	〈The best 3 new artist〉KARA
2012年（第26回）	〈Best Enka/Kayokyoku new artist〉パク・ヒョンビン	
	〈The best asian artist〉KARA	
	「アジア部門」（新設）	
	〈New artist of the year〉2PM〈Best 3 new artist〉チャン・グンソク、2PM、BEAST〈Album of the year〉少女時代『Girl's Generation』〈Best 3 album〉KARA『ガールズトーク』、少女時代『Girl's Generation』、東方神起『TONE』	
2013年（第27回）	〈The best asian artist〉KARA	
	アジア部門	
	〈New artist of the year〉B1A4〈Best 3 new artist〉IU、B1A4、BOYFRIEND〈Album of the year〉KARA『スーパーガール』〈Best 3 albums〉KARA『スーパーガール』、チャン・グンソク『Just Crasy』、BIGBANG『ALIVE』〈Song of the year by download〉少女時代「PAPARAZZI」〈Best Music Vedios〉少女時代「JAPAN FIRST TOUR GIRL'S GENERATION」	
2014年（第28回）	〈The best asian artist〉東方神起	
	アジア部門	
	〈New artist of the year〉B.A.P〈Best 3 new artist〉ソ・イングク、B.A.P、リン・ユーチュン（台湾）〈Album of the year〉東方神起『TIME』〈Best 3 albums〉少女時代『Girl's Generation Ⅱ ～ Girls & Peace』、少女時代『Love & Peace』、東方神起『TIME』〈Song of the year by download〉東方神起「Catch Me -If you wanna-」〈Best Music Videos〉東方神起『東方神起 LIVE TOUR 2013~TIME~』	

マス・メディアも、それまでの「韓流」ブームとは異なる扱いでK－POPを報じはじめた。二〇一〇年と二〇一一年、『ミュージック・マガジン』が二年連続で企画した「K－POP特集」で主導的な役割を担った音楽評論家の高橋修が述べたように、「日本の盛り上がりに関しては、大手レコード店の担当者とインターネットの自然な盛り上がりが先導し、マスコミは完全に後追い[12]」するかたちであった。じっさい、マスメディアは猛烈にその後を追っていった。有料チャンネルの加入者増加や視聴率の上昇を目の当たりにしたテレビ放送局は、自らイベントを企画しながら積極的にこの魅力的なビジネスに参入した[13]。二〇一一年の『NHK紅白歌合戦』にも、少女時代、KARA、東方神起の三組が選ばれた。出版業界では、音楽、エンターテインメント、放送、経済、観光などの専門誌によるK－POPの特集記事やムックの出版ラッシュが続いた。

3 「コリアン・インベイジョン」の重層

アジアのポップとしての「コリアン・インベイジョン」

世界第二位の日本の音楽市場で起きた「K－POPブーム」は、世界音楽市場の文脈からみても大きな意味をもっていた。二〇一一年、イギリスの『ガーディアン』紙は、「少女時代がリードするK－POPの日本侵略（Girls' Generation lead K-pop invasion to Japan）」という見出しの東京発の記事を掲載した。「かつてJポップにしか耳を傾けなかった十代や二十代の若者たちがいまやKポップに夢中になることで、西洋アーティストが近づけなかった日本の音楽チャートで次つぎとヒット曲が生まれている」と述べ、「タイやマレーシアに広がったK－POPブーム（K-Pop Wave）への関心が、アメリカ、ラテンアメリカ、ヨーロッパでも高まっている」ことに注目した。『ビルボード』誌の元アジア支局長で、一九八五年から東京のアジア音楽業界をみてきたスティーブン・マクルーア[14]は、「アジア出身のアーティストが国際的に成功するとすれば、それは韓国のアーティストになるだろう」と述べた[15]。

この記事の「侵略（invasion）」という言葉が、かつての「ブリティッシュ・インベイジョン（British Invasion）」を想起させる表現であることはいうまでもない。ビートルズに象徴される「ブリティッシュ・インベイジョン」とは、一九六〇年代半ば、イギリスの音楽（家）がアメリカで起こした巨大な文化現象のことを指す言葉である。五〇年代にアメリカで誕生したロックンロールがイギリスの若者たちによって貪欲に受容・融合されたのち、今度はそこで生まれたイギリスの音楽が一九六〇年代半ば、保守化しつつあったアメリカで新しい音楽を求めていた若者たちの人気を集めた。ビートルズやローリング・ストーンズなどがつくり出したイギリスの音楽からは、チャック・ベリーとエルヴィス・プレスリーをはじめとするアメリカン・ロックンロールの影響を受けつつも、「アメリカ的なもの」とは区別される「イギリスらしさ」が明確に表れていた。

そして、米英の音楽（家）は、競争と協業、融合と相互作用を繰り返しながら冷戦の壁をも乗り越えた「ポップの時代」を開いていく。「ナショナル」な次元では捉えられない生産・消費主体による共通の音楽空間を構築していくことによって、両国の人びとに衝撃と戸惑いを与えた「ブリティッシュ・インベイジョン」は、米英の社会的・文化的・音楽的・経済的関係の産物であり、世界のポップ・ミュージックの新たな出発点となっていったのである。

二〇一〇〜二〇一一年に日本で巻き起こったK－POP現象を「コリアン・インベイジョン」と呼ぶ

としたら、その理由は、この現象が日韓間の社会的・文化的・音楽的・経済的関係の産物であると同時に、アジアから生まれた新たなポップの出発点であるからであろう。先述した『ガーディアン』紙の記事が述べているように、アジア以外の地域でK－POPの存在感が高まったのもこの頃であった。二〇一一年、BoA、東方神起、少女時代、SUPER JUNIOR、f(x)、SHINeeからなる音楽集団「SMタウン」が、「ロックの殿堂」とも称されるニューヨークのマディソンスクエアガーデンのアリーナに立ったのは、アジア人歌手として初の出来事であった。

「コリアン・インベイジョン」をめぐるアンビヴァレンス

「J－POP業界にとっての黒船襲来」(16)といわれたように、「K－POPブーム」に対する日本社会の反応はアンビヴァレントなものであった。自らファンとしてこの現象を享受した人びとを除けば、大半の日本人の感情には未知なものに対する期待と不安が入り混じっていたといえよう。

期待感は、K－POPが日本にもたらす経済効果以外に、J－POP業界に向けられた。「クール・ジャパン」の掛け声とは裏腹に、グローバル展開のスピードが上がらない日本(17)」を変化させる方法論として、K－POPを一つのモデルとして受け入れることが求められはじめたのである。作詞家・評論家として長年音楽産業に携わってきた麻生香太郎のように、日韓の音楽ビジネスに詳しい人びとにとってそれは、「J－POPをモデルにつくり上げられたビジネスモデルを逆輸入すること」で、「自己撞着に陥」りかねないことでもあった。言い換えれば、それにもかかわらず、「K－POPの要素を取り入れていくこと」は、「新時代の音楽産業の概念を発見できないまま今日に至ったJ－POP」を「救う」有効な方法として捉えられた(18)。

国の文化政策のいわゆる「クールジャパン戦略」においても同様であった。そもそも日本の文化政策に「クールジャパン（Cool Japan）」が登場したのは、日本に韓流ブームが巻き起こった頃の二〇〇四年である。「国による積極的な施策が実施されることによって良質のコンテンツが制作され、ビジネスとしても海外に大きく展開している韓国や中国、欧米諸国との競争に打ち勝つとともに、日本文化の発信を通して海外における日本理解の増進を目指すために、コンテンツビジネスの振興を国家戦略の柱と位置付けること」[19]が内閣府知的財産戦略本部によって提案された。

経済産業省に「クール・ジャパン海外戦略室」が設置されたのは、「K－POPブーム」が起こった二〇一〇年であった[20]。経済産業省が作成した『産業構造ビジョン２０１０――産業構造審議会産業競争力部会報告書』では、韓流とK－POPがさらに強く意識されている。

> 経済産業省の「アジア消費トレンド研究会」調査によれば、香港、バンコク、シンガポールなどの市場で、韓国文化、韓国製品の強い浸透が確認されている。たとえば、バンコクのCDショップの店頭にあるアジアのCD／DVDは、韓国物が圧倒的に多く、TVドラマでも韓国ドラマが人気であった。こうした状況は、コンテンツにとどまる問題ではなく、テレビドラマで見かける韓流スターの服装が、韓国ファッションの人気を後押ししているように、ファッション、食文化、インテリアなど幅広い領域に影響を及ぼしている。一方、日本のコンテンツは、バンコクではいまだに「おしん」のDVDが日本コーナーのトップにあるなど、若い人に人気のあるような最新の流行情報が届いていない。一時期興隆したJ－POPも、シンガポールやバンコクでのブームは終焉しているとされる[21]。

その後も、クールジャパン戦略担当大臣の設置（二〇一二年）、官民連携プラットフォームの設立（二〇一五年）など、「クールジャパン戦略」は、「日本が世界でもそのプレゼンスや影響力を維持しつづける」ための重要な政策として推進されていく。そのなかで、K－POPは、「クールジャパン戦略」に取り組んでいくなかでもっとも重要な比較・参考対象の一つであった。[22]

しかし、K－POPに対して「日本を変える」かもしれないという期待感があった一方で、「日本を守らなければならない」という不安感も高まっていた。その象徴的な出来事に、二〇一一年の「フジテレビ抗議デモ」があった。「フジテレビ抗議デモ」とは、「番組編成の韓国ドラマ・K－POP偏重」「国旗掲揚と国歌斉唱のシーンを放映しない反日活動」に抗議し、「韓国の文化輸出戦略から日本を守る」ことを訴え、お台場のフジテレビ前でおこなわれた集会のことである。そのうち、二日目の八月二一日には、警察発表で三五〇〇人、主催者側発表で八〇〇〇人が集まったという。[23]『ネット右派の歴史社会学』の著者・伊藤昌亮《まさあき》は、「フジテレビ抗議デモ」の様子を「巨大な隊列を組んで練り歩く彼らの姿が白日のもとにさらけ出された」[24]と書いている。ここでいう「彼ら」とは、「ネット右派」のことであり、バブル経済が弾けた一九九〇年代に生まれ、二〇〇〇年代を通して顕在化した、「ネット上で保守的・右翼的な言動を繰り広げる人びと」[25]を指す。

社会学者の毛利嘉孝《もうりよしたか》は、「日本を守らなければならないという大義」を共有する「自分を実有の市民として自負している集団が可視化」された点で、この集会が二〇〇〇年代前半に始まったそれまでの「嫌・韓流」とは異なると指摘した。その年に起きた東日本大震災がさまざまなかたちで日本を分断するなか、「韓国ドラマやK－POP」を「日本に対する潜在的な危機」として認識する「愛国心」が、非日常化する生活への不安の反動として表れたという。[26]「ネット空間」の存在が「日本を守るため」[27]に「リアルな都市空間」に姿を現した光景は、「K‐POPブーム」がもたらした不安と、そこから派生した政治的な運動の主体の中身をあらわにした。

4 ガールグループからみえたもう一つの分かれ道

K‐POPガールグループの異質性と普遍性

十〜二十代の女性ファンが半分以上を占めているKARAや少女時代の舞台と、彼女たちによって「ヤングタウンに生まれ変わっている」[28]新大久保のコリアタウンの風景は、市場と言説空間の「認識＝カテゴリー」における「韓流」の位置付けを大きく変えていった。同時にそのインパクトは、「女性アイドルグループ」をめぐる日本の根強い産業・文化的構造自体にまで及んだ。

女性アイドルグループ主導のK‐POPブームが巻き起こった頃、日本の女性アイドルグループを代表していたのはいうまでもなく「国民的アイドルグループ」と呼ばれていたAKB48であった。AKB48は、東京・秋葉原の専用劇場を拠点にして二〇〇五年に結成された。プロデューサーの秋元康は、一九八〇年代に社会現象となったおニャン子クラブなど、数々のアイドルを手がけている。「会いに行けるアイドル」というコンセプトを掲げ、「テレビによって作られる従来型のアイドルとは一線を画す、ファンとの距離の近さ」[29]で人気を拡大した。二〇〇九年からシングルの楽曲を歌うメンバーと体制をファン投票で選ぶ「AKB48選抜総選挙」を実施したのもその一環であった。

AKB48はシングル曲「ヘビーローテーション」が大ヒットを記録した二〇一〇年以降、女性アイドルグループとしては前代未聞の記録を更新しつづけた。二〇一一年から二〇二〇年まで発表した三八枚のシングル曲がすべてミリオンセラーを記録、二〇一九年の時点でCD総売上枚数は六〇〇〇万枚を突破した。その間、三年連続（二〇一二～二〇一四年度）で「日本ゴールドディスク大賞」を受賞している。

アジアでもその人気は高く、SKE48（名古屋）、NMB48（大阪）、HKT48（福岡）、NGT48（新潟）、STU48（瀬戸内）などの国内姉妹グループだけでなく、JKT48（インドネシア）、BNK48（タイ）、MNL48（フィリピン）、Team SH（中国）、Team TP（台湾）、SGO48（ベトナム）などのアジア諸地域のローカル・ユニットをもつ「AKB48グループ」に成長していった。

AKB48に代表される日本の女性アイドルグループの「認識＝カテゴリー」からすれば、K-POPの女性アイドルグループは、きわめて異質であった。KARAと少女時代のコンサートの風景が日本の音楽業界を驚かせたのは単に彼女たちの音楽性がそれまでの韓流と違っていたからだけではなく、「女性に支持される女性アイドル」という、馴染みのない存在を目の当たりにしたからであった。

韓国においても、「ガールグループ」という概念は、当初男性ファンに向けてつくられた。それが大きく変化したのは二〇一〇年前後である。二〇〇九年に並んでデビューした2NE1（トゥエニィワン）、f(x)、Brown Eyed Girlsなどのガールグループが新たなコンセプトを提示したのである。彼女たちのパフォーマンスは、サウンドと歌詞、ダンスと衣装、化粧と表情に至るまで「私らしさ」を表現することに徹底していた。その頃から流行しはじめた「女性が憧れる女性」という意味の「ガールクラッシュ」の代表曲といえるのは、日本でも二〇一一年の「第五三回日本レコード大賞」新人賞を受賞した2NE1の「I AM THE BEST」であろう。「私が一番イケてる」と繰り返すラップと強烈なサウンド、破格なルックスと激しいダンスパフォーマンスは、「ガールグループ」のステレオタイプを覆しながら、世界中の若い女性ファンを獲得していった。

こうした変化は、K－POPが本格的にアメリカ市場を目指しはじめたこととも密接に関わっている。アメリカにおいて初めて発見されたK－POPアイドルはガールグループであった。二〇〇九年、韓国人グループとして初のビルボード・シングルチャート（「HOT100」）にランクイン（七六位）したのは、ガールグループWonder Girlsの「Nobody」である。二〇一一年には、2NE1が「K－POPセンセーション」[30]と呼ばれ、アメリカM-TV Iggyの「ベスト新人バンド賞」を受賞した。Psy（サイ）の「江南スタイル」がグローバルなメガヒットを記録する一年前のことであった。

アメリカでは、アジアの音楽、しかも「アイドル」に対する偏見がメディアや音楽業界に根付いていた。そのなかで、少女時代、f(x)などのガールグループがMTVやビルボード、fuseのような若い音楽ファンの流行に敏感な音楽メディアに発見されていったのである。それは、彼女たちの音楽と感性が「普遍的なポップ」に近づいていたからであった。ちょうど二〇一〇年前後、レディー・ガガ、テイラー・スウィフト、ビヨンセ、リアーナ、アデルなどが音楽市場を席巻し、女性アーティストと女性ファンダムによる「フィメール（女性）ポップの時代」[31]が到来していた。

つまり、時代の「ポップ」に求められていた女性の主体性とエンパワーメントの感覚を、K－POPのガールグループは意識し、体現していた。KARAと少女時代の客席を女性ファンが半分以上埋めていた光景は、日本のアイドル業界においては異様に映ったが、欧米ではすでに当たり前だったのである。また、その後二〇一〇年代を通してソーシャルメディアを中心に「アイデンティティ政治」の時代を経験したことを考えれば、日韓のガールグループのあいだの違いは、J－POPとK－POPのもう一つの大きな分かれ道だったともいえよう。

もちろん、両方を単純に比較してK－POPのガールグループが「理想的」であると主張するわけではない。「徹底した自己管理による少女時代の理想化された身体」[32]がある種のルッキズム（外見至上主義）を再生産した側面も、その「従順な女性と強い女性両方を行き来する2NE1の語り」が「結局女性の他者化から外れていない」[33]という側面も、問題として依然存在する。

しかし一方で、「女性アイドルの身体による行為が文化的に形成・表象され、その身体が社会的につくられていく過程」[34]がつねに意識され、さまざまな闘争を生み出すという意味で、K－POP女性アイドルが日本の「女性アイドル観」に与えた影響は小さくない。韓国のアイドル専門ウェブマガジン『Idology』の編集長ミミョ（미묘）が述べているように、「性的対象化を必然とするアイドル産業」において二〇一〇年前後のガールクラッシュは、「女性に勇気を与えること」については制限的ではあったものの、その試みが、K－POPの女性アイドルによるその後のさらなる表現と語りを発展させたのはたしかであった。[35]

こうした女性アイドルをめぐる日韓の認識の違いは、「グローバル」な次元において「特殊を目指すJ－POP」と「普遍を目指すK－POP」という方向性を与えた。J－POPの女性アイドルが「日本文化特有」のものとして堅持されたのに対し、K－POPの女性アイドルは、韓国はもちろん、グローバルなファンダムとファン以外の人びとが参加する、アイデンティティ政治の「闘争の場」に変化していったのである。

5　TWICEがもたらした「移動」の転換

社会現象となった「TT」

これまで述べてきたように、一九六五年の国交正常化以来、日韓の音楽的関係はモノ・コト・ヒトのさまざまな「移動」によって変容してきた。

「ポップ」を構成するあらゆる要素の移動は、音楽市場の規模、世界（アメリカ）のトレンド、生産・消費主体の欲望によってその方向性と内容が決まる。日韓のあいだにおいて音楽の移動が絶えたことは、実のところ一瞬もない。日本のポピュラー音楽が禁止されていた約四〇年のあいだも、音楽（家）から、楽器、技術とノウハウ、レコードとメディア、マネージメントシステムまで、「音楽資本」ともいえるモノ・コト・ヒトの移動は、韓国の音楽産業・文化に多大な影響を与えつづけた。

「ミュージシャンの移動」に焦点を当てると、この時代、移動の方向性は明らかに「韓国から日本へ」の方に向いていた。前述のように、音楽市場を中心においた日韓ポピュラー音楽史の大半は、李美子（六〇年代）からはじまり、李成愛（七〇年代）、チョー・ヨンピル（八〇年代）、李博士（九〇年代）、BoA（二〇〇〇年代）、ＫＡＲＡ（二〇一〇年代）に至るまで、韓国のミュージシャンの「日本進出」がほとんどを占めている。これは、日韓のポストコロニアルな関係、音楽産業の格差、世界（アメリカ）との距離、生産・消費主体の欲望が複雑に作用した結果であった。

歴史的な文脈からみると、女性アイドルグループＴＷＩＣＥは、日韓における「移動」の方向性を大きく転換させたミュージシャンである。二〇一五年一〇月にＪＹＰエンターテインメントからデビューしたTWICEは、韓国出身の五名、日本出身の三名、台湾出身の一名から構成される多国籍アイドルグループである。二〇一七年六月に日本で正式デビューした頃には、ヒット曲「TT」の振り付け「TTポーズ」とともに、すでに女子中高生を中心とするファンダムが築かれていた。日本のマスメディアや音楽業界をまったく通さずに、日本の若者のあいだで大きなブームになっていたのである。[36]

TWICEが同じくガールグループRed Velvet（二〇一四年デビュー）、BLACKPINK（二〇一六年デビュー）とともにブームを起こした二〇一〇年代半ばは、二〇一二年からの日韓関係の悪化を受けて日本のテレビからK-POPが消え、「韓流ブームの終焉」という認識が日本で広がった時期であった。[37] たしかに、「日韓関係」の悪化は二〇一〇～二〇一一年のブームを通じて拡大したK-POP市場に影響を及ぼした。二〇一一年に二六五・八億円だったK-POPレコードの売上金額は、二〇一五年には一六五・一億円にまで落ち込んでいる。[38] 社会的にも、K-POPを消費しないことだけにとどまらず、韓国人と韓国文化への反感が「嫌・韓流」とともに醸成され、抑圧的な空気をつくっていた。

しかし、このときすでにK-POP市場のあり方は、レコードの売上やマスメディアの話題性では把握しきれないものになっていた。日本の若者はテレビ視聴やレコード購入といった既存の消費パターンから離れ、ソーシャルメディアやコンサート会場を通じてK-POPのバーチャルかつリアルな音楽空間に直接参加していたからである。じっさい二〇一三年から二〇一七年のあいだも、K-POPコンサートは毎年三〇〇～四〇〇万人程度の観客を動員しつづけた。[39]

ソーシャルメディアとコンサートを中心とした新たな消費と参加は、K-POP市場をむしろ拡大させていった。TWICEの日本デビュー翌年の二〇一八年には、日本のK-POPレコード売上金額は二〇一一年を上回る過去最高の二七四・五億円に達し、TWICE単独の売上はBTSの五四・七億円

図8－1　2017年のSHIBUYA109夏のセールポスター（SHIBUYA109ホームページより）[41]

に次ぐ三八・五億円にのぼった。[40] 渋谷を象徴する商業施設SHIBUYA109にはTWICEの巨大な広告が掲げられた（図8－1）。日本の若者がつくり上げたTWICE現象は、二〇一二年以降冷え込んでいた日韓関係と、消極的になっていたマスメディアに変化をもたらした。マスメディアの報道には再び「K－POPブーム」という言葉が登場し、「第三次韓流ブーム」と称される人気アーティストが次つぎと紹介された。二〇一八年、TWICEはK－POP歌手としては七年ぶりとなる紅白出場を果たした。

K－POPアイドルを目指す日本の若者たち

「TWICE現象」が可視化させたのは、「史上最悪の日韓関係」のなかでもなお活性化していた日本のK－POP市場だけではなかった。TWICEで活躍する三人の日本人メンバーに憧れた日本の若者たちが「K－POPアイドルの夢」を追いかけて韓国へ渡りはじめたのである。[42] このような若者たちは、かつての日韓のポピュラー音楽の歴史のなかでは存在すらしていなかった。

日本の音楽業界をさらに驚かせたのは、二〇一八年のAKB48グループ選抜総選挙で一位と三位に選ばれた松井珠理奈《じゅりな》（SKE48）と宮脇咲良《みやわきさくら》（HKT48）が「渡韓」したことであった。日本ですでに多くのファンを獲得した人気アイドルが、日本のアイドルとしての「韓国進出」ではなく、オーディション番組『PRODUCE 48』の練習生となり、K－POPアイドルになるための競争に飛び込んだのである。そのすがたは、日本人だけでなく、それまで韓国ミュージシャンの「日本進出」に慣れていた韓国の社会にも衝撃を与えた。宮脇ら三名の日本人練習生が九名の韓国人メンバーとともにIZ*ONE（アイズワン）としてデビューする過程は、日韓における移動の方向性と内実の変化を劇的に示していた。

市場規模だけでいえば、日本から韓国に移動する理由はないようにみえた。二〇一八年に韓国の音楽市場は世界第六位にまで成長していたが[43]、第二位の日本の三〇四八億円[44]と比べると依然大きな差を付けられていた。この頃から日本のメディアは、「日本の若者たちはなぜ韓国に行くのか」という疑問を投げかけはじめた。その答えの一つは、彼女・彼らが「世界進出への野心[45]」を抱いたからにほかならない。グローバルな音楽産業が急速に再編されるなか、日本の若者たちはK－POPの方が世界（アメリカ）により近いと判断し、グローバルなポップスターになりたいという自らの欲望をそこに向けるようになったのである。

渡韓した日本の若者たちは、どのようにしてK－POPアイドルになるのであろうか。ソウルに渡った彼女・彼らを待ち受けているのは、前述したTWICEと宮脇咲良も経験した「オーディション」である。

オーディションというフォーマット

そもそも「オーディション」というフォーマットは新しいものではない。日本においても、日本テレビの『スター誕生！』（一九七一〜一九八三年）以来、数々のオーディション番組がアイドルを輩出してきた。二〇〇〇年代以降に限っても、アメリカの『アメリカズ・ゴット・タレント』（二〇〇六年〜現在）などのオーディション番組が世界的ブームとなっていた。K－POP業界においては二〇〇〇年代後半にオーディションが本格的に始まった。男性アイドルグループBIGBANG（二〇〇六年、YG）、2PM、2AM（以上二〇〇八年、JYP）がオーディション番組を通じてデビューしたのがきっかけであった。

K－POPオーディション番組がもつ最大の特徴は、内側からの参加者（練習生）の「競争」と、外側からのファンの「競争」による「サバイバル」の形式をとっていることである。字義どおり、「異常な事態のもとで、生き延びる競争」は、アイドルに求められる歌とダンスの「能力」とファンを惹きつける「魅力」を発掘する主なツールとなる。たとえばTWICEのメンバーが選ばれたオーディションにおいても、「メジャー組」と「マイナー組」を振り分けるかたちでおこなわれていた。マイナー組がメジャー組のペンダントと地位と特権を奪いとり、メジャー組はそれらを守るという競争に、ファンが積極的に参加する仕組みであった。(46)

K－POPにおいて、オーディションというフォーマットは多様性を確保するツールでありつづけた。韓国ポップが新たに生まれた一九九〇年代、主な担い手となったのは一九六〇〜八〇年代にアメリカに渡った移民の二世、三世の若者であった。(47)ヒップホップとラップを持ち帰ったこの新たな主体は、従来の韓国的なものとは異なる国際感覚をもっていた。九〇年代後半に登場したK－POPアイドルの第一世代のなかにも活躍した者が少なくない。その頃に本格化したオーディションは、そういった韓国系の若者に加えて、外国人の若者にも門戸を広げていった。二〇〇八年にデビューした2PMのタイ人メンバー、ニックンを皮切りに、その後、K－POPアイドルグループは多国籍化していく。

海外の若者にとって、オーディションは、アジアからヨーロッパやアメリカ大陸にまで拡張していく

K‐POPを通じて「グローバルなポップスター」になるためのチャンスの場となった。二〇〇八年、アメリカのニューヨークとロサンジェルスなどでツアーオーディションを開催したJYPエンターテインメントが掲げたキャッチフレーズは、「次のワールドスターは誰だ？（WHO IS THE NEXT WORLD STAR?）」であった。[48] じっさい二〇一〇年代に入ると、K‐POP業界からは、二〇〇八年の時点で想像していた「次の」の意味をはるかに超えた「ワールドスター」が続々と生まれていく。つまり、TWICEのデビューが日本に衝撃を与えた二〇一五年の時点で、「K‐POPアイドルになる」ことは、すでにアイドルを目指すアジアの若者たちにとって共通の夢になっていたのである。

TWICEとIZ*ONEの成功以降、K‐POPアイドルになるために日本から移動する若者は後を絶たない。二〇一九年、イギリスの『ガーディアン』紙は、AKB48の元メンバー竹内美宥《みゆ》など、K‐POPアイドルに挑戦する日本の若者に関する特集記事を掲載した。記事によれば、韓国のある有名K‐POP予備学校に毎年登録している日本人の数は五〇〇人にのぼっているという。[49] 日本でオーディションを準備する若者を含むとその数はさらに増える。同じ年、ソウルでK‐POPアイドルになるためにオーディションに挑む「K‐POP予備軍」は、韓国国内で一〇〇万人と推計されていた。[50]

二〇一〇年代後半以降、K‐POPアイドルにおける日本人メンバーの存在感は、ますます大きくなっていった。二〇二三年九月現在、日本人メンバーが活躍している多国籍アイドルグループは、一九のボーイバンドと二五のガールグループにのぼる。[51] 変わったのは若者たちの移動の方向だけではない。男性アイドルグループJO1とNiziUを輩出した『PRODUCE 101 Japan』と『Nizi Project』をはじめとする、K‐POPのオーディションフォーマットとノウハウ、マネージメントシステム、資本が、「韓国から日本へ」と移動の方向を変えている。こうした日韓の活発な移動は、K‐POPから「ワールドスター」が輩出される限り続くであろう。じっさい、二〇二〇年代におけるK－POPアイドルのグローバルな成功は、TWICEがデビューした二〇一五年の想像力をもはるかに超えている。二〇二〇年から本格的にアメリカ活動をはじめたTWICEは、二〇二二年から二年連続で五万人規模のスタジアムコンサートを満席にするなど、「K－POPガールグループ初」となるさまざまな記録を更新しつづけている。

第9章　ポップの夢
——BTS現象とシティポップ・ブーム

1　BTSがたどり着いた「アメリカ」

リスクとしての東アジア・ナショナリズム

二〇一二年頃、Psyの「江南スタイル」の動画がYouTubeで驚異的な再生回数を記録し、グローバルなメガヒットとなった。その時期に、日中韓、すなわち「韓流の拠点」ともいえる東アジア諸国では何が起こっていたのか。

まず日本においては、第8章で詳述したように、二〇一〇〜二〇一一年の「K－POPブーム」を経て、ソーシャルメディアと若者が主導する新たなK－POPの音楽・メディア空間が築かれていく。九〇年代後半に韓流が巻き起こった中国市場も、新たな段階に突入していた。二〇一二年、韓国と中国で同時にデビューしたEXO-KとEXO-M（マンダリン）は、その象徴的な存在であった。SMエンタテインメント所属の両チームが韓国と中国を拠点にK－POP市場を席巻する様子は、K－POP業界における中国市場の新たな方向性と、中国で増大するK－POPの影響力を示していた。

韓国においても、韓流はそれまでとは異なる特別な響きをもちはじめ、国家ブランドの中核として文化政策や公共外交の対象となっていった。二〇一三年に韓国政府が「創造経済」というキャッチフレーズを打ち出したさいにK－POPの成功が主な事例として挙げられたように、この頃になると、文化産業は、政策の産物ではなく、むしろ政策の方向性を示すモデルとして認識されるようになる。

しかし一方で、日中韓の拠点がはらむ「リスク」が次つぎと可視化されていった。

日本においては、「嫌・韓流」の動きだけでなく、「二〇一二年に日韓関係がぎくしゃくし、以来五年間、韓国の歌手は紅白歌合戦に選ばれなかった」[1]ことからもわかるように、政治的な動向がK－POPに直接的に反映されるようになる。それは、韓国で日本の音楽が禁止されていた時期を含めて、従来の日本の韓国音楽市場では経験したことのない動きであった。

中国においてはより歴然としていた。二〇一六年、韓国がアメリカの要請を受け入れ、「THAADミサイル（終末高高度防衛ミサイル）」を韓国内に配備したことを理由に、中国ではK－POPを含む韓国文化の輸入がほぼ禁止されたのである。いわゆる「限韓令」である。この措置でK－POP業界は、急成長していた中国の巨大市場で莫大な損失を受けることになる。同時に、中国人メンバーをもつアイドルグループの活動も制限され、活性化していたK－POPをめぐるモノ・コト・ヒトの移動経路も断絶された。

韓国国内においても新たなリスクがみえてきた。二〇一〇年代から「韓流」を支援すると同時に動員しようとする韓国政府の動きがより活発になっていった。その主な場となったのは、李明博《イ・ミョンバク》（이명박）政権が二〇一〇年に立ち上げた「パブリック・ディプロマシー（公共外交）」である。従来の外交とは異

なり、ソフトパワーによる国家ブランドの構築を重視するパブリック・ディプロマシーにおいて、「韓流コンテンツ」は、韓国の核心的な外交資源であった。そのなかでも、海外の巨大なファンダムを獲得し、大型コンサートを含むさまざまなイベントをおこなうK－POPは、ナショナル・イメージを向上するもっとも重要なソフトパワーとして認識された。じっさいその後、すべての政権は、K－POPをパブリック・ディプロマシーに積極的に活用していく。「K－POP」の「K」を「Korea」に引きつけようとする力がさらに強まったのである。

もちろん、「K」を「Korea」から切り離すことはできない。二〇一〇年代を通してK－POPがグローバル化していくなかで、海外における官民の連携が与えた影響も無視できない。しかし同時に、パブリック・ディプロマシーとビジネスの相互作用を目標とする官民の連帯を超えた、「国家イメージ」ではなく、「政権イメージ」の向上を狙っているかのような過剰な依存と動員が、K－POPにとって大きなリスクとして作用してきたことも否定できないであろう。そもそも文化政策において、どこまでが支援でどこまでが動員なのかという基準は曖昧であるが、政治的構図がアメリカの「民主党vs共和党」のように極端に分断されている韓国社会において、政権がK－POPに接近する、もしくはK－POPをパブリック・ディプロマシーに活用することは、業界にとってそれ自体リスクをはらんでいる。

こうした国内外の政治的リスクを避けるためにK－POP市場の多角化を求める声も、ますます大きくなっていった。とくに東南アジアとともにK－POP市場の圧倒的シェアを占めていた日本と中国の市場に対しては、「韓国との政治的・歴史的葛藤の要因がつねに存在するため、いつでも外交的摩擦が起こる可能性があり、文化交流にも直接的・間接的影響を及ぼす可能性が高い」(2)という認識が広まった。そ

突破口は開かれた。しかしそれは、多角化を意識したビジネス戦略や韓流政策とは無縁であった。そ

れまでのK‐POPの歩みからは誰にも予想できないかたちで、BTS（防弾少年団）が「アメリカ」への道を切り拓いたのである。

ファンダムがリードしたアメリカ進出

七人組男性アイドルBTSは、K‐POPの「闘争性」を先鋭的なかたちで体現するグループである。二〇一〇年代後半から、K‐POPにおいても、グローバルな音楽産業においても絶大な支持を集め、比類なき存在となった。

二〇一三年に、BTSは業界の片隅にある小さな音楽事務所であったBigHitエンターテインメントからデビューした。この時期、K‐POP業界全体が、東アジアのナショナリズムに端を発する混乱を警戒し、リスク管理をより重視しはじめていた。BTSの活動の特色は、むしろその流れとは逆行していた。ヒップホップやEDMを取り入れたスタイルで、音楽業界の権力構造、「ヒップホップ・アイドル」への偏見、社会の不条理に対するアイドル／若者の抵抗を臆することなく表現したのである。彼らは、K‐POPに求められる完璧なパフォーマンスや最先端の音楽トレンドを身につけている一方で、自らの周縁性と社会への抵抗を大衆的なサウンドで表現する点で、K‐POPの原点である九〇年代のソテジワアイドゥルを想起させた。

BTSが歌う「周縁的存在の成長物語」は、それまでのK‐POPが経験したことのない反響を呼び起こした。アメリカや欧州など比較的K‐POP人気の低かった国と地域の若者が、言葉の壁を越えてBTSに熱狂しはじめたのである。韓国の音楽評論家キム・ヨンデによれば、アメリカでBTS人気に火が付いたのは、はやくも二〇一四年頃であった。CJ ENM主催のKカルチャーフェスティバル（KC

ＯＮ）の舞台に上がったＢＴＳに対して、アメリカの現地メディアを驚かせるほどの「異例の熱狂ぶり」であったという[3]。

熱狂の規模はすぐさま数字に表れた。翌年の二〇一五年、ミニアルバム『花様年華 Pt. 2』がビルボードのアルバムチャート（Billboard 200）にランクインした（一七一位）。二〇一六年には、正規アルバム『WINGS』が、韓国人ミュージシャンとしては過去最高となる二六位を獲得する。いずれも「防弾少年団（방탄소년단）」というグループ名で発表した韓国語のアルバムであった。

韓国はもちろん、アメリカの業界をも驚かせたこの「アメリカ進出」は、Ｋ－ＰＯＰ業界が推し進めたのではなく、海外のファンダムによって引っ張られるかたちで実現した。ＢＴＳのプロデューサーのパン・シヒョク（방시혁）は、二〇一六年のインタビューで次のように述べている。

> 防弾少年団は、Ｋ－ＰＯＰとしてもっている長所を最大限活かしながら今日の位置までできたと思うので、今後もＫ－ＰＯＰ歌手としての成長に焦点を当てるつもりです。その過程で限界を超え、単純な注目にとどまらないかたちでアメリカのメインストリーム市場に進出できればありがたいですが、海外進出を本格的に準備するのは、まだ「過猶不及」〔過ぎたるはなお及ばざるがごとし〕だと思います[4]。

しかし、彼のいう「限界」はすぐに超えられてしまう。翌年の二〇一七年、ＢＴＳは、アメリカの三大音楽賞「アメリカン・ミュージック・アワード（ＡＭＡ）」の舞台で韓国語のヒット曲「ＤＮＡ」を歌った。この時点ですでに彼らはアメリカの音楽業界やマスメディアも把握しきれないほどグローバルな現象になっていた。二〇一八年、アメリカレコード協会（RIAA）は、シングル曲「MIC Drop」を「プラチナ・ディスク」（一〇〇万枚以上の売上）に認定し、アルバム『LOVE YOURSELF 結 ANSWER』とシングル曲「DNA」、「FAKE LOVE」を「ゴールド・ディスク」（五〇万枚以上）に認定した。[5]

さらに、一九三万六四二席を完売させた世界ツアー「Love Yourself World Tour」が始まると、アメリカのメディアは、BTSの破竹の勢いを、一九六四年にビートルズが巻き起こした「ブリティッシュ・インベイジョン」と比較した。ニューヨークのシティ・フィールドやロンドンのO2アリーナといった巨大な会場をファンで埋め尽くす様子が、かつてアメリカのシェイ・スタジアでおこなわれたビートルズの歴史的公演を彷彿させたのである。[6]

アメリカ文学・ポピュラー音楽研究者の大和田俊之によると、BTSの成功がアメリカで「ビートルズの再来」と呼ばれるのは、BTSがビートルズのように世界中の若者を熱狂させただけでなく、彼らの成功が一つの頂点になり、ビートルズの「ブリティッシュ・インベイジョン」のように、アジア／アジア系カルチャーの台頭を導いているからであるという。[7] 大和田がBTSを「アメリカ音楽の系譜」に位置付けたことからもわかるように、「BTS現象」は、アメリカ音楽の「地図」そのものを書き換えたのである。

日韓のポピュラー音楽史においても、BTSによる「アメリカ進出」はきわめて大きな意味をもつ。それまで日韓両国が一方的に欲望を向けてきたアメリカで、アジアのミュージシャンが熱狂的に欲望されるというかつてない現象が、日本社会で強固に築かれた「アジア／日本／西洋」の「認識＝カテゴリー」を根底から覆すとともに、韓国という「他者」に対するまなざしを大きく変えたからである。このときから、日本のメディアは、「韓国政府の後押し」を強調する古い韓流論から脱却し、そもそもK－

POPとは何か、J－POPとは何が違うのか、という問いを真剣に考えはじめる。

2　グローバルファンダムが示した「日韓」の超え方

ARMYのファン・アクティビズム

この「BTS現象」の核心にあるのは、彼らのファンダム「ARMY」の存在である。BTSのファンクラブARMYは、一九九〇年代から形成されたK－POPファンダムの闘争的かつ献身的な姿勢を受け継ぎながら、一方で「多様性」という新たな要素を加えた、世界でもっとも巨大かつ強力なファンダムである。その多様性は、一〇〇以上の国・地域からのさまざまな民族、人種、宗教、世代によって与えられている。

ARMYの特徴は、さまざまな場における「ファン・アクティビズム」を通じて表れる。韓国の文化研究者ホン・ソクキョンによれば、ファン・アクティビズムとは、「ポップカルチャーを軸に形成されたファン集団の社会運動」である。海外におけるK－POPファンダムは、単に歌とダンスだけでなく、ファン文化に内在する韓国的な人間関係、ファンとスターの熱い絆、組織的なファンダム活動で得られる帰属意識などに魅力を感じているという。(8) つまり、「BTS現象」によって、彼らの歌とともに、K－POPのファンダム文化そのものがグローバルに広がったといえる。

もともと、ファン集団である「ファンダム（fandom）」は、消費者（consumer）とも、受容者（audience）とも異なる、共通の規範と秩序、認識と感情を共有する共同体を意味する。韓国の文化研究者キム・スアは、これまでのファンダム研究が「ファンダムに対する否定的なステレオタイプ」に注目するあまり、抵抗する主体として位置付けようとする一方で、ファンダム内部のダイナミズムについては十分な議論をしてこなかったと指摘する。キムによれば、ファンダムの境界を定める内側の規範と共同体意識のなかに、ファンダムに属さない人びとには理解しがたい行為や考えが含まれている。[9] つまり、ファンダムの外側からファンダムを理解するために必要なのは、その境界線を理解すること、つまり理解しきれないことを理解することである。

図9－1　BTS日本デビューシングル（ポニーキャニオン）

そういう意味で、内側と外側がつながると社会的行為であるファン・アクティビズムは、ファンダムがもつ「共同体としてのアイデンティティ」を理解する重要な手がかりとなる。ＡＲＭＹの場合、その共同体意識の特徴は、アイドルを完璧なものとして崇拝するのではなく、それぞれのファンがＢＴＳの周縁性を共有する個々の主体として集まり、「集合知」を築きながらアイドルとファンダム両方の成長を目指すところにあるといえる。

ＢＴＳのファンダムは、彼らの音楽的成長を応援することにとどまらず、彼らに対して疑問を投げかけることもためらわない。ＢＴＳの活動初期にＡＲＭＹは、一部の歌詞とミュージックビデオのなかにミソジニー（女性嫌悪）や黒人文化の盗用があると批判した。[10] ほかにも社会に対して「正しい」影響力を発揮しようとする試みも目立つ。たとえば二〇二〇年に、黒人のジョージ・フロイドが白人警官に膝で首を地面に押し付けられ亡くなった事件を受け、アメリカ各地で起きた抗議デモ「ブラック・ライヴズ・マター」において、ＢＴＳの寄付額と同じ一〇〇万ドルを「ＡＲＭＹ」の名前で寄付したことは、ＡＲＭＹのファン・アクティビズムがもつ性格の一端を示している。

日本におけるBTS現象とARMY

日本は、ARMYの影響力がもっとも早く表れた国・地域の一つである。アメリカでBTSのファンダムが発見された二〇一四年、日本ではすでに単独のアリーナ公演が開催され、二日間で二万四〇〇〇人を動員するほどのファンダムが形成されていた。[11]「日本ゴールドディスク大賞」においても、二〇一五年（第二九回）に「アジア部門」の新人賞〈New artist of the year〉と〈Best 3 new artist〉を受賞している。[12]

BTSへの関心がファンダムを超えて日本社会全体に広がりはじめたのは、BTSのアルバム『LOVE YOURSELF 轉 'Tear'』がビルボード・アルバムチャート（Billboard 200）で一位を獲得した二〇一八年であった。海外アーティストとしては初の初週四〇万枚超えを記録した日本盤シングル「FAKE LOVE/Airplane pt.2」を含めて、この年BTSは総売上金額五四・七億円を記録する。これまでTWICE（三八・五億円）、東方神起（二七・九億円）、SHINee（一六・六億円）、BIGBANG（一六・四億円）が拡大してきた日本のK－POP市場は、過去最大規模に達した。[13]「日本ゴールドディスク大賞」においても、二〇一九年（第三三回）以降五年連続でアジア部門〈The best artist〉を受賞した。[14]

悪化した日韓関係を注視していたマスメディアの報道にもさらに火がついた。「BTS現象」を「第三の韓流ブーム」と呼び、それまでの「韓流ブーム」以上に大々的に取り上げた。というのも、日本の音楽（家）が挑みつづけた「アメリカ市場」の扉を、BTSがついに開いたからであった。日本のマスメディアは、BTSがアメリカ進出を達成した理由を探したが、その答えは、じつは日本のなかにもあった。グローバルにつながるファンダムのなかの日本のARMYたちが「BTS現象」をともに牽引していたのである。

ほかのＫ－ＰＯＰファンダムにもいえることであるが、グローバルなファンダムの内側にいながらも、独自のアイドル文化をもつ日本のＡＲＭＹと、韓国のＡＲＭＹとのあいだにはいろいろな面で興味深い差異が存在する。

社会学者の吉光正絵によると、日本のＫ－ＰＯＰファンダムの特徴は、海外ファンダムの能動的な行動を生む「抵抗精神」より、「推し（応援対象）を悲しませない」ことと「ファン・マナー」を重視することであるという。ファンダムの内側では、「対立と争いを避ける工夫」が共有され、ソーシャルメディアでの自己表現やネットワーキング、社会運動への関与は「ファン・マナー」を尊重する範囲でおこなわれる一方で、コンサートツアーの応援により重点が置かれる。(15)

こうした特徴が、日本の外側からは「従順で大人しいファン文化」にみえることもあるが、これを「抵抗精神のなさ」であると単純に解釈することはできないであろう。そこには、日本固有のファン文化の伝統だけでなく、「日本におけるＫ－ＰＯＰ」ならではの産業構造と社会的文脈が存在しているからである。

産業構造からみえてくるのは、「日本語盤Ｋ－ＰＯＰ」の存在である。本書でその歴史的経緯をみてきたように、日本は、ほぼすべてのＫ－ＰＯＰアイドルが韓国語と英語以外のローカル言語で楽曲を発表する唯一の国である。日本語盤の楽曲とアルバムが世界的に注目されることもたびたびあるが、グローバル市場における韓国語と英語の歌詞がもつ影響力に比べると当然ギャップは生じる。その分、日本語盤をめぐるファンダムの活動も日本以外の国からはみえにくく、日本のファンダムに対するステレオタイプのような印象論が再生産されることがある。

日本のファンの特徴の背景にある社会的文脈とは、いうまでもなく「日韓関係」の影響である。ＢＴ

Sが日本でデビューした二〇一四年前後は、「嫌・韓流」が出版業界やソーシャルメディアを通じて拡散していた頃で、「史上最悪の日韓関係」の空気が日本のK－POPファンを抑圧する力となって働いていた。K－POPがグルーバル化していくなか、その浸透に対して警戒心と偏見を示す国・地域は少なくなかったが、そのファンダムがヘイトの対象になったのは、日本と中国といった、韓国との特殊な関係をもつ近隣国に限られる。

そのなかで、ARMYとしての自分のアイデンティティを表明し、現実空間とソーシャルメディアのあいだを行き来しながらBTSを応援しつづけることが、ヘイトに立ち向かう行為へとつながった。日本のファンが「ファン・マナー」を重視し、コンサートツアーに集中するのは、単に日本的な規範の表れではなく、つねに顕在化している「外部からバッシングされるリスク」からアイドルとファン自身を守るための戦略であると読み取ることができる。

「秋元康コラボ中止」と「原爆Tシャツ」にみる日韓の超え方

日韓のARMYがそれぞれ性格を異にしているからといって互いに断絶しているわけではない。結局は活発に交流しながらグローバルなファンダムを築いているのである。

ライターの巣矢倫理子は、二〇一六年に、BTSの歌詞がミソジニーであると批判されたことに対する所属事務所BigHit（現HYBE）の対応について次のように述べている。

> 私は腰を抜かした。表現に対する責任感と、ミソジニーへの真摯な反省が具体的に表現されている。誠実だ。ファンの抗議行為だけでも驚きなのに、ここまで丁寧なフィードバックは見たことがなか

った。乱暴な印象だが、公式側とファンダム側で「対話が成立している」ように見えたのだ。いったいこのコミュニティの内側では、どんな人がどんなふうに推しと向き合っているのだろうか？[16]

グローバルなファンダムとともに「外側を見つめる」[17]ことは、日本のARMYにも広がっていった。それが社会的に示されたのは、二〇一八年の「BTS×秋元康コラボ中止騒動」である。AKB48プロデューサー秋元康作詞の曲「Bird」が、BTSの日本語盤シングルに収録予定であったのだが、ソーシャルメディアを通じて拡散した日本と世界中のARMYの抗議と批判を受けて見送られたのである。抗議の理由として挙げられたのは、秋元が手がけてきた女性アイドルグループの楽曲の女性蔑視的な歌詞と、政権と癒着する右翼文化人としてのイメージであった。後者に関しては、「日本では秋元の政治的スタンスが話題になることがほとんどないため」[18]賛否両論に分かれたが、前者については以前から日本国内でも批判されつづけてきた問題であった。[19]自分たちが応援するBTSの歌詞に表れるミソジニーにも抗議をしてきたARMYからすれば、それはBTSとファンダムが守ってきたもっとも重要な「共通善」を損ないかねない一大事であったのである。[20]何よりこの出来事は、日韓両方のファンから批判的な声があがり、グローバルな影響力を発揮したという点で、ほとんど目立つことのなかった日本のファンダムによるファン・アクティビズムを可視化した。

ARMYにとって「日韓関係」の軋轢《あつれき》が先鋭化したのは、同じく二〇一八年に起こった「原爆Tシャツ騒動」であろう。問題の発端になったのは、BTSのドキュメンタリー映像に映ったメンバーのTシャツである。長崎に原子爆弾が投下された直後の写真と、一九四五年に植民地支配から「解放」されたことを祝う朝鮮半島の人びとの写真に、「Patriotism（愛国）」「Our History（われわれの歴史）」「Liberation

（解放）」「Korea（韓国）」という文句がプリントされたものであった。この映像を発見した日本の右派の著名人やネットユーザーたちが猛烈に批判し、ソーシャルメディア上で「大炎上」したことで、事態は前日に控えていたテレビ朝日系『ミュージック・ステーション』のBTSの出演が急きょ見送られる状況に発展した。BTSを「反日グループ」と呼ぶ集団と「愛国アイドル」と呼ぶ集団が対立する日韓の政治問題にエスカレートしていった。(21)

これに対し、所属事務所は「原爆投下により被害に遭われた方を傷つける意図は一切なく、衣装自体が原爆被害者の方を傷つける目的で製作されたものではないことが確認された」と説明する一方で、「それにもかかわらず、原爆被害者の方を意図せずとも傷つけ得ることになった点はもちろん、原爆のイメージを連想させる当社アーティストの姿によって不快な思いを感じ得た点について心よりお詫び申し上げ」ると告げる謝罪文を発表した。そこには「戦争および原爆、全ての全体主義、極端な政治的傾向を帯びた全ての団体および組織に反対する」という宣言も含まれた。

すると一ヶ月後、今度はARMYの自発的なプロジェクトグループによる「白書プロジェクト（White Paper Project）」が発表された。英語（一三二頁）と韓国語（一〇八頁）で書かれたこの白書の執筆者は、次のように紹介されている。

私たちは、学生、作家、工学者、翻訳者、科学者、教師、経済学者、芸術家、編集者、そしてデザイナーです。私たちは、キリスト教、仏教、ユダヤ教、自然神教、カトリック、不可知論、そして無神論を信じます。私たちは、英語、韓国語、アラブ語、スペイン語、中国語、日本語、インドネシア語、ロシア語、ポルトガル語、そしてドイツ語を使います。(22)

『BTSとARMY――わたしたちは連帯する』の著者イ・ジヘンは、「日本帝国主義が近代アジアに及ぼした影響や欧米の人々が総じてアジアの歴史に無知であることを指摘しながら、さまざまな立場の反応を最大限公正に記述しようと努力し、歴史、文化への理解が欠けた時、分裂がどれだけ深刻になるのかを一緒に学ぶことで少しずつ理解していった」ことに、この白書の意味があると述べている。[23]

白書では、韓国と日本、両国以外の国・地域のファンがそれぞれの立場で複雑な感情を抱きながらも、「日本による朝鮮半島植民地の歴史」と「原爆による一般市民の被害」両方について学んでいく様子が綴られている。さらに、一方的な政治的語りとは距離を置き、原爆被害者の声を謙虚に受け止め、あらゆる暴力の被害者に共感し、あらゆる暴力に反対の声を上げていくことを確認している。[24] ファンダムの内側で共有された感情と「日韓」の対立の超え方が、公に発信されているのである。

BTSのグローバルな現象は、こうしてファンダムと成長をともにしながらその後さらに加速していった。「日韓」の文脈からすればこの騒動は、つねに「リスク」として捉えられるナショナリズムに端を発していたが、それらにどのように向き合い、乗り越えるのかという問いに対して、ファンダムのあり方とグローバルな視点からの一つの答えを提示している。

3 シティポップ・ブームが体現する「アメリカ」と「東京」

二〇一〇年代のレトロ・ブーム

二〇一〇年代後半、K-POPのアメリカ進出成功を通じて、日本において韓国音楽の「認識＝カテゴリー」はさらに更新された。その一方で韓国では、過去と現在を結ぶ日本の音楽が新たに発見されていた。「シティポップ・ブーム」である。

二〇一〇年代は、七〇～八〇年代ポップのリバイバルである「レトロ・ブーム」が、アメリカをはじめとする世界の音楽業界を主導した時代でもある。「レトロ（retro）」とは、「回顧（的）」という意味をもつ「retrospective」の略語であるが、二〇一〇年代におけるレトロ・ブームの主体は、ソーシャルメディアを主なメディアとして使う若者たちである。「古き良き時代」へのノスタルジーを喚起するレトロ文化とは異なり、古いものをむしろクールで新しいものとして受容することで、文化産業全体に新しいトレンドを生み出していった。

日本のシティポップは、そのブームのなかでもっとも注目された音楽の一つであった。山下達郎、松任谷由実、竹内まりや、大貫妙子などの音楽が、日本だけでなく、流行に敏感な世界中の若者たちの人気を集めたのである。そもそもシティポップは、定義が難しい言葉として知られている。音楽評論家の柴崎祐二は、シティポップを「ウェストコーストロック、AOR〔Adult Oriented Rock〕、フュージョン、ソウル、ディスコ、ブラックコンテンポラリーミュージック、オールディーズ、そして一部のブラジル～ラテン音楽などから多大な影響を受け、模倣しようとした、日本で生まれた「同時代的音楽」」と定義している。さらに「特定の音楽的要素を指し示す、狭義の音楽ジャンル用語ではなく、ある音楽からひとつの「ムード」を摘出し、それをもって他との差異化を図ろうとする戦略の上に出現した、恣意性を孕《はら》んだ名称」であるという(25)。

この「摘出されたムード」を拾い集め、さらに新しい「日本的なムード」を生み出したのは、いうまでもなく「東京」である。シティポップが生まれた時代は、東京や大阪などの大都市圏を拡張させる

「郊外」が誕生したときであった。音楽ライターの松永良平は、「都市と周辺(田舎と郊外)、遊びと暮らし、ハレとケといった境界線が本来引かれていた領域が、徐々に距離を詰め、重なり合い、独特のテンションを保ちながらポップ・ミュージックとしての着地を目指す、といったような要素が「シティポップ」の源流にはある」と指摘する。つまり、日本の都会をめぐる意識が「同時代の海外の音楽(七〇年代の場合はアメリカ)と絶妙にシンクロしながら、独特の発展を遂げていったのが「ジャパニーズ・シティポップ」」であるという。[26]

こうした定義や説明から浮かび上がるのは、一九七〇~八〇年代日本の若者のあいだで共有された「アメリカとの同時代性」と「(拡張した)東京を生きる感覚」である。二〇一〇年代の都市・メディア空間を生きる世界の若者は、AOR、ソフトロックなどの「古き新しき」音楽を聴きながら英米の音楽の延長線のうえで日本のシティポップに遭遇し、その過程で「アメリカとの同時代性」を見出した。そして、かつて最先端の東京がもっていた、洗練されたサウンドとスタイルを求めるなかで「東京を生きる感覚」に出会うことになったのである。

韓国のシティポップ・ブーム

韓国は、シティポップ・ブームがもっとも大きく巻き起こった国・地域の一つである。韓国の若者たちはどのようにシティポップと出会ったのであろうか。

韓国においてシティポップの存在が可視化されはじめたのは二〇一七年頃である。それまではマニアックな音楽ファンたちが内輪で楽しむ音楽にすぎなかったが、ソーシャルメディアを通じて流行し、すでに韓国国内で起こっていた「レトロ・ブーム」とあいまって広がっていった。それと同時に、韓国のアーティストたちが次つぎと「シティポップ」と銘打った音楽を発表したことでメディアの注目を集めた。二〇一七年、『東亜日報』は「クールに戻ってきた、あの頃のシティポップ」という見出しの記事で、次のように書いている。

シティポップのリバイバル現象は、宗主国にあたる日本で先に最近現れた。(……)その波が大韓海峡〔朝鮮海峡〕を渡った。いま韓国でシティポップは、静かではあるが、強力な底流を形成した。歌手のユン・ジョンシン(윤종신)は、最近発表した「月刊尹鍾信七月号：Welcome Summer」について、「シティポップを韓国的に解釈した曲」と説明した。(……)ソニー・ミュージックエンタテインメントの関係者は、「ガールグループ、EXIDの曲「昼よりは夜」にもシティポップが入っている。無視できない波」と述べた。[27]

すると、二〇一八年頃からはさらに大きな「ブーム」と化していく。シティポップは、ソーシャルメディアを通じて若者たちによる自己演出のBGMとなり、韓国のレトロ文化とソウルの新たな都市イメージと重なりあい、さまざまな消費文化のなかに溶け込んでいった。K-POPにおいても、ガールグループWonder Girlsのメンバー、ユビン(유빈)の楽曲「淑女」のように、多くのアーティストがシティポップのスタイルとムードを七〇~八〇年代アメリカのポップとともに新たなトレンド「ニュートロ(レトロ)」のサウンドとして取り入れていった。ソウル・オリンピック後、ソウルの都市化が加速していた一九八九年にデビューしたキム・ヒョンチョルなどの「韓国版シティポップ」も、当時を知らない若いリスナーの関心を集めた。

イベントの開催とミックスCDの発表などを通じて韓国のシティポップ・ブームを牽引した長谷川陽平は、当時の様子を次のように語った。

二〇一六年から僕が韓国でやっている「From Midnight Tokyo」という月イチのイベントがあるんです。それは日本のシティポップやライトメロウ、渋谷系しかかけないもので、最初はお客さんも五～六人しかいなく、反応もイマイチだったんですが、続けていく内に翌年の夏くらいから人が増えはじめたんです。もとは座りのイベントでしたが、一八年以降は、ほぼ立ち見になってる状態なんですよ。(28)

そもそも韓国の文脈のなかでシティポップを定義するのは日本以上に難しい。キム・ヒョンチョルと光と塩《ピクアソグム》が活躍した九〇年代には「シティポップ」という言葉もなければ、そもそも日本音楽が禁止されていた数十年間、シティポップをリアルタイムで聴き、語る空間もほぼ存在しなかった。多くのリスナーは、七〇年代以降長年にわたって蓄積されたシティポップのプレイリストに、二〇一〇年代後半に入って初めて接したのである。

しかし、韓国でシティポップとして受容されている音楽的かつ視覚的感覚は、明らかにいくつかの主要な要素を含んでいる。それは、もっとも輝いていたといわれる時代（八〇年代）の「東京的なもの」であり、韓国歌謡の黄金時代と呼ばれる時代（九〇年代）の「ソウル的なもの」であり、レトロ・ブームがグローバルに流行する時代（二〇一〇年代）の「ポップ」である。言い換えると、韓国のシティポップは、七〇年代日本のニューミュージックから二〇二〇年代韓国のアイドル・ポップに至るまで、

「いま・ここの欲望」から抽出した要素によって新たに構築されたカテゴリーなのである。

世界的流行としての／「東京」への憧れとしてのシティポップ

「いま・ここの欲望」は、当然現在の「アメリカ」と深くつながっている。前述したように、二〇一〇年代の「レトロ・ブーム」がアメリカを中心としたグローバルな現象であることは、きわめて重要な背景となる。

八〇年代前後に世界の音楽市場を席巻したシンセポップやテクノ・ポップ、ニュージャックスイングなどが三〇年を経て再びブームになると、そのトレンドはK－POPや韓国の若者たちにもリアルタイムで伝えられた。シンセポップが登場した七〇年代後半は、日本ではYMOがデビューしたときである。つまり、日本のシティポップは、八〇年代にアメリカと同時代的にリンクしていたサウンドとして、当時のアメリカの諸ジャンルとともにK－POPや韓国の若者文化に受容・融合されているのである。

日本のシティポップの流行にはもう一つの背景がある。韓国の若者による「東京的なもの」の発見である。じつはそれは、八〇年代の「禁止」のもとでも日本のポップに触れていた若者たちの経験と接続するものである。

中産階級が急増した八〇年代以降の韓国の若者たちにとって日本のポップは、「Made in Japan」の電気製品のように、クールで洗練された都市イメージと日本の経済力を象徴するものであった。そもそもシティポップは、アコースティックギター一本と音楽的才能さえあれば誰にでもできるフォークミュージックとはまったく異なる音楽である。そのサウンドには、莫大な量の楽器と機材、技術とノウハウ、資本と時間が費やされる。たとえば、シティポップ・ブームによって再び「名盤」として再発見された大瀧詠一の『A LONG VACATION』（一九八一年）は、一九八〇年、CBS・ソニーの信濃町スタジオを舞台に、AMS NEVE コンソール、AMS NEVE 33609（コンピューターミックスができるコンプレッサー）、EMT140（プレートリバーブ）、SONY DDU-1530（デジタル・ディレイ）、SONY C-38B（コンデンサーマイクロホン）などの機材を使って録音・ミックスした、世界的にみても当時最先端の技術が投入された作品である。(29) シティポップは、「東京を聴く音楽」だけでなく、「東京でつくられた音楽」だったのである。

鈴木茂、村松邦男、松原正樹、松木恒秀らのギタリストがアメリカの影響を受けつつも「日本的なもの」に仕上げた「カッティング・ギター」が支える洗練されたサウンドは、八〇年代以降、トレンドに敏感な韓国のミュージシャンと音楽ファンの憧れの対象であり、模倣の対象であった。それは、サウンドとムードを生み出した感性・技術・資本の中心である大都会「東京」への憧れでもあった。この文脈から考えると、二〇一〇年代の韓国におけるシティポップ・ブームは、八〇年代にシティポップを通じて始まった洗練されたサウンドへの欲望が、一九九〇年代のフュージョン・ジャズ、二〇〇〇年代の「渋谷系」のブームに受け継がれ、現在のグローバルな「シティポップ」にたどり着いたともいえよう。

興味深いのは、こうした八〇年代の東京と二〇一〇年代のソウルの時空を超えた出会いが、さまざまなかたちで影響を及ぼしている点である。アナログの技術と感性によって「聴く音楽」として日本で生まれたシティポップが、視覚に訴えるK－POPの「観る音楽」として表現され、比較的「モノ」を軽視してきた韓国の音楽文化において、LPや楽器（とりわけギター）などへの関心が高まるようになったのも、シティポップ・ブームの影響であるといえよう。

日韓のポピュラー音楽の歴史は、ともに「アメリカ」を欲望し、それぞれの音楽で表現することによって、互いにないものを発見し、受容・融合しつづける歴史でもあることを、シティポップ・ブームは改めて示しているのである。

4 「プラットフォーム」としてのK−POP

J−POPガラパゴス論

二〇一〇年代は、J−POPの音楽的・産業的・社会的メカニズムが大きく変容した時代である。音楽評論家の柴那典《しばとものり》が指摘しているように、テレビを中心に国民的ヒット曲を量産していた「ヒットの方程式」が成立しえなくなり、社会に対して音楽が保っていた従来の影響力も低下していった(30)。そのなかで、J−POPが世界の潮流とかけ離れ、孤立しているという「ガラパゴス論」が広がっていった。とはいえ、「ガラパゴス」そのものに関しては、賛否両論に分かれる。これまで日本の音楽界が生み出してきた独自のポップに焦点を合わせれば、これも柴がいうように「相変わらず日本はガラパゴスで面白い(31)」のも事実である。しかし、「アメリカとの同時代性」を保ちながら巨大な音楽市場を構築した一九七〇〜八〇年代と、その遺産を受け継いだ「J−POP」がアジア市場に影響を与えた一九九〇〜二〇〇〇年代の文脈のうえで考えると、二〇一〇年代のガラパゴス論は、「世界とつながっていない感覚」をめぐる不安と危機感の表れであるといえよう。

それは、二〇一〇年から二〇一九年までの一〇年間の「日本ゴールドディスク大賞」の受賞作からも読み取れる。受賞作は、嵐(二〇一〇、二〇一一、二〇一五、二〇一六、二〇一七年の計五回)、AKB48(二〇一二、二〇一三、二〇一四年の計三回)、安室奈美恵(二〇一八、二〇一九年の計二回)の三組である(嵐の受賞は二〇二〇、二〇二一年と続くことになる)。二〇一八年に引退を宣言した安室奈美恵を除けば、たった

表9-1　2015～2019年アーティスト・トータル・セールスTOP10[32]

順位	2015年	2016年	2017年	2018年	2019年
1位	嵐	嵐	嵐	安室奈美恵	嵐
2位	AKB48	SMAP	安室奈美恵	乃木坂46	乃木坂46
3位	三代目J Soul Brothers from EXILE TRIBE	AKB48	乃木坂46	AKB48	King & Prince
4位	Kis-My-Ft2	乃木坂46	AKB48	嵐	TWICE
5位	関ジャニ∞	Kis-My-Ft2	三代目J Soul Brothers from EXILE TRIBE	BTS	BTS
6位	乃木坂46	三代目J Soul Brothers from EXILE TRIBE	関ジャニ∞	Kis-My-Ft2	関ジャニ∞
7位	DREAMS COME TRUE	関ジャニ∞	Hey! Say! JUMP	関ジャニ∞	星野源
8位	μ's	BIGBANG	欅坂46	欅坂46	AKB48
9位	Mr.Children	Hey! Say! JUMP	KinKi Kids	Hey! Say! JUMP	ONE OK ROCK
10位	東方神起	EXILE	B'z	三代目J Soul Brothers from EXILE TRIBE	Nissy（西島隆弘）

二組のミュージシャンが一〇年間の音楽シーンをほぼ独占したのである。

この期間は、宇多田ヒカル（二〇〇〇、二〇〇三年）、浜崎あゆみ（二〇〇一、二〇〇二、二〇〇四年）、Orange Range（二〇〇五年）、倖田來未（二〇〇六、二〇〇七年）、EXILE（二〇〇八、二〇〇九年）が受賞した二〇〇〇年代とも対照的である。二〇〇〇年代のオリコンチャートと音楽賞は、宇多田ヒカルのデビュー以降、多様なジャンルの女性アーティストたちがトップの座を奪い合いながらJ-POPの秩序を大きく揺るがしていた。九〇年代後半の小室哲哉、小林武史、伊秩弘将《いぢちひろまさ》（SPEED）などによる「プロデューサーの時代」からの転換であった。音楽評論家の宇野維正《これまさ》によればその転換は、「レコード会社や大手プロダクションが固く握っていた日本の音楽シーンの主導権が、プロデューサーに委ねられた時代を経て、宇多田ヒカルの登場によってそれをアーティスト自身が手にする時代[33]の到来であった。

しかし、二〇一〇年代の「日本ゴールドディスク大賞」の受賞リストからは、「アイドルの時代」にもかかわらず、アイドル間の激しい競争や音楽業界の権力闘争、世界の音楽的トレンドの接点など、アメリカや韓国の音楽界から伝わるダイナミズムを読み取ることはほぼ不可能である。その意味で二〇一〇年代後半アーティスト別売上トップ10のリスト（表9－1）は、不安と危機感の表れとしてガラパゴス論を強化させるものであるといえよう。

プラットフォームとしてのK－POP

TWICEに憧れた日本の若者たちが次つぎとソウルに渡っていく二〇一〇年代後半の動きは、BTSが開いたアメリカ市場への欲望とあいまって、さらに活発化する。

日本の音楽産業の危機感と問題意識を大きく刺激したK－POPのグローバル化は、すでに世界市場に進出することだけではなくなっていた。アメリカの音楽的・産業的動向と同時代的にリンクし、新たなトレンドを主導するようになったのである。それを顕著に表すのが、韓国と海外の音楽チャートとの関係にみえる同時代性である。二〇〇九年にWonder Girlsの「Nobody」がシングルチャート（Hot 100）、BoAとBIGBANGがアルバムチャート（Billboard 200）を通じてビルボードチャートに登場して以来、二〇二三年九月現在、「ビルボードチャート」にランクインしたK－POPは、シングルが七三曲、アルバムは一一一枚にのぼる。そのうち、八曲のシングルと一三枚のアルバムが一位を獲得している[34]。

とくにシングルチャート（HOT 100）の場合、CDの売上とストリーミング、ダウンロードだけでなく、アメリカ現地のラジオ放送回数も集計対象となるため、非英語圏の曲が進入するのはきわめて難しいといわれてきた。「ビルボード」が一九五八年に「Hot 100」部門を設けて以来二〇二〇年までの六五年間、一位に上がった非英語圏の歌は、坂本九の「上を向いて歩こう」を含め、わずか七曲にすぎない。二〇二〇年に一位を獲得したBTSの「Life Goes On」は、その八曲目の歌であった。そして二〇二〇年以降、「Hot 100」でK－POPアーティストと韓国語の歌をみるのは日常的な経験になっていった。一位こそBTSとそのメンバー（Jimin と Jungkook）が独占しているものの、BLACKPINK、NewJeans、Fifty Fifty、Rosé、Lisa、Taeyang、TWICE、RM、J-Hope、V、Suga（Agust D）などによるチャート入りが続いている。アルバムチャートまで合わせると、ビルボードチャートでK－POPを見ない日はほとんどないといっても過言ではないであろう。

ビルボードのみならず世界一〇〇以上の国と地域の音楽チャートと連動するK－POPの影響力は、グローバルな音楽産業の構造にも変化を与えている。二〇二一年、BTSの所属事務所HYBE（旧BigHit）が、ジャスティン・ビーバーらが所属するメディア企業イサカ・ホールディングスを一〇億五〇〇〇万米ドルで買収したのはその一例である。韓国のエンターテインメント企業による史上初の海外M&Aと言われるこうした出来事においてみられるのは、K－POP企業のアメリカ進出だけではない。HYBEが試みているのは、むしろこうした産業的連携を通じて、自分たちが構築した「プラットフォーム」にアメリカのアーティストたちを吸収し、K－POPを中心としたグローバル化を展開させることのようにみえる。[35]

K－POP業界が構築しているプラットフォームの特徴は、K－POPの特徴でもある「ファンダム・コミュニケーション」に特化したことにある。HYBEが二〇一九年に立ち上げたファンコミュニティ・プラットフォームWeverse（ウィバース）の場合、二〇二二年一二月現在、BTSとBLACKPINKをはじめとする七八組のアーティストと二四五の国・地域からの五三九〇万人のユーザー（重複加入者を含む）が、三億三〇〇〇万件の投稿、六億六〇〇〇万件のコメントを共有している。[36]買収を通じてHYBEが手に入れたのは、一企業とアメリカでの影響力だけではなく、プラットフォームを拡張させてくれるアーティストとファンダムなのである。

一方で、プラットフォームという概念をハードウェアとソフトウェアで使われる「土台（基盤）」の意味で捉えれば、HYBEなどのK‐POP業界が構築するプラットフォームが目指しているのは、狭義のビジネスモデルを超えた、グローバルな音楽産業を主導する機能と役割であることがわかる。現在、iTunesやSpotify、YouTubeなどを筆頭に、グローバルな音楽産業でもっとも強力なプラットフォームとして機能しているのはアメリカである。一九五〇年代以降、世界のポピュラー音楽は、「アメリカ」という帝国的プラットフォームの中心的機能と、各地域のコア・プラットフォームの準中心的機能が、構造的かつ有機的に働くなかで拡張してきた。世界中の生産・消費主体がビルボードチャートを意識し、欲望を向けてきたのも、そこがもっとも強力なプラットフォームであるからにほかならない。

5　ポップと日韓の軌跡

日韓の文脈のなかで考えるならば、二〇世紀を通して東アジアのプラットフォームの機能を果たしてきたのは、いうまでもなく日本であった。日本が東アジアに及ぼしてきた音楽的・産業的影響力は、東アジアにおける日本の音楽の受容・融合の側面だけでなく、日本における東アジア音楽の受容・融合の側面と照らし合わせることで、その全体像がみえてくる。一九七〇年代以降、韓国の音楽（家）が次つぎと「日本進出」を図りつづけた過程も、「プラットフォームとしての日本」に向けられた欲望抜きでは把握しきれない。

二〇一〇年代を通して起こったのは、まさにプラットフォームの「移行」である。二〇一〇〜一一年以降のK－POPブームを、日本のメディアが「第二次」「第三次」「第四次」と名付けたのは、日韓関係などの影響からみた日本の音楽市場の動向を反映したからであるが、「第二次」から「第三次」、さらに「第四次」へと段階的に進んでいくなかで浮き彫りになったのは、日本のK－POP市場の拡大と同時に進行した、プラットフォームとしてのK－POPの影響力の拡大である。

二〇一〇年代後半に日本のメディアが投げかけた「史上最悪の日韓関係にもかかわらず、なぜK－POPは日本で受容されつづけるのか」という問いに対しても、「プラットフォームが移動したから」と答えることができるであろう。つまり、二〇一〇年代の日本におけるK－POPの受容は、単なる消費ではなく、むしろK－POPというプラットフォームへの参加であったのである。こうした観点からみると、「嫌韓vs韓流」という図式はそもそも成立しない。この二項対立的な構図はナショナリズムに基づいた「幻想」にすぎず、資本と欲望が集まるプラットフォームのメカニズムとはかけ離れている。

K－POPを世界／アメリカへのプラットフォームとした相互作用と融合は、二〇二〇年代に入ってさらに加速化する。日本で大きな話題を呼んだオーディション番組はその代表的な事例であろう。JYPエンターテインメントとソニー・ミュージックによる『Nizi Project』は、日本の若者を対象に、日本で開催された日韓合同プロジェクトであったが、明らかにそれはK－POPをプラットフォームとしていた。オーディションを通じて結成された女性アイドルグループNiziUを、J－POPのカテゴリーに入れるか、K－POPのカテゴリーに入れるかは重要な問題ではない。どちらのカテゴリーに入れるとしても、NiziUをめぐって共有される「グローバル進出」の認識と想像力は、K－POPを通じて形成されたものだからである。

その欲望を体現しているのは、二〇二二年にデビューした七人組ガールグループXGである。メンバー全員が日本人で構成されながらも、歌とラップはすべて英語であり、ヒップホップを前面に出したパフォーマンスで目指す「グローバル進出」は、トレーニングとデビュー、活動の拠点を韓国にしていることからも明らかである。「K－POPのみを対象にする」アイドル専門ウェブマガジン『Idology』は、XGの位置付けと音楽について次のように書いている。

（……）デビュー曲「Tippy Toes」も印象的だったが、その混淆的背景のため、当時は彼女らを『Idology』のアーカイブ対象として扱うべきかについてためらいがあった。しかし、「Mascara」を起点に韓国の音楽放送活動を本格的に始めることで、XGの本拠地が韓国であることが確実になったため、これ以上彼女らのK－POP性を否定することはできないだろう。（……）サウンドと構造の複雑性から国籍と言語にもとづいた判断基準まで、最近の「K－POP」をめぐるあらゆる無駄を除いた、二〇二二年もっとも大胆なデビューである。[37]

こうして次つぎと起こる現象を、「K－POPかJ－POPか」もしくは「K－POP vs J－POP」のような二項対立的構図だけで捉えると、あまりに多くのことを見逃してしまう。XGの所属先が日本のエイベックス傘下のXGALX（エックスギャラックス）であることは、日韓の相互作用と融合の歴史を想起させる。第6章で詳しく述べたように、エイベックスがSMエンタテインメントと契約を結んだのは二〇〇〇年。翌年、BoAを日本の市場に進出させるためであった。そのエイベックスがアイドルグループを韓国に進出させ、グローバル市場を目指す姿は、単純な対立構図では捉えきれない音楽産業の地殻変動を予感させる。

韓国においても以前は考えられなかった出来事が次つぎと起こっている。長谷川陽平が「一番、幅広い世代に日本の音楽が聴かれている」[38]と述べたように、いま、韓国の若者による国境を越えた「良い音楽の発見」が「J－POPブーム」をつくり出しているのである。日本のミュージシャンはより積極的に海外のファンに寄り添い、韓国の大衆はK－POPにない感性とスタイルをJ－POPに求めることで起きた現象である。あいみょん、藤井風、米津玄師、YOASOBI、優里などの音楽が韓国若者の音楽文化のなかに定着することで、これまでの「日韓」の文脈では起こることのなかった現象も続いている。

その一つが、シンガーソングライターimaseの韓国チャート進出であろう。二〇二三年二月、アニメ映画『THE FIRST SLAM DUNK』が韓国で四七三万人を動員し、社会現象化した時期に、[39] imaseの楽曲「NIGHT DANCER」がJ－POPとしては初めて、韓国の大手音楽配信サイトMelonの「TOP100」に登場したのである。「TOP100」は国内外の音楽を問わない総合チャートで、「NIGHT DANCER」は最終的に最高一七位を獲得する。imaseはチャートインした当初、YouTubeのミュージックビデオに、次のようなコメントを残した。

imase「NIGHT DANCER」が韓国配信サイト「Melon」総合チャート九三位！ TOP100入りはJ－POP史上初の快挙らしいです…驚きを隠せないです…いつもたくさんの応援を、本当にありがとうございます[40]！

この文章から伝わってくる感情は、BoAが日本のオリコンチャートに登場したときの興奮を思い出させる。二〇〇一年BoAがシングル「ID:Peace B」でオリコンチャート一七位にランクインして以来、日本における韓国音楽の「認識＝カテゴリー」の変容過程は、「日韓」を超え、グローバルなポップの拡張と軌を一にしてきた。本書がこれまでみてきた軌跡を考えれば、こうした個々の音楽（家）をめぐる欲望が、大衆の欲望とぶつかり合い、交錯しながら、これからの「ポップ」と「日韓」をどのように変えていくのか、いまはまだ想像すらできない。

おわりに

三年にわたるパンデミックを経て、グローバルな音楽産業は、デジタル化以前の水準を上回る市場の成長とともに新しい秩序を構築した。デジタル化初期の市場低迷の時期にリスクとして危惧されていた要素は原動力に転じ、コミュニケーション（ソーシャルメディア）と場所／移動（コンサートツアー）、その両方を支配するファンダムが市場とトレンドを主導するようになった。

それにともない「日韓」がグローバルな音楽市場で存在感を発揮している。もちろんそれは、日本と韓国という、たまたま隣同士の国だったからというわけではない。本書は、今日のグローバルな音楽市場から見えてくる「日韓」が、数十年にわたるコミュニケーションと物理的移動、音楽をめぐる自己・他者認識の変容（カテゴリー化）、アメリカの音楽と市場に対する欲望の発現、東アジアにおける文化権力の移行、ナショナルとグローバルをめぐる普遍と特殊の衝突などが複雑に絡みあってできた歴史的産物であることを明らかにした。

二〇二三年に入ってからも、グローバルを視野においた「日韓ポピュラー音楽」をめぐる状況の変化はさらに加速している。二〇二三年上半期、アメリカが中国を抜いてＫ－ＰＯＰの第二位の市場に浮上したことによって、韓国語は英語、スペイン語に続いて世界で三番目に多くストリーミングされた言語となった。(1)七月と八月には、ＪＹＰエンターテインメントとHYBEエンターテインメントが、それぞれ米ユニバーサルグループに属するレーベル、リパブリックレコードとゲフィンレコードとの協業によるグローバル・ガールグループ・プロジェクトを発表した。今後の彼女らのアメリカ・デビューは、「K－POPシステム」そのもののアメリカ・デビューになるであろう。

J－POPの体質がグローバル化に合わせて変わっていく様子も目立つ。日本の音楽ユニットYOASOBIの楽曲「アイドル」が「ビルボード・グローバル・チャート」（Global 200）で八位を獲得したのもその一つ（アメリカを除いたチャートでは一位）[2]。一二月に韓国・ソウルでおこなわれた初の単独コンサートでは、販売開始一分で全席完売を記録した。こうした動きは、グローバル市場の新秩序におけるJ－POPミュージシャンの新たな地位を予感させる。

市場の成長に関わる話だけではない。日本では、いわゆる「ジャニーズ性加害問題」が、海外のメディアや国連人権理事会の指摘と批判によって問題提起され、国内外に大きな衝撃を与えた。日本の社会や音楽業界、メディアではなく、海外からの認識とまなざしが事態を動かしたこの一連の過程は、「グローバル化」が、単に海外市場のパイを増やすことではなく、ナショナルとグローバルのあいだの普遍と特殊に対する認識の再構築が求められることである事実を痛烈に示している。ここまでの極端な事例ではなくても、いわゆる「日本特有の文化」がさまざまな普遍的なものとぶつかる場面は、J－POPのグローバル化が進むにつれ、今後も絶えまなく続くであろう。

韓国においても、普遍と特殊のあいだのせめぎ合いは幾度となく繰り返されている。たとえば、二〇二三年八月に韓国で開催された「二〇二三セマングム世界スカウトジャンボリー」では、開幕直後からずさんな運営の対応に国内外から厳しい批判の声があがった。ジャンボリーの閉営式にK－POPアイドルが動員されたことに対し、多くのファンとメディアからは「ずさんな運営で批判される政府と組織委員会が、事態収拾のために無理にK－POP歌手を舞台に立たせた」とさらなる批判が集まった。とくに軍服務中のＢＴＳを舞台に引っ張り出す案が検討されたことで、「ファンはＢＴＳが政府の強圧的な要求によりＫ－ＰＯＰコンサートに参加するのは民主主義の退行であり、公権力のパワハラだと強調する」というファンダムの抗議文が発表されるまでに及んだ。(3) この騒動は、「Ｋ－ＰＯＰは韓国に属する文化資源」という古い認識が、「Ｋ－ＰＯＰはグローバルに共有される音楽」という新しい認識において、いかに頭を悩ませるリスクであるのかを浮き彫りにした。

それは、「日韓相互認識」においても同じことがいえる。産業・文化としてのＪ－ＰＯＰとＫ－ＰＯＰを日韓の特殊な文脈のなかだけで捉えると、グローバルな動向の中核をなしている日韓の相互作用と融合は覆い隠され、そのかわりに排他的なナショナリズムが生産主体と消費主体両方を抑圧することになってしまう。もちろん逆の見方も可能である。普遍的なものだけが過剰に意識されると、今度は日韓という近隣国同士の地理的・歴史的文脈が生み出した経験の意味と差異が見えなくなってしまうからである。したがって本書は、「政治と音楽」「歴史と文化（交流）」「社会とエンターテインメント」のような、これまで二項対立的に語られてきた諸空間の関係を通じて、普遍と特殊としての「日韓」の歴史的変遷を探った。これらの関係は、決して互いを巻き込んではいけないものではなく、むしろ国家、資本、生産・消費主体の欲望と交差し合い、せめぎ合いながら「ポピュラー音楽の日韓」を総体的に構築してきた。

もちろん本書の目的は、「日韓の正しい向きあい方」のような規範的な議論を展開することではない。この「ポピュラー音楽史」から見えてきたのは、ある局面を切り取り、規範的枠組みのなかで捉えることがいかに難しくて、危ういのかということでもある。「はじめに」にも書いたように、だからこそ「これまで断片的に語られてきたポピュラー音楽をめぐる日韓関係を歴史化すること」が必要であった。

矛盾と葛藤に満ちている個々の物語を、一つの大きな物語として読み直したとき、それらの矛盾と葛藤よりも大きな欲望と抑圧が浮き彫りになると思ったからである。もし本書が日韓のポピュラー音楽をめぐるこれまでの強固な二項対立的認識に少しでも亀裂を与えられたのであれば、それを可能にしたのは、興味深い類似性と差異を生み出しながらナショナルとグローバルのあいだを行き来した日韓の音楽（家）と、それを愛しつづけた人びとにほかならない。

あとがき

一緒に音楽本をつくりましょう！

東京から札幌まで駆けつけてくださった慶應義塾大学出版会の村上文さんとこう意気投合したのは、『K－POP――新感覚のメディア』（岩波新書）の出版から三ヶ月が経った二〇一八年一〇月。本書の原稿を書き上げた時点からすれば、ちょうど五年前のことである。

その後、私は国内外の学会や研究会、講演会、メディアなどの場を通じて、自分の研究をめぐるさまざまな学術的かつ社会的問いに答える幸運に恵まれながら、新たに「戦後日韓におけるポピュラー音楽空間の融合と相互作用に関する研究」（JSPS科研費・課題番号19K13876）に取り組んできた。

本書は、この五年間の成果であるが、さかのぼれば、博士論文を書籍化した『戦後韓国と日本文化――「倭色」禁止から「韓流」まで』（岩波現代全書）からの集大成でもある。私が日本に留学した二〇〇六年からずっと見守ってくださった恩師の吉見俊哉先生と、新しい家族の荘司敬子さん・和雄さん、親友の新倉貴仁さんには改めて一八年分の感謝を伝えると同時に、これまでお世話になったすべての方々に、この場を借りて深くお礼を申し上げたい。

韓国と日本にいる家族と友人、北海道大学大学院メディア・コミュニケーション研究院の教職員と学生のみなさんにも、心からお礼を申し上げる。いつも寄せてくださる厚い信頼と支援は、日々の研究や生活に大きな力となった。

何より、五年もの時間をかけて辛抱強くお付き合いいただいた村上さんには感謝の言葉しかない。彼女の応援とサポートがなかったら、本書がこのようなかたちで世に出ることはなかっただろう。村上さんのような情熱的で優秀な編集者と本をつくる喜びは、私が日本を拠点に研究活動を続けている理由の一つでもある。

集大成だなんて大げさなことを言ってしまったが、本書は、今後の研究の新たな出発点でもある。これからも、謙虚に、熱く、自分の知見を深めていきたい。その道をともに歩んでくれる妻の娥凜に、本書を捧げる。

二〇二三年一一月一一日

金成玟

注

はじめに

（1）IFPI 2021; IFPI 2022; IFPI 2023: 9

（2）IFPI 2023; 日本レコード協会『THE RECORD』二〇二一年五・六月号、七頁、『THE RECORD』二〇二二年五・六月号』七頁、『THE RECORD』二〇二三年五・六月号、七頁。

（3）「K팝 인기에 음반류 수출 역대 최고치 기록… 一一〇여개국에 팔아」『뉴시스』二〇二〇年一二月一七日付、「작년 K팝 음반 수출 2억 2천만불 〃신기록〃 …中 〃한한령〃 도 뚫었다」『연합뉴스』二〇二二年〇一月一七日付、「작년 K팝 음반 수출액 사상 최대… 3천억원 육박」『연합뉴스』二〇二三年一月一六日付。

（4）IFPI 2021; IFPI 2022; IFPI 2023: 一〇

（5）『広辞苑　第七版』岩波書店、二〇一八年、二四一九頁。

（6）DiMaggio 1987: 447-448

（7）Roy 2002: 460

（8）Roy and Dowd 2010: 191-193

第1章

（1）「韓国歌手続々デビュー　演歌の世界に刺激　8月に初の日韓共作LP」『読売新聞』夕刊、一九八五年七月二六日付。

（2）LP「李美子 恋の赤い灯／別れの悲歌」裏表紙。

（3）이영미 2006: 208-209; 장유정 2008: 52

（4）「히트曲（곡）은 季節（계절）안가린다」『경향신문』一九六七年三月一八日付。

（5）前掲注（1）。

（6）「동백아가씨 日語로吹込」『조선일보』一九六六年七月六日付。

（7）「李美子孃、日TV에 첫선」『매일경제』一九六六年七月二日付、三面、「李美子등 召還방침　日本이름 고집하면」『동아일보』一九六六年七月一一日付。

（8）최규성 2020: 17-18

（9）「李美子양 빅터社서 日語로 吹入（취입）」『조선일보』一九六六年七月七日付。

（10）방송심의위원회 1981: 21

（11）外務省 1965

（12）細川 2020a: 270-271

（13）輪島 2011: 3

（14）輪島 2011: 318

（15）輪島 2011: 208-219

（16）青木 2013: 東谷 2005

(17) モラスキー 2005
(18) 三井 2018
(19) 高 2011: 38
(20) Bourdaghs 2012
(21) 'Daebak! The OED gets a K-update,' Oxford English Dictionay, 2021.https://www.oed.com/discover/daebak-a-k-update/?tl=truehttps://public.oed.com/blog/daebak-a-k-update/(最終閲覧：二〇二三年一〇月五日)
(22) 姜 1998: 19-21
(23) 이영미 2006; 申・李・崔 2016
(24) 毛利 2016
(25) 「来るべき流行は日本の曲だ」『読売新聞』一九三七年六月二〇日付。
(26) 「朴泰遠　寂滅（三）」『동아일보』一九三〇年二月七日付。
(27) 「前例에없는大歡迎」『경향신문』一九六五年五月一八日付。
(28) 「2月의　레코드界 트로트曲이 히트」『경향신문』一九六七年二月二五日付。
(29) 三橋 1983: 177
(30) 「방송歌謠大賞　시상에 쑥덕공론」『경향신문』一九六九年九月二七日付。
(31) 森崎 1971: 168-169
(32) 「오늘은 解放記念日」『조선일보』一九四八年八月一五日付。
(33) 「抹殺하자！日本色音樂」『동아일보』一九四六年八月一三日付。
(34) 「日本歌謠는삼가라」『조선일보』一九五一年二月二三日付。
(35) 「63年의 座標（10）歌謠界」『경향신문』一九六三年一二月二八日付。
(36) 「日本노래 뿐인가 정말 아쉬운 양식」『경향신문』一九六四年七月一三日付。
(37) 이영미 2006: 208-209
(38) 장유정 2008: 58
(39) 詳しくは、金 2014 を参照。
(40) 細川 2020b:314-317
(41) 권명아 2007
(42) 이준희 2007: 177-180
(43) 山内 2014: 36
(44) 『三千里』一九三六年四月、二六九頁（山内 2014: 33から再引用）。
(45) 山内 2014: 33-38
(46) 방송심의위원회 1981

第2章

(1) 木宮 2021: 73
(2) 長 1969

(3) 「ビルボード誌日本特別報告」『週刊ミュージック・ラボ』日本語ダイジェスト版、一九七一年。
(4) 檜山 1970
(5) 『週刊ビルボード・ジャパン／ミュージック・ラボ』（二巻三四号）一九七一年九月六日号、一八、一九頁から再構成。
(6) 「企業価値の源泉」オリコン社ＨＰ。https://www.oricon.jp/corporate/strength/（最終閲覧：二〇二二年四月二六日）
(7) 『週刊ミュージック・ラボ』創刊説明パンプレット、一九七〇年。
(8) 「週刊ビルボード・ジャパン／ミュージック・ラボ」（二巻二三号）一九七一年六月一四日号。
(9) 栗原・大谷 2021: 273
(10) 細野 2019
(11) 萩原 2015: 28
(12) 申・李・崔 2016: 245
(13) 申・李・崔 2016: 245-248
(14) 吉見 2017: 45-46
(15) 栗原・大谷 2021: 252-253
(16) フリス 1991: 70-72
(17) 申・李・崔 2016: 314-315
(18) 방송심의위원회 1981 から再構成。
(19) 방송심의위원회 1981 から再構成。
(20) 「韓国の音楽　本国で発禁、在日韓国人が制作したキム・ミンギたちのレコード」『ニューミュージック・マガジン』一九七八年一月号、一二一頁。
(21) 황문평 1979: 104
(22) 방송심의위원회 1981 から再構成。歌手名は著者が追加。
(23) 「韓国でモテモテのフランク永井」『週刊平凡』一〇巻二五号、一九六八年六月二〇日、四九頁。
(24) 「日本色　못벗은 韓國대중가요」『동아일보』一九八〇年九月二七日付。
(25) 「李鳳祚 씨가 반한 새목소리」『경향신문』一九六七年七月八日付。
(26) 방송심의위원회 1981 から再構成。歌手名は著者が追加。
(27) 방송심의위원회 1981：「구름」（八頁）、「너구리아저씨」（一七頁）、「두사람」（二二頁）、「바람」（三四頁）、「사랑의 열쇠」（四〇頁）、「연애소동」（五〇頁）
(28) 방송심의위원회 1981: 9, 67
(29) アリギ 2009: 510
(30) 川上 1986
(31) 『ヤマハ音楽通信』一九七一年一一月一五日号。
(32) 「南美歌謡祭　가는　안개」『경향신문』一九七一年一二月二〇日付。
(33) 『대한뉴스』一九七〇年一二月五日付。

（34） 최규성 2020: 353
（35） ヤマハ音楽振興会ＨＰから再構成。https://www.yamaha-mf.or.jp/history/e-history/wpsf/（最終閲覧：二〇二二年四月二六日）
（36） 「東京音楽祭」（ウィキペディア（Wikipedia））https://ja.wikipedia.org/wiki/東京音楽祭（最終閲覧：二〇二二年四月二六日）
（37） 「'78 서울國際歌謠祭 국내大會 27일 華麗한 개막」『경향신문』一九七八年五月二五日付。
（38） 방송심의위원회 1981
（39） Herd 1984: 75-76

第3章

（1） 近田 2021: 10-52
（2） 岡本 1976
（3） 森 1981: 93
（4） 「月曜ルポ　日韓文化交流に望む　尹鐸・韓国文化院院長（わたしの言い分）」『朝日新聞』夕刊、一九八四年一〇月二九日付。
（5） 平岡 1978
（6） 「[みみコーナー]「北の宿から」と「アリラン」　韓国歌手の意気」『読売新聞』一九七七年二月二三日付。
（7） 「二倍売れる?　カラオケ・レコードと韓国メロディーのＬＰ」『読売新聞』一九七八年三月七日付。
（8） 森 1981: 8
（9） 三橋 1983: 183
（10） 「自主文化（자주문화）의 再定立（재정립）（9）뽕짝」『경향신문』一九七八年一月二四日付。
（11） 「日本그림자（6）日色깔린地下멜러디」『동아일보』一九八一年六月一五日付、「日演의 韓國源流說〃商術서나온것〃」『경향신문』一九八一年八月一七日付。
（12） 宋 2009: 170
（13） 丸山 1995: 102
（14） 「永遠なる韓国人の恋人、パティ・キムが引退」『東亜日報日本語版』二〇一二年二月一六日付。https://www.donga.com/jp/article/all/20120216/416535/1（最終閲覧：二〇二三年一〇月五日）
（15） 朴 2018:259
（16） 「韓国ポップス　閔海景（フラッシュ）」『朝日新聞』一九八八年五月二三日付。
（17） 「[歌のあるばむ] カスマプゲ（一九六七年）　日韓の心を結んだ演歌」『読売新聞』一九八三年一月三〇日付。
（18） 姜 1998: 8
（19） 「「すそ野広い交流」めざす外相、チョー・ヨンピルさんと対面へ」『朝日新聞』一九八八年三月二〇日付。
（20） 「[そろう五つの輪] ソウルへ急ピッチ（5）日韓交流（連載）」『読売新聞』一九八八年七月一日付。

（21）「拝啓Ｓｅｏｕｌから　女性ため息、韓国の〝森進一〟」『読売新聞』夕刊、一九八一年二月一七日付。
（22）「「釜山港へ帰れ」をカバー、日本と韓国の歌手九名」『読売新聞』夕刊、一九八三年八月二五日付。
（23）「趙容弼ソフト演歌に挑戦　「想い出迷子」日本歌謡界浸透に意欲」『読売新聞』夕刊、一九八六年一二月二五日付。
（24）「改革紅白、多彩な顔ぶれ　シャンソン・金子由香利など初登場」『朝日新聞』一九八七年一二月一日付。
（25）「アジアから演歌がやって来た（リポート・音楽）」『週刊アエラ』一九八八年七月五日。
（26）「遠くて近い隣国との距離ちぢめてくれる歌（天声人語）」『朝日新聞』一九八七年三月二日付。
（27）「［ステージ］「趙容弼公演」驚くばかりの歌唱力」『読売新聞』夕刊、一九八四年一月二五日付。
（28）たとえば、「ベストアルバム：羅勲児 LIVE IN JAPAN」一九八五年二月号。
（29）『ミュージック・マガジン』一九八二年一〇月号。
（30）「〈ミニ・レヴュー〉アジア・ミュージック・フォーラム」『ミュージック・マガジン』一九八二年五月号。
（31）「民族の血を呼び起こす歌　チョー・ヨンピル」『ミュージック・マガジン』一九八三年七月号、五二～六一：五五頁。
（32）「歌手　趙容弼さん「魂の絶唱」磨く音楽三昧（現代の肖像）」『週刊アエラ』一九八九年九月一九日。
（33）前掲注（19）。
（34）「訪韓한 日우노外相、趙容弼과 歡談」『조선일보』一九八八年三月二二日付。
（35）李・木宮・磯崎・浅羽 2017: 150-151
（36）「가요도 학술연구 대상으로」『매일경제』一九八三年七月九日付。
（37）「民族の血を呼び起こす歌　チョー・ヨンピル」『ミュージック・マガジン』一九八三年七月号、五二～六一頁：五六頁。
（38）水野 1988: 82
（39）平岡 1980: 64
（40）平岡 1980: 65-66
（41）平岡 1980: 66
（42）「［'86ソウル・ムクゲの秋］（9）高層住宅が地位の象徴」『読売新聞』一九八六年一〇月二日付。
（43）「블랙비디오화이트비디오」『월간 스크린』一九八五年三月号、一一〇～一一五：一一三頁。
（44）「일본바람이 부는가〈2〉카라오케 확산 건잡을 수 없다」『동아일보』一九八四年一〇月二〇日付、「한일수교 20년 어떻게 변했나（7）유흥가에 춤추는 일본바람」『동아일보』一九八五年六月二六日付。
（45）「몰려오는 일본가요 이대로 좋은가?」『월간 스크린』一九八四年八月号、二六四～二六六：二六五頁。

(46) 中川 2007: 298
(47) 金 2014: 89-90
(48) 平岡 1980: 70-71
(49) 金 2014: 100

第4章

(1) 「日本ゴールドディスク大賞」については、金 2022 でも詳しく述べている。
(2) 「今年から、NHKで放送――日本ゴールドディスク大賞」『毎日新聞』一九九一年一月一二日付。
(3) 「[広告] 第一回日本ゴールドディスク大賞／日本レコード協会」『読売新聞』一九八七年三月二五日付。
(4) 同前。
(5) 日本レコード協会 2003: 7
(6) 日本レコード協会 1999: 2
(7) 「あいまいな日本の自画像」『朝日新聞』夕刊、一九九九年六月五日付。
(8) 「〝韓国演歌の女王〟金蓮子、東京でコンサート」『読売新聞』夕刊、一九八七年一一月九日付。
(9) 野沢 1993
(10) 高岡 1994
(11) 「[フロッピー] ポップス偏重、冷遇の演歌」『読売新聞』夕刊、一九九二年一月九日付。
(12) 「ディック・リーのCD　アジアポップス人気（リポート・音楽）」『週刊アエラ』一九九〇年三月二七日、七一頁、「アジア発の音楽・ファッション　ますます身近、ヒットの兆し」『朝日新聞』夕刊、一九九六年一一月三〇日付。
(13) 「西武とソニーが新レーベル　アジアのポップスを世界に」『朝日新聞』夕刊、一九九一年二月一九日付。
(14) 前田 1995
(15) 「レコード索引」『ミュージック・マガジン』一九八九年二月号、二七〇～三三七頁、「レコード索引」一九九〇年二月号、三二八～三九八頁、「レコード索引」一九九一年二月号、三四二～四二六頁、「レコード索引」一九九二年二月号、三七七～四六六頁。
(16) 「レコード索引」『ミュージック・マガジン』一九九三年二月号、三五四～四五三頁。
(17) 「日本の音楽番組、アジアに向け製作　香港スターテレビで放送」『朝日新聞』夕刊、一九九四年一月一三日付。
(18) 北中 1990: 35-38
(19) 川上 1995: 3
(20) 「洋楽 vs 邦楽」『ミュージック・マガジン』一九九九年一一月号、二二頁。
(21) 「일 진출 한국가요 저작권 인정」『경향신문』一九九六年八月一九日付。
(22) 「[モニター] 将来性あるアジア音楽界　芸能プロも

市場開拓へ」『読売新聞』夕刊、一九九三年一二月一五日付。
(23) 斎藤 1993
(24) 「신세대 집단보다 개인의 행복을 권위보다 자율을… -그 실태를 진단한다」『한겨레』一九九三年一月一日付。
(25) 柳井 1994
(26) 「クロス・レヴュー：Seo Taiji And Boys III」『ミュージック・マガジン』一九九五年三月号、一九四頁。
(27) 「ラップの風雲児ソ・テジは「韓国のビートルズ」(リポート・韓国)」『週刊アエラ』一九九四年一一月七日、七四頁。
(28) 麻生 1996
(29) 「韓国出身のヤン・スギョン デビュー曲「愛されてセレナーデ」が急上昇」『読売新聞』夕刊、一九九一年一月八日付。
(30) 「カラオケの新定番を歌うのはこの人 『愛されてセレナーデ』の梁秀敬」『週刊現代』三二巻三二号、一九九〇年八月一一日、二二頁。
(31) 「韓国のトップアイドル来日密着取材 ヤン・スギョン」『週刊明星』三四巻九号、一九九一年三月七日、二三四〜二三五頁。
(32) 山岡 1984
(33) 松尾 1994
(34) 小倉 1993
(35) 新堀 1996
(36) 姜 1995

第5章

(1) 「방송금지가요 500曲（곡）풀려났다」『동아일보』一九八七年九月五日付。
(2) 『HOT MUSIC』一九九五年六月号広告。
(3) 「日本大衆文化開放」が実施されるまでの政策的・言説的変化については、金 2014 の「第6章「文化交流」の遂行と「禁止」の方向」を参照。
(4) 「한국가요 〝세계음반시장〟 노크」『동아일보』一九九八年五月二一日付。
(5) 신현준・최지선・김학선 2022: 44
(6) 「「히트제조기」 별명 작곡가 尹相（윤상）가수로 變身（변신）〝무대뒤에서 무대앞으로〟」『동아일보』一九九一年三月二九日付。
(7) 「전 화 인 터 뷰 ISSEI NORO（CASIOPEA）」『HOT MUSIC』一九九二年一一月号、一三一〜一三三頁。
(8) 「내한공연을 가진 일본의 퓨전재즈 T-Square」『HOT MUSIC』一九九四年一〇月号、一五三〜一五七頁。
(9) 「일본 재즈 잇단 한국무대 방문」『한겨레』一九九四年八月二八日付。
(10) 「일본 재즈 잇단 한국무대 방문」『한겨레』一九九四年八月二八日付。

(11)「퓨전밴드 첫 내한공연 대중문화 개방 논쟁 불붙여」『한겨레』一九九六年二月九日付。

(12)「[광고] 카시오페아！ 20년 역사를 지닌 아시아 최고의 퓨전재즈 밴드 카시오페아를 한국에서 만납니다」『HOT MUSIC』一九九六年二月号、二三頁。

(13) 金 2014: 170-171

(14)「대중정서 좀먹는 일본가요 불티」『한겨레』一九九〇年五月一四日付。

(15) 日本の文化をめぐる韓国メディア業界のシステムと慣行については、金 2014 を参照。

(16)「심판대 오른〝공륜 심의〟」『경향신문』一九九六年一月二〇日付。

(17)「그룹잼「난 멈추지…」公倫（공륜）, 표절판정 취소」『경향신문』一九九三年五月三一日付。

(18)「公倫〝표절문제 사전개입 않겠다〟」『조선일보』一九九六年一月二八日付。

(19) 정유정 1994: 48

(20)「일록그룹 대중음악〝강타〟〝ＸＪＡＰＡＮ〟선풍에 구겨진 자존심」『경향신문』一九九六年六月三日付。

(21)「국내상륙 일본 록그룹〝X재팬〟보도기획「시사매거진 2580」」『경향신문』一九九七年八月三日付。

(22)「海峡越えて、ｈｉｄｅへ…… パソコン通信などで韓国の若者も追悼ささげる」『読売新聞』一九九八年五月八日付。

(23)「광고」『Hot Music』一九九六年四月号、一八九頁。

(24) 金 2014: 100

(25) 金 2014: 169

(26) 前掲注（21）。

(27) 前掲注（20）。

(28)「행락철 흔들흔들… 이젠〝관광버스춤〟전면 금지」『한겨레』二〇一四年五月二一日付。

(29)「[대중음악] 이박사 신드롬〝흔들지 않고는 못 배겨！〟」『동아일보』二〇〇〇年九月四日付。

(30)「「木綿のハンカチーフ」「与作」——韓国の「ポンチャック」でメドレー」『朝日新聞』東京夕刊、一九九六年五月九日付。

(31) 松山 1996

(32) アルバムのタイトルは以下のとおり。『李博士のポンチャック大百科』『李博士ＶＳ電気グルーヴの「ひらけ！ポンチャック」』『李博士の２００２年宇宙の旅』『李博士のポンチャックで身長が５ｃｍ伸びた！』。

(33)「ポンチャック人気と韓国への変わらぬ視線　植民地時代、進出した〝演歌〟」『朝日新聞』夕刊、一九九六年六月五日付。

(34) 松山 1996

(35) 李博士 1996

(36)「[日韓・ジャーナル] 韓国の大衆音楽「ポンチャック」　ノリが良くて奇抜」『読売新聞』夕刊、一九九六年七月二三日付。

(37) 前掲注（30）。

(38) 松山 1996

(39) 「〃B급문화〃 열풍의 진원지 신바람 이박사 집중분석」『국민일보』二〇〇一年一月一九日付。

(40) 前掲注（29）。

第6章

(1) 「香港から中国から、ポップス歌手続々とデビュー　日本側は大陸市場へ」『朝日新聞』夕刊、一九九四年二月七日付。

(2) 「急成長するアジア各国の音楽ビジネス　日本の対応策は？　業界三氏に聞く」『読売新聞』東京夕刊、一九九五年六月一〇日付。

(3) 「日本のポップスをアジアへ売り込め　文化交流目的だが…　新たな市場開拓も狙い」『読売新聞』東京夕刊、一九九六年三月二三日付。

(4) 前掲注（1）。

(5) 「日本の音楽番組、アジアに向け製作　香港スターテレビで放送」『朝日新聞』夕刊、一九九四年〇一月一三日付。

(6) 前掲注（3）。

(7) フー 2003: 100-101

(8) 前掲注（2）。

(9) 姜（カン）・吉見 2001: 3

(10) 姜（カン）・吉見 2001: 12

(11) 倉橋 2018: 11-12

(12) チン 2021: 25

(13) 岩渕 2016: 306-307

(14) 「「사랑이 뭐길래」중국서도 인기」『조선일보』一九九七年一二月一五日付。

(15) 「H.O.T. 중국서 뜰 조짐」『동아일보』一九九八年六月二二日付。

(16) 「一阵〃韩流〃迷走了铁甲威龙般的〃酷龙〃、手里又被塞满了〃H.O.T.〃的宣传单页。」『北京青年報』一九九九年一一月一九日付（金 2014: 202 から再引用）。

(17) 「[음악] 중국에 부른 한류 열풍」입력『동아일보』二〇〇一年二月一二日付。

(18) 「东风也有东渐时如今是东风西风都流行的世界、可流行的东西都像风。」『北京青年報』一九九九年一一月一九日付（金 2014: 202 から再引用）。

(19) 이규탁 2014: 19-20

(20) 이규탁 2014: 28-31

(21) 이동연 2012

(22) 周東 2022: 149-153

(23) 長谷川・大和田 2011: 7

(24) 高橋 2015

(25) フリス 1991: 26-36

(26) 앤더슨 2022: 34 35

(27) 金 2018a: viii

(28) 詳しくは、金 2018a: 72-28 を参照。

(29) 岩渕 2016: 73

(30) じっさい、日本にK－POPを活発に紹介してきたK－POP評論家・研究者の多くは、一九九〇年代後半に韓国ポップに出会った（ハマった）と述べている（まつもと 2021; 古家 2022; 山本 2023）。

(31) 「음반기획 프로듀서 이수만 대중문화 수출 〝우리도 무역전사〟」『동아일보』一九九八年四月三〇日付。

(32) ＴＶＮ『二회 이수만（ＳＭ총괄 프로듀서）』「월간 커넥트」二〇二一年二月五日付。https://www.youtube.com/watch?v=OzuS8ngJ7PA（最終閲覧：二〇二三年一〇月五日）

(33) エイベックスＨＰ「エイベックスの歩み」https://avex.com/jp/ja/corp/history/

(34) 同前。

(35) 日本ゴールドディスク大賞 https://www.golddisc.jp/award/10/（最終閲覧：二〇二三年一〇月五日）

(36) 日本レコード協会 1999: 1; 2002: 2

(37) 日本レコード協会 1999: 19; 2002: 15

(38) 日本レコード協会 2002: 22

(39) 「음반 판매량 〝뺑튀기〟 사라지나」『조선일보』一九九八年八月二二日付。

(40) 日本レコード協会 2002: 21-22

(41) 「[음악] 보아 〝내 무대는 아시아〟」『동아일보』二〇〇一年三月一二日付。

(42) 「ＳＭ、한류의 최전방 보급기지?」『한겨레二一』五三〇号、二〇〇四年一〇月一三日付、前掲注（41）。

(43) 韓国音楽産業協会 http://www.riak.or.kr/（最終閲覧：二〇二三年一〇月五日）

第7章

(1) 詳しくは、金 2014 を参照。

(2) 방송심의위원회 1981

(3) 金 2014: 192-193 から再引用。

(4) 「広告」『HOT MUSIC』二〇〇〇年二月号、三一頁。

(5) 「유희열 첫 독집 〝익숙한 그 집 앞〟 최소한의 표현으로 담백하게！」『한겨레』一九九九年七月二三日付。

(6) 「일본가수 차게 앤 아스카 첫 한국 공연」『ＭＢＣ뉴스데스크』二〇〇〇年八月二六日付。https://imnews.imbc.com/replay/2000/nwdesk/article/1867156_30735.html（最終閲覧：二〇二三年九月一四日）

(7) 「韓国で「チャゲアス特需」、経済効果は75億円――きょうあす、ソウル公演」『毎日新聞』東京夕刊、二〇〇〇年八月二六日付。

(8) 「韓国で最大級の日本語公演「チャゲアス」に1万人」『読売新聞』東京朝刊、二〇〇〇年八月二七日付。

（9）「가수 아무로 결혼日（일）열도 떠들썩」『동아일보』一九九七年一〇月二四日付。
（10）「국내 톱가수 앨범 출시 연기〝아무로 쇼크〟」『스포츠조선』二〇〇四年五月一六日付。
（11）「아라시、한국 첫 방문 성황!」『마이데일리』二〇〇六年七月三一日付。
（12）미무라 코우헤이 2012: 9
（13）「윤하、〝호우키보시〟도시락서 5주째 1위」『마이데일리』二〇〇六年一〇月二七日付。
（14）栗原・大谷 2021: 330
（15）牧村・藤井・柴 2017
（16）望月 2021: 2
（17）박장혁 2004: 5
（18）大石 2021: 269-273
（19）「싸이월드 인기 BGM20 시부라케이편」등록일『벅스뮤직』二〇二一年八月三一日付。https://music.bugs.co.kr/musicpd/albumview/48995
（20）金 2020a: 4-5
（21）조윤정 2004: 109。店の詳細な位置の説明は省略した。
（22）「한국의 인디레이블 구독（15）해피로봇 레코드（16）벌룬앤니들」『경향신문』二〇〇八年一〇月一五日付。
（23）日本国会『文教委員会会議録（衆）』第一〇号、一九八八年、二頁。
（24）「나카시마 미카、올해 최다 음반판매 일본가수로 뽑혀」『헤럴드경제』二〇〇四年一二月八日付。
（25）조성진 2004: 69
（26）日本レコード協会 2005: 22
（27）日本レコード協会 2005: 3
（28）佐藤 2005: 2
（29）金 2014: 192-193 から再引用。
（30）金 2014: 第3章、第4章を参照。
（31）「방송위〝방송개방은 한 템포 느리게〟」『연합뉴스』二〇〇三年九月一六日付。
（32）「日대중문화 사실상 완전개방」『서울경제』二〇〇三年一二月三〇日付。
（33）「일본 방송선 한국 노래 나와도, 한국 방송선 일본 노래 못 듣는 까닭은?…〝일본문화 개방 논의〟미완으로 끝난 탓」『경향신문』二〇一四年九月一〇日付。
（34）「[깊이 보기 :2000 년 이후 한국 음악시장] 음반 판매는 3분의 1…디지털은 5배〝폭증〟」『중앙일보』二〇〇五年九月二九日付。
（35）Morley & Robins 1995: chap. 8

第8章

（1）日本ゴールドディスク大賞「歴代のゴールドディスク大賞」http://www.golddisc.jp（最終閲覧：二〇二三年一〇月五日、以下本章内のすべてのURLの最終閲覧日は同日）

(2) 金 2018: 59-60
(3) 「東方神起、過去20年間でアジアアーティスト初の映像音楽作品1位に」『ORICON NEWS』二〇〇九年一〇月七日付。https://www.oricon.co.jp/news/69623/?ref_cd=newsphotorelation_3
(4) 정길화 2016; 최정봉 2014; 홍석경 2013
(5) 「K－POPブームのパイオニア「KARA」の日本市場開拓戦略」『日経エンタテインメント!』二〇一二年一月二二日付。https://www.nikkei.com/article/DGXNASFK1801Q_Y2A110C1000000/)
(6) 「少女時代、破格の日本デビューライブに二万二〇〇〇人熱狂」『音楽ナタリー』二〇一〇年八月二六日付。https://natalie.mu/music/news/36759
(7) オリコン・リサーチ 2012：9
(8) 「【年間ランキング】新人セールス一、二位はKARA&少女時代K－POP勢が席巻」『ORICON NEWS』二〇一〇年一二月二〇日付。https://www.oricon.co.jp/news/83093/full/
(9) オリコン・リサーチ 2012: 9
(10) オリコン・リサーチ 2012: 5-7
(11) 日本ゴールドディスク大賞「歴代のゴールドディスク大賞」http://www.golddisc.jp
(12) 高橋 2011: 27
(13) 矢島 2011: 20
(14) 経歴は『The Japan Times』を参照。https://www.japantimes.co.jp/author/-12554/steve-mcclure/
(15) McCurry 2011
(16) 鄭（チョン）・酒井 2012: 3
(17) 三浦 2012: 4
(18) 麻生 2013: 59-60
(19) 内閣府知的財産戦略本部コンテンツ専門調査会 2004: 2-3
(20) 内閣府知的財産戦略本部 2019: 1
(21) 経済産業省 2010: 120
(22) 内閣府知的財産戦略本部 2019: 5
(23) 別冊宝島編集部 2011: 4-6
(24) 伊藤 2019: 486
(25) 伊藤 2019: 18
(26) 毛利 2011: 30
(27) 別冊宝島編集部 2011: 4
(28) 風間 2010: 94
(29) 「[トピック] AKB48「ガチ」で共感 「総選挙」150媒体が取材」『読売新聞』東京朝刊、二〇一一年六月一七日付。
(30) Vena 2011
(31) 宇野・田中 2020: 27-28
(32) 한애진 2022: 125-126
(33) 블락 2015

(34) 한애진 2022: 125-126
(35) 미묘 2016
(36) 「テレビではなく、女子中高生たちが自ら作った二〇一七年のK-POPブーム」『BuzzFeedNews』二〇一七年八月二三日付。https://www.buzzfeed.com/jp/tatsunoritokushige/japannewkpop
(37) 伊東 2014
(38) オリコン・リサーチ 2019: 35
(39) 金 2018: 69
(40) オリコン・リサーチ 2019: 35
(41) https://www.shibuya109.co.jp/news/253/（最終閲覧：二〇二三年一〇月一七日）
(42) Park, Ju-min 2019（日本語）
(43) IFPI 2019: 3
(44) 日本レコード協会 2019: 1
(45) K-POPゆりこ 2020
(46) ヒール 2021: 28-29
(47) 金 2018a: 26-27
(48) https://www.youtube.com/watch?v=heVgiBashPs（最終閲覧：二〇二三年一〇月一七日）
(49) Park, Ju-min 2019（英語）
(50) 同前。
(51) 「다국적 아이돌 그룹」『나무위키』https://namu.wiki/w/다국적%20아이돌%20그룹（最終閲覧：二〇二三年一〇月一七日）

第9章

(1) 元木 2019
(2) 한국국제문화교류진흥원 2019: 121
(3) キム・ヨンデ 2020: 14-15
(4) 「방시혁 대표 〝방탄은 K팝 가수：美 진출은 과유불급이죠〟 [빌보드 in 방탄②]」『OSEN』二〇一六年一一月三日付。
(5) https://www.riaa.com/gold-%20platinum/?tab_active=default-award&se=BTS&col=label&ord=desc（最終閲覧：二〇二三年一〇月五日）
(6) 「How BTS Succeeded Where Other Boy Bands Couldn't」『Vulture』二〇一八年一〇月二五日付。https://www.vulture.com/2018/10/how-bts-succeeded-where-other-boy-bands-couldnt.html（最終閲覧：二〇二三年一〇月五日）
(7) 大和田 2021: 195
(8) ホン 2021: 189-190
(9) 김수아 2020: 12-28
(10) 前掲注（8）。
(11) 『AERA』二〇一六年九月一九日号。
(12) 日本ゴールドディスク大賞「歴代のゴールドディスク大賞」http://www.golddisc.jp.（最終閲覧：二〇二三年

一〇月五日）

（13）オリコン・リサーチ 2019: 12, 35

（14）前掲注（12）。

（15）吉光 2023: 49 -50

（16）巣矢 2018: 123-124

（17）同前。

（18）慎 2018

（19）「ＢＴＳと秋元康のコラボ中止は当然！　秋元の女性蔑視や極右政権との癒着が問題にならない日本のほうがガラパゴス」『リテラ』二〇一八年九月二一日付。https://lite-ra.com/2018/09/post-4270.html（最終閲覧：二〇二三年一〇月五日）

（20）金 2018a: 118

（21）金 2018b

（22）TeamWhitePaper 2018: 1. https://whitepaperproject.com/en.html（最終閲覧：二〇二三年九月一八日）

（23）「「ＢＴＳとＡＲＭＹ」イ・ジヘンさんインタビュー　世界的スターに押し上げたファンダム、その行動力と政治的志向とは」『好書好日』二〇二一年三月二三日付。https://book.asahi.com/article/14290905（最終閲覧：二〇二三年一〇月五日）

（24）TeamWhitePaper 2018: 8-9（韓国語）

（25）柴崎 2022: 16, 33

（26）松永 2018：32

（27）『동아일보 A 23면 1단 2017.08.10. 네이버뉴스 쿨하게 돌아왔네…그 시절 〝시티팝〟』

（28）辻 2020: 26

（29）堀内 2022: 349-351

（30）柴 2017: 47-51

（31）「「ガラパゴスも続ければムー大陸になる」論客３人が分析する、２０１５年の国内音楽シーン」『Real Sound』二〇一五年一二月三一日付。https://realsound.jp/2015/12/post-5781.html（最終閲覧：二〇二三年一〇月五日）

（32）オリコン・リサーチ 2016: 7; オリコン・リサーチ 2017: 8; オリコン・リサーチ 2018: 8; オリコン・リサーチ 2019: 8; オリコン・リサーチ 2020: 8 から再構成。

（33）宇野 2016: 105

（34）『Wikipedia』「List of K-pop songs on the Billboard charts」「List of K-pop songs on the Billboard charts」（最終閲覧：二〇二三年九月一八日）

（35）初出は、金 2021。

（36）株式会社 HYBE JAPAN「Weverse のデータとキーワードで今年のファンダムを振り返る「2022 Weverse Fandom Trend」発表」『PR TIMES』二〇二二年一二月二七日付。https://prtimes.jp/main/html/rd/p/000000201.000045862.html（最終閲覧：二〇二三年一〇月五日）

（37）「Monthly：2022년 6월 – 싱글」『Idology』https://

idology.kr/17020（最終閲覧：二〇二三年一〇月五日）
（38）辻 2020: 29
（39）「KOBIS（영화관입장권 통합전산망）」https://www.kobis.or.kr（最終閲覧：二〇二三年一〇月五日）
（40） https://www.youtube.com/watch?v=kagoEGKHZvU（最終閲覧：二〇二三年九月一八日）

おわりに

（1）「상반기 K팝 수출액 1・3억 달러로 최고치…미、중 제치고 2위 시장으로」『한국무역신문』二〇二三年七月一八日付。
（2）「YOASOBI「アイドル」がストリーミング10連覇達成　BTS「Take Two」が初のトップ10入り」『Billboard Japan』二〇二三年六月二一日付。https://www.billboard-japan.com/d_news/detail/126780（最終閲覧：二〇二三年一〇月一〇日）
（3）「ジャンボリー公演に軍隊に行ったBTSまで召還……ファン「公権力のパワハラ」」『中央日報日本語版』二〇二三年八月九日付。

Park, Ju-min. (2019b). "The K-pop wannabes-a photo essay," *The Guardian*, 6 May 2019. https://www.theguardian.com/music/2019/may/06/the-k-pop-wannabes-a-photo-essay（最終閲覧：2023年10月5日）
Roy, William G and Timothy J. Dowd. (2010). "What is sociological about music?" *Annual Review of Sociology*, 36, pp. 183–203.
Roy, William G. (2002). "Aesthetic identity, race, and American folk music," *Qualitative Sociology*, 25, pp. 459–469.
Vena, Jocelyn. (2011). "2NE1, MTV Iggy's Best New Band, Perform Live Tonight!" *M-TV.com*, 12 Dec 2011. https://www.mtv.com/news/pozniu/2ne1-mtv-iggy-best-new-band-concert（最終閲覧：2022年10月12日）

시 안』2012 年 2 月 1 日 付。https://www.pressian.com/pages/articles/38008（最終閲覧：2023 年 10 月 12 日）
이영미（2006）『한국대중가요사』민속원。
이준희（2007）「일제시대 음반검열 연구」『한국문화』39 集、163–201 頁。
정유정（1994）:「KISS TRIBUTE〈Kiss My Ass〉」『Hot Music』1994 월 10 월 호、44–51 頁。
장유정（2006）『오빠는 풍각쟁이야：대중가요로 본 근대의 풍경』황금가지。
장유정（2008）「한국 트로트 논쟁의 일고찰」『대중서사연구』14巻2号、47–72頁。
정길화（2016）「브라질의 케이팝 팬덤에 대한 현장연구」한국 외국어대학교 대학원 박사학위논문（신문방송학과）。
정유정（1994）「KISS TRIBUTE〈Kiss My Ass〉」『Hot Music』1994月10月号、44–51 頁。
조성진（2004）「최근의 음반시장、뭐가 얼마나 많이 팔렸나？」『핫뮤직』2004 年 2 月号、69 頁。
조윤정（2004）「시부야계의 젊은 중수 뮤지션과 레이블」『HOT MUSIC』2004 年 2 月号、106–109 頁。
최규성（2020）『빽판의 전성시대 팝송의 국내 유입 역사』태림스코어。
최정봉（2014）『케이팝（K-pop）세계화의 정치경제학：팬트로폴로지（Fanthropology）』KBS 방송문화연구소。
한국국제문화교류진흥원（2019）『한류백서 2018』121 頁。
한성현（2022）「INTERVIEW [IZM 이즘×문화도시부평] #33 이박사」『IZM』https://m.izm.co.kr/tag/ 이박사 /（最終閲覧：2023 年 10 月 12 日）
한애진（2022）「문화적 표현 양식으로서의 몸：케이팝 여성 아이돌 소녀시대를 중심으로」『한국엔터테인먼트산업학회논문지』16 巻 8 号、2022 年 12 月、115–130 頁。
홍석경（2013）「세계화 과정 속 디지털 문화 현상으로서의 한류」『언론정 보연구』서울대학교 언론정보연구소、157–192 頁。
황문평（黃文平）（1979）「한국가요사」、세광출판사 편집부『한국가요：가요사편 / 가요곡편（韓国歌謡　歌謡史篇・歌謡曲篇）』세광출판사、73–105 頁。
TeamWhitePaper（2018）"WHITE PAPER PROJECT." https://whitepaperproject.com/ko.html（韓国語版、最終閲覧：2022 年 10 月 12 日）

英語

Anderson, Cristal S.（2020）. *Soul in Seoul: African American Popular Music and K-Pop*, University Press of Mississippi.
Bourdaghs, Michael K.（2012）. *Sayonara Amerika, Sayonara Nippon: A Geopolitical Prehistory of J-Pop*, Columbia University Press.
DeNora, Tia.（2000）. *Music in Everyday Life*, Cambridge University Press.
DiMaggio, Paul J.（1987）. "Classification in art," *American Sociological Review*, 52, pp. 440–455.
Herd, Judith Ann.（1984）. "Trends and taste in Japanese popular music: a case-study of the 1982 Yamaha World Popular Music Festival," *Popular Music*, 4, pp. 75–96.
IFPI.（2019）. *Global Music Report 2019*, RITCO.
IFPI.（2021）. *Global Music Report 2021*, RITCO.
IFPI.（2022）. *Global Music Report 2022*, RITCO.
IFPI.（2023）. *Global Music Report 2023*, RITCO.
Korpe, Marie, Ole Reitov and Martin Cloonan.（2006）. "Music censorship from Plato to the present," *Music and Manipulation: On the Social Uses and Social Control of Music*（ed. Brown, Steven and Volgsten, Ulrik）, Oxford, New York: Berghahn Books, pp. 239–263.
McCurry, Justin.（2011）. "Girls' Generation lead K-pop invasion of Japan," *The Guardian*, 30 Sep 2011. https://www.theguardian.com/world/2011/sep/30/japanese-pop-girls-generation（最終閲覧：2023 年 10 月 5 日）
Morley, David and Kevin Robins.（1995）. *Spaces of Identity: Global Media, Electronic Landscapes and Cultural Boundaries*, London: Routledge.

ルを自殺に追い込むのか――事務所とネットに苦しめられ続けた」『PRESIDENT Online』2019年12月10日 付。https://president.jp/articles/-/31383?page=1（最終閲覧：2022年10月12日）

モラスキー、マイク（2005）『戦後日本のジャズ文化――映画・文学・アングラ』青土社。

森彰英（1981）『演歌の海峡――朝鮮海峡をはさんだドキュメント演歌史』少年社。

森崎和江（1971）『異族の原基』大和書房。

矢島公紀（2011）「「踊り」と「わかりやすさ」がK－POPの魅力」『GALAC』2011年12月号、19–21頁。

柳井健仁（1994）「アルバムピックアップ：Seo Taiji And Boys」『ミュージック・マガジン』1994年11月号、269頁。

山内文登（2014）「東アジアの文書権力と音声メディアの植民地近代的編制――漢文脈の政治文化と帝国日本の朝鮮レコード検閲」『東洋文化研究所紀要』165冊（2013年3月）、1–122頁。

山岡邦彦（1984）「こちら韓国でもアイドルの時代にチョン・スラ、キム・スチョル」『週刊読売』43巻24号、1984年6月24日、28頁。

山田諒（2019）「Special Interview 1 鈴木茂」『Guitar Magazine』2019年4月号、36–45頁。

山本浄邦（2023）『K－POP現代史――韓国大衆音楽の誕生からBTS』ちくま新書。

吉光正絵（2023）「ファンダムとソーシャルメディア――K－POPにみる越境する日常世界」『メディア研究』102巻、41–53頁。

吉見俊哉（2009）『ポスト戦後社会――シリーズ日本近現代史〈9〉』岩波新書。

吉見俊哉（2017）『大予言――「歴史」の尺度が示す未来』集英社新書。

李鍾元（リ・ジョンウォン）・木宮正史・磯崎典世・浅羽祐樹（2017）『戦後日韓関係史』有斐閣アルマ。

輪島裕介（2011）『創られた「日本の心」神話――「演歌」をめぐる戦後大衆音楽史』光文社新書。

韓国語

김수아（2020）「소비자－팬덤과 팬덤의 문화 정치」『여성문학연구』50号、10–48頁。

권명아（2007）「풍속검열과 일상에 대한 국가관리 - 풍속통제와 검열의 관계를 중심으로」『민족문학사연구』33: 367–406頁。

문화체육부보고서（1994）『일본대중문화 - 대응방안 - 연구』한국문화체육부。

미묘（2016）「미묘의 플레이버튼：아이돌의 여성상은 지워지지 않는다」『Idology』2016年11月12日 付。https://idology.kr/7969（最終閲覧：2023年10月5日）

미무라 코우헤이（2012）『한국의 일본 아이돌 팬：'아라시' 카페'를 중심으로 한 일본 대중문화 수용자 연구』서울대학교 인류학과 석사논문。

박장혁（2004）「Shibuya-Kei 맛보기 Shibuya-Kei 란 무엇이고 대표밴드들은 누가 있을까?」『HOT MUSIC』2004年2月 号、102–105頁。

朴泰遠（1930）「寂滅（三）」『東亜日報』1930年2月7日付。

방송심의위원회（1981）『방송금지가요곡목록일람』방송심의위원회。

블럭（2015）「아이돌 코드：2NE1 의 이중인격」『Idology』2015年1月28日 付。https://idology.kr/3285（最終閲覧：2023年10月12日）

서창용（1997）「NOW JAPAN」『HOT MUSIC』1997年6月号、188–191頁。

신현준・최지선（2022）『한국팝의 고고학 1980 욕망의 장소』을유문화사。

신현준・최지선・김학선（2022）『한국 팝의 고고학 1990 상상과 우상』을유문화사。

앤더슨、크리스털（2022）『케이팝은 흑인음악이다 현진영에서 BTS 까지、그리고 그 너머』심두보・민원정・정수경訳、눌민。

이규탁（2014）「케이팝브랜딩（K–Pop Branding）과 모타운 소울」『대중음악』14号、8–39頁。

이동연（2012）「[이동연의 케이팝 오디세이] 글로벌 SM 과 토착형 DSP ① 케이팝을 움직이는 손、'대형기획사'」『프레

JAPAN』5月10日　付。https://jp.reuters.com/article/southkorea-japan-kpop-idJPKCN1SF0W1（最終閲覧：2023年10月5日）

長谷川町蔵・大和田俊之（2011）『文化系のためのヒップホップ入門』アルテスパブリッシング。

檜山陸郎（1970）「世界市場における日本の楽器産業のシェア」『ミュージック・ラボ』1970年9月28日1–6号、60–62頁。

平岡正明（1978）「ケジナー・チンチン・ナネー　日韓歌謡曲シーンの考察」『ニュー・ミュージック・マガジン』1978年3月号、74–91頁。

平岡正明（1980）「戒厳令下のソウル歌謡祭」『ミュージック・マガジン』1980年8月号、64–73頁。

平田由紀江（2013）「Web2.0時代のK－POPファンとその文化実践」『マテシス・ウニウェルサリス』14巻1号、37–68頁。

ヒール、ジェイミー（2021）『TWICE 9人のストーリー』ハーパーコリンズ・ジャパン。

フー、ケリー（2003）「再創造される日本のテレビドラマ——中国語圏における海賊版VCD」、岩渕功一編『グローバル・プリズム——〈アジアン・ドリーム〉としての日本のテレビドラマ』平凡社。

フリス、サイモン（1991）『サウンドの力——若者・余暇・ロックの政治学』細川周平・竹田賢一訳、晶文社。

古家正亨（2022）『K－POPバックステージパス』イースト・プレス。

別冊宝島編集部（2011）「まえがき」『別冊宝島　嫌「韓」第二幕！　作られた韓流ブーム』宝島社、4–6頁。

細野晴臣（2019）『細野観光1969–2019　細野晴臣デビュー50周年記念展オフィシャルカタログ』朝日新聞出版。

細川周平（2020a）『近代日本の音楽百年　第3巻　黒船から終戦まで——レコード歌謡の誕生』岩波書店。

細川周平（2020b）『近代日本の音楽百年　第4巻　黒船から終戦まで——ジャズの時代』岩波書店。

堀内久彦（2022）『大瀧詠一レコーディング・ダイアリーVol. 2　1979–1982』リットーミュージック。

ホン・ソクキョン（2021）『BTSオン・ザ・ロード』桑畑優香訳、玄光社。

前田祥丈（1995）「無題」、エンサイクロメディア編『アジアンポップス事典』TOKYO FM出版、188–189頁。

牧村憲一・藤井丈司・柴那典（2017）『渋谷音楽図鑑』太田出版。

松尾潔（1994）「アルバム紹介」『POP CORN』SAMPONYレコード。

松永良平（2018）「自分たちが暮らす都市を描く音楽として捉えなおされるシティポップ」『レコード・コレクターズ』2018年3月号（第37巻第3号）、30–35頁。

まつもとたくお（2021）『K－POPはいつも壁をのりこえてきたし、名曲がわたしたちに力をくれた』イースト・プレス。

松山晋也（1996）「アルバムピックアップ——李博士（イ・パクサ）のポンチャック大百科」『MUSIC MAGAZINE』1996年6月号、229頁。

丸山一昭（1995）『離別——吉屋潤　日韓のはざまを駆け抜けた男』はまの出版。

三浦文夫（2012）『少女時代と日本の音楽生態系』日系プレミアシリーズ。

水野浩二（1988）『演歌海峡　激走10年韓国歌謡とともに』ビスタ出版。

三井徹（2018）『戦後洋楽ポピュラー史1945-1975——資料が語る受容熱』NTT出版。

三橋一夫（1983）『禁歌の生態学——練鑑ブルース考』音楽之友社。

毛利嘉孝（2011）「テレビの信頼喪失と『嫌・韓流』」『GALAC』2011年12月号、30–33頁。

毛利眞人（2016）『ニッポン　エロ・グロ・ナンセンス——昭和モダン歌謡の光と影』講談社選書メチエ。

望月哲（2021）「Introduction」、音楽ナタリー編『渋谷系狂騒曲——街角から生まれたオルタナティヴ・カルチャー』リットーミュージック、2–4頁。

元木昌彦（2019）「韓国文化はなぜアイド

“右翼判定”されてしまう日本の芸能人たち」『Yahoo! ニュース』2018年9月27日付。https://news.yahoo.co.jp/expert/articles/ee9de26bdbb93645a3810875c1d1af260ed05eec（最終閲覧：2023年10月12日）
巣矢倫理子（2018）「外を見るファンダムあるARMYのナラティブから」『ユリイカ』2018年11月号、123–127頁。
宋安鍾（ソン・アンジョン）（2009）『在日音楽の100年』青土社。
高岡洋志（1994）「羅勲児（ナフナ）韓国No.1艶歌歌手、日本進出10回めで初の東京公演」『ミュージックマガジン』1994年6月号、136頁。
高橋梓（2015）「光GENJI、SMAP、V6、嵐、Kis-My-Ft2……今と昔でどう違う？　時代別にジャニーズ楽曲を聴く」『Real Sound」2015年8月27日　付。https://realsound.jp/2015/08/post-4361.html（最終閲覧：2023年10月5日）
高橋修（2011）「Kポップ・ブームと、KARAの大成功をもたらした背景」『MUSIC MAGAZINE』2011年8月　号、26–29頁。
近田春夫（2021）『筒美京平——大ヒットメーカーの秘密』文春新書。
地球の歩き方編集室編（1991）『地球の歩き方——韓国編　91–92年版』ダイヤモンド・ビッグ社。
趙容弼（1984）『釜山港へ帰れ——チョー・ヨンピル自伝』三修社。
長朝生（1969）「特集　われわれにとっての朝鮮——朝鮮’69の自由と死」『思想の科学』1969年6月号、2–37頁。
鄭城尤（チョン・ソンウ）（監修）・酒井美絵子（2012）『なぜK－POPスターは次から次に来るのか——韓国の恐るべき輸出戦略』朝日新書。
チン、レオ（2021）『反日　東アジアにおける感情の政治』倉橋耕平・趙相宇・永冨真梨・比護遥・輪島裕介訳）人文書院。
辻昌志（2020）「在韓・日本人ギタリストに聞く、韓国のシティポップ事情」『Guitar Magazine』2020年1月号、26–29頁。
鶴見俊輔・上野千鶴子・小熊英二（2004）『戦争が遺したもの』新曜社。
東谷護（2005）『進駐軍クラブから歌謡曲へ——戦後日本ポピュラー音楽の黎明期』みすず書房。
内閣府知的財産戦略本部コンテンツ専門調査会（2004）「コンテンツビジネス振興政策——ソフトパワー時代の国家戦略」。https://www.kantei.go.jp/jp/singi/titeki2/tyousakai/contents/houkoku/040409houkoku.pdf（最終閲覧：2023年10月12日）
内閣府知的財産戦略本部（2019）「クールジャパン戦略について」https://www.kantei.go.jp/jp/singi/titeki2/190903/siryou1.pdf（最終閲覧：2023年10月12日）
中川右介（2007）『松田聖子と中森明菜』幻冬舎新書。
新堀恵（1996）「輸入盤紹介　Park Jung Woon」『ミュージック・マガジン』1996年9月号、187頁。
日本レコード協会（1999）『日本のレコード産業』。https://www.riaj.or.jp/f/pdf/issue/industry/RYB99J01.pdf（最終閲覧：2023年10月12日）
日本レコード協会（2002）『日本のレコード産業』。https://www.riaj.or.jp/f/pdf/issue/industry/RIAJ2002J.pdf（最終閲覧：2023年10月12日）
日本レコード協会（2005）『日本のレコード産業2005』。https://www.riaj.or.jp/f/pdf/issue/industry/RIAJ2005J.pdf（最終閲覧：2023年10月12日）
日本レコード協会（2019）『日本のレコード産業2019』。https://www.riaj.or.jp/f/pdf/issue/industry/RIAJ2019.pdf（最終閲覧：2023年10月12日）
野沢あぐむ（1993）「野沢あぐむの痛快！艶歌まる齧り」『ミュージックマガジン』1993年8月号、253頁。
萩原健太（2015）『70年代シティ・ポップ・クロニクル』Pヴァイン。
朴燦鎬（パク・チャンホ）（2018）『韓国歌謡史II　1945–1980』邑楽舎。
Park, Ju-min（2019）「アングル：日韓不和を尻目に、日本の若者が追うK－POPの夢」（エァクレーレン訳）『REUTERS

北中正和（1990）「“ワールド・ミュージック”ブームは日本の音楽状況を変えるか」『ミュージック・マガジン』1990年6月号、32–43頁。

木宮正史（2021）『日韓関係史』岩波新書。

金成玟（2014）『戦後韓国と日本文化――「倭色」禁止から「韓流」まで』岩波現代全書。

金成玟（2018a）『K－POP――新感覚のメディア』岩波新書。

金成玟（2018b）「BTSという共通善とファンダム――K－POPの「ソーシャルメディア的想像力」を考える」『ユリイカ』2018年11月号、111–118頁。

金成玟（2020a）「ソウルの消費空間から考える若者世代の文化的位置――1990年代から2010年代まで」『現代韓国朝鮮研究』20号、26–34頁。

金成玟（2020b）「ソウルの夢　グローバル都市をあるく――第1回　江南Ⅰ「K的なもの」の発祥地」『世界』2020年9月号、126–131頁。

金成玟（2020c）「ソウルの夢　グローバル都市をあるく――第2回　江南Ⅱ「江南左派」の構造」『世界』2020年10月号、246–251頁。

金成玟（2021）「K－POPの系譜　第1回BTS――経験や感情をリアルタイムでファンと共有」『日本経済新聞』夕刊、6月2日付。

金成玟（2022a）「BTSが解放したもの」『世界』2022年9月号、岩波書店、254–261頁。

金成玟（2022b）「日本におけるK－POPのカテゴリー化――「日本ゴールドディスク大賞」を事例に」『日本學報（The Korean Journal of Japanology）』第133輯（2022年11月）、77–94頁。

キム・ヨンデ（2020）『BTSを読む――なぜ世界を夢中にさせるのか』桑畑優香訳、柏書房。

姜信子（1995）「LEE SANG EUN 公無渡河歌　あるいは、ひとりの少女の旅の物語」『Gongmudohaga～公無渡河歌』ポリドール。

姜信子（1998）『日韓音楽ノート――「越境」する旅人の歌を追って』岩波新書。

倉田喜弘（2006）『日本レコード文化史』岩波文庫。

倉橋耕平（2018）『歴史修正主義とサブカルチャー――90年代保守言説のメディア文化』青弓社。

栗原裕一郎・大谷能生（2021）『ニッポンの音楽批評150年100冊』立東舎。

経済産業省（2010）『産業構造ビジョン2010：産業構造審議会産業競争力部会報告　書』。https://www.meti.go.jp/committee/summary/0004660/vision2010a.pdf（最終閲覧：2022年10月12日）

K－POPゆりこ（2020）「あの芸能人2世も韓国へ……なぜK－POPからデビューする日本人の若者が増えているのか」『文春オンライン』2020年7月7日付。https://bunshun.jp/articles/-/38851（最終閲覧：2022年10月12日）

小泉文夫（1996）『歌謡曲の構造』平凡社ライブラリー。

高護（2011）『歌謡曲――時代を彩った歌たち』岩波新書。

小林孝行（2019）『日韓大衆音楽の社会史――エンカとトロットの土着性と越境性』現代人文社。

斎藤明人（1993）「輸入盤紹介――Han Young Ae」『ミュージック・マガジン』1993年1月号、261頁。

佐藤修（2005）「新年のご挨拶」『THE RECORD』no. 542、2005年1月号、2頁。

椎野秀聡（2010）『僕らが作ったギターの名器』文春新書。

柴那典（2017）『ヒットの崩壊』講談社現代新書。

柴崎祐二（2022）「シティポップのあらまし」、柴崎祐二編著『シティポップとは何か』河出書房新社、14–35頁。

周東美材（2021）『「未熟さ」の系譜――宝塚からジャニーズまで』新潮選書。

申鉉準（シン・ヒョンジュン）・李鎔宇・崔智善（2016）『韓国ポップのアルケオロジー　1960–70年代』平田由紀江訳、月曜社。

慎武宏（シン・ムグァン）（2018）「BTSと秋元康コラボ中止騒動に違和感。韓国で

参考文献

日本語

青木深（2013）『めぐりあうものたちの群像——戦後日本の米軍基地と音楽』大月書店。

麻生香太郎（2013）『誰がJ－POPを救えるのか？』朝日新聞出版、39–60頁。

麻生貴子（1996）「ソテジが選択した道」『ミュージック・マガジン』1996年5月号、88–91頁。

アリギ、ジョヴァンニ（2009）『長い20世紀——資本、権力、そして現代の系譜』土佐弘之監訳、柄谷利恵子・境井孝行・永田尚見訳、作品社。

李博士（イ・パクサ）（1996）「アルバム背面」『Encyclopedia of Pon-Chak（ポンチャック大百科）』キューンミュージック。

伊東順子（2014）「[1] 韓流ブームは終わった？」『論座』2014年6月18日付。https://webronza.asahi.com/politics/articles/2014061700005.html（最終閲覧：2023年10月5日）

伊藤昌亮（2019）『ネット右派の歴史社会学——アンダーグラウンド平成史1990–2000年代』青弓社。

岩淵明男（1988）『ヤマハ新・文化創造戦略——“遊び心”提案企業の全貌』ティビーエス・ブリタニカ。

岩渕功一（2016）『トランスナショナル・ジャパン——ポピュラー文化がアジアをひらく』岩波現代文庫。

宇野維正（2016）『1998年の宇多田ヒカル』新潮新書。

宇野維正・田中宗一郎（2020）『2010s』新潮社。

大石始（2021）「韓国のポップ・ミュージックへの影響——長谷川陽平が語る、もう一つの“渋谷系”」、音楽ナタリー編『渋谷系狂騒曲——街角から生まれたオルタナティヴ・カルチャー』リットーミュージック、269–284頁。

大和田俊之（2021）『アメリカ音楽の新しい地図』筑摩書房。

岡本弁（1976）「レコーディング・ノート」『熱唱／李成愛——演歌の源流を探る』LP盤。

小倉エージ（1993）「ライナーノーツ」『PARK JUNG WOON 4』Pony Canon。

オリコン・リサーチ（2013）『ORICONエンタメ・マーケット白書2012』オリコン・リサーチ。

オリコン・リサーチ（2016）『ORICONエンタメ・マーケット白書2015』オリコン・リサーチ。

オリコン・リサーチ（2017）『ORICONエンタメ・マーケット白書2016』オリコン・リサーチ。

オリコン・リサーチ（2018）『ORICONエンタメ・マーケット白書2017』オリコン・リサーチ。

オリコン・リサーチ（2019）『ORICONエンタメ・マーケット白書2018』オリコン・リサーチ。

オリコン・リサーチ（2020）『ORICONエンタメ・マーケット白書2019』オリコン・リサーチ。

音楽ナタリー編集部（2010）「少女時代、破格の日本デビューライブに2万2000人熱狂」『音楽ナタリー』8月26日付。https://natalie.mu/music/news/36759（最終閲覧：2022年10月12日）

外務省（1965）『日本国と大韓民国との間の基本関係に関する条約』https://www.mofa.go.jp/mofaj/gaiko/treaty/pdfs/A-S40-237.pdf（最終閲覧：2023年10月6日）

風間立信（2010）「“K－POP”で若者の街に変わる東京・新大久保」『エコノミスト』2010年10月26日号、92–94頁。

川上源一（1986）『新・音楽普及の思想』財団法人ヤマハ音楽振興会。

川上英雄（1995）『激動するアジア音楽市場』シネマハウス。

姜尚中（カン・サンジュン）・吉見俊哉（2013）『グローバル化の遠近法——新しい公共空間を求めて』岩波書店。

サ行

タ行

ナ行

事項索引

人名・グループ名索引

＊数字・アルファベットの名前は日本語の後に掲載した。

金成玟（キム・ソンミン／KIM Sungmin）
北海道大学大学院メディア・コミュニケーション研究院教授。1976年ソウル生まれ。ソウル大学作曲科卒業。ソウル大学言論情報学科修士課程修了。東京大学大学院学際情報学府博士課程修了。博士（学際情報学）。専門はメディア文化研究、音楽社会学。東京大学情報学環助教、ジョージタウン大学アジア研究科訪問研究員などを経て現職。著書に『Postwar South Korea and Japanese Popular Culture』（Trans Pacific Press、2023年)、『K-POP——新感覚のメディア』（岩波新書、2018年)、『戦後韓国と日本文化——「倭色」禁止から「韓流」まで』（岩波現代全書、2014年）など。

日韓ポピュラー音楽史
——歌謡曲からK-POPの時代まで

2024年1月30日　初版第1刷発行

著　者————金成玟
発行者————大野友寛
発行所————慶應義塾大学出版会株式会社
〒108-8346　東京都港区三田2-19-30
TEL〔編集部〕03-3451-0931
〔営業部〕03-3451-3584〈ご注文〉
〔　〃　〕03-3451-6926
FAX〔営業部〕03-3451-3122
振替　00190-8-155497
https://www.keio-up.co.jp/
装　丁————大倉真一郎
装　画————ワタナベケンイチ
組　版————株式会社キャップス
印刷・製本——中央精版印刷株式会社
カバー印刷——株式会社太平印刷社

Printed in Japan ISBN978-4-7664-2935-0